Duden

Schweizerhochdeutsch

Wörterbuch der Standardsprache
in der deutschen Schweiz

2., vollständig überarbeitete und erweiterte Auflage

Hans Bickel, Christoph Landolt

Dudenverlag
Berlin

Herstellung Ursula Fürst
Typografie Farnschläder & Mahlstedt Typografie, Hamburg
Satz Sagittarius-A GmbH, Hirschberg
Umschlaggestaltung Sauerhoefer design, Neustadt

www.duden.de
www.cornelsen.de

2. Auflage, 4. Druck 2026

Druck Cornelsen Verlagskontor, Bielefeld

ISBN 978-3-411-70418-7

PEFC
PEFC/04-31-3871

PEFC-zertifiziert
Dieses Produkt stammt aus nachhaltig bewirtschafteten Wäldern und kontrollierten Quellen
www.pefc.de

Vorwort zur zweiten Auflage

Die Helvetismen sind Teil des Kulturguts der deutschen Sprache in der Schweiz. Der schweizerische Dudenausschuss – eine Arbeitsgruppe des Schweizerischen Vereins für die deutsche Sprache – sammelt und überprüft regelmässig die Helvetismen, die in Absprache mit der Dudenredaktion in deren Wörterbücher, darunter in den Rechtschreibduden, aufgenommen werden sollen.

Zum 50-Jahr-Jubiläum dieses Dudenausschusses hat der Schweizerische Verein für die deutsche Sprache 2012 den ersten Duden Schweizerhochdeutsch mit rund 3 000 Helvetismen herausgegeben, eine «Volksausgabe», die den Reichtum der schweizerischen Besonderheiten der deutschen Standardsprache dokumentiert. Das Nachschlagewerk will vor allem ein Wörterbuch mit kurzen Bedeutungserläuterungen sein. Aber auch den Fragen, wie Helvetismen entstanden sind und welche grammatischen Besonderheiten das Schweizerhochdeutsche aufweist, wird nachgegangen. Zudem finden sich Ratschläge für die gute Aussprache des Hochdeutschen in der Schweiz.

Mit Prof. Dr. Hans Bickel, Privatdozent für Deutsche Philologie an der Universität Basel, und Christoph Landolt, beide Redaktoren am Schweizerischen Idiotikon mit viel Erfahrung in Varietätenlinguistik und Lexikografie, konnten wir die Wunschautoren für dieses Werk gewinnen.

Die Publikation ist sowohl in der Schweiz als auch in Deutschland auf grosses Interesse gestossen, sodass nach einigen Nachdrucken in relativ kurzer Zeit der Bedarf für eine zweite, vollständig überarbeitete und um rund 500 Stichwörter erweiterte Fassung entstanden ist. Für bessere Lesbarkeit sind die Lemmata (Stichwörter) im Wörterverzeichnis neu fett gedruckt.

Mein Dank richtet sich an die beiden Autoren und an Frau Dr. Ilka Pescheck von der Dudenredaktion, die mit grossem Engagement diese zweite Auflage von Schweizerhochdeutsch ermöglicht haben.

Ich hoffe, dass das kleine Nachschlagewerk in den Schulen aller Stufen rege genutzt wird und bei den Deutschschweizerinnen und Deutschschweizern einen Beitrag zum Bewusstseinswandel leistet, damit Schweizerhochdeutsch als gleichwertiger Teil der deutschen Standardsprache anerkannt wird. Allen sprachlich Interessierten wünsche ich viele neue Entdeckungen mit den schweizerischen Eigenheiten unserer schönen deutschen Muttersprache.

Schweizerischer Verein für die deutsche Sprache (SVDS)
Johannes Wyss, Präsident

Der Schweizerische Verein für die deutsche Sprache (SVDS) dankt folgenden Organisationen und Bildungsinstitutionen, die diese Publikation mit einer grösseren Bestellung unterstützt haben:

Centre Dürrenmatt Neuchâtel

Von Mitte Mai 2019 bis Mitte August 2019 lädt das Centre Dürrenmatt in Neuchâtel zu einer Helvetismen-Ausstellung ein, die Gross und Klein anspricht. In den Folgejahren kann diese in anderen Landesteilen der Schweiz besucht werden. www.cnd.ch

HDS St. Gallen Haus der Sprachen

Netzwerk «skribent – schreiben écrire scrivere»
Thomas Hilfiker, Texte Sprache Ausbildung, Muttenz/Schweiz

Inhalt

Einleitung

Dies ist ein Wörterbuch des Standarddeutschen oder, wie man auch sagt, des Hoch- oder Schriftdeutschen in der Schweiz. Im Gegensatz zu einem Vollwörterbuch enthält es aber nur den Teil des Wortschatzes, der entweder spezifisch schweizerisch ist oder der vom allgemein bekannten, in allen deutschsprachigen Ländern geläufigen gemeindeutschen Wortschatz abweicht.

Das Wörterbuch will ein kompaktes Nachschlagewerk für all diejenigen sein, die ein korrektes Standarddeutsch schweizerischer Prägung schreiben wollen. Es enthält sowohl diejenigen standardsprachlichen Helvetismen, die in schweizerischen Texten als angemessen und korrekt gelten, als auch Wörter, die in weniger formellen journalistischen und literarischen Texten verwendet werden und umgangssprachlichen oder mundartnahen Charakter haben. Letztere sind besonders gekennzeichnet.

Was heisst Schweizerhochdeutsch?

Das Hoch- oder Schriftdeutsche ist keine streng einheitliche Sprache, sondern es besitzt ähnlich wie die Umgangssprachen unterschiedliche regionale und nationale Ausprägungen. Diese sind bedingt einerseits durch die Geschichte des Hochdeutschen, anderseits durch unterschiedliche gesellschaftliche und politische Entwicklungen in den verschiedenen Ländern, in denen es gesprochen wird. Das Hochdeutsche ist wie z. B. das Englische, Spanische oder Portugiesische in mehreren Ländern nationale Amtssprache, nämlich in Deutschland, Österreich, der Schweiz und Liechtenstein. In Luxemburg ist es Amts-, aber nicht Nationalsprache. Und in weiteren angrenzenden Gebieten ist es regionale Amtssprache, nämlich in Ostbelgien und Südtirol. In all diesen Ländern und Regionen, in denen Deutsch Amtssprache ist, haben sich im Lauf der Sprachgeschichte spezifische Besonderheiten herausgebildet. Solche Besonderheiten nennt man Varianten. Beispiele für Varianten des Schweizerhochdeutschen existieren auf allen Ebenen der Sprache, also sowohl in der Aussprache wie auch in der Schreibung, Wortbildung, im Wortschatz und in der Sprachverwendung. So wird das Hochdeutsche in der Schweiz beispielsweise stärker nach der Schrift ausgesprochen (z. B. *Va:tər* und nicht *Va:ta; e:wig* und nicht *e:wich*), Fremdwörter werden häufig gleich wie in der Ausgangssprache geschrieben *(Portemonnaie* und nicht *Portmonee; Spaghetti* und nicht *Spagetti),* es gibt teilweise andere Pluralbildungen *(Bögen* statt *Bogen, Departemente* statt *Departements),* das Perfekt bei Verben wie *sitzen, stehen* wird mit *sein* und nicht mit *haben* gebildet, und schliesslich verfügt das Schweizerhochdeutsche über ein eigenes, in Deutschland ungebräuchliches Vokabular *(allfällig, Innerstadt),* es besitzt andere Lehnwörter *(Tumbler* für *Wäschetrockner)* und verwendet unterschiedliche Redewendungen *(die Faust im Sack machen* und nicht *die Faust in der Tasche ballen,* oder *weder Fisch noch Vogel* und nicht *weder Fisch noch Fleisch).* Solche schweizerischen Varianten werden **Helvetismen** genannt, die österreichischen Varianten heissen **Austriazismen,** die deutschländischen **Teutonismen.**

Schweizerhochdeutsch ist nicht eine eigene Sprache, sondern eine nationale Varietät der deutschen Standardsprache. Die verschiedenen Varietäten des Deutschen unterliegen unterschiedlichen nationalen Normen. Was an einem Ort als angemessen gilt, kann anderswo als unangemessen bewertet werden. Regionale Besonderheiten sind daher nicht Abweichungen vom richtigen Standard, sondern gleichberechtigte standardsprachliche Erscheinungsformen des Deutschen. Richtiges und gutes Hochdeutsch in der Schweiz schliesst solche Besonderheiten, wie sie im vorliegenden Wörterbuch verzeichnet sind, ganz selbstverständlich ein.

Regionale Unterschiede innerhalb der deutschen Schweiz

Trotz deutlicher Unterschiede zwischen den Dialekten in den einzelnen Regionen erscheint die deutsche Schweiz auf der Ebene der Standardsprache weitgehend einheitlich. Besonders in der schriftlichen Realisierung des Hochdeutschen gibt es keine nennenswerten regionalen Unterschiede. Nur einzelne, meist aus dem Dialekt entlehnte Wörter haben regional eingeschränkte Geltung innerhalb der Schweiz (z. B. *Zältli*, *Täfeli* ‚Süssigkeit zum Lutschen'). Ebenso gibt es Bezeichnungen von politischen oder administrativen Einrichtungen, die nur in bestimmten Kantonen vorkommen (z. B. *Tagliste* oder *Landammann*).

In der Aussprache gibt es dagegen deutlich hörbare regionale Unterschiede bei nichtprofessionellen Sprecherinnen und Sprechern. Das Lautsystem des Dialekts wird beim standardsprachlichen Sprechen nicht vollständig abgelegt, sodass einzelne Merkmale der Dialektlautungen zu hören sind. Die Ausspracheempfehlungen im hinteren Teil dieser Broschüre dienen denn auch nicht dazu, diese Unterschiede vollständig zu eliminieren. Sie sollen lediglich helfen, allzu auffällige, aus dem Dialekt stammende Merkmale im Hinblick auf eine ziemlich neutrale schweizerische Aussprache zu glätten.

Wie Helvetismen entstehen

Grund für die Entstehung von Varianten des Hochdeutschen ist in erster Linie die Verteilung der deutschsprachigen Bevölkerung über mehrere unabhängige Staaten. Denn Staatsgrenzen sind auch Sprachgrenzen. Dies hat damit zu tun, dass die Bevölkerung eines Staates auch eine Kommunikationsgemeinschaft bildet. Die Medien, insbesondere Radio und Fernsehen, aber auch Zeitungen und Zeitschriften machen zwar vor den Landesgrenzen nicht halt. Dennoch haben die nationalen und regionalen Medien gegenüber der ausländischen Konkurrenz eine ungleich grössere Verbreitung innerhalb der eigenen Nation, und sie haben eine gewisse Vorbildfunktion für die Sprachteilhaber. Auch Geschäfte und Grossverteiler wirken sprachbildend, indem sie die Artikel, die sie verkaufen, mit einer verständlichen Bezeichnung versehen und entsprechend beschriften, wodurch diese Bezeichnungen Aufnahme ins Hochdeutsche finden.

Einen weiteren Faktor bilden die Schulen. Sie unterstehen staatlicher (kantonaler) Hoheit. Lehrbücher werden in der Schweiz meist von kantonalen Lehrmittelverlagen oder schweizerischen Schulbuchverlagen hergestellt. Die Lehrerbildung ist kantonal organisiert, die Verpflichtung ausländischer, insbesondere deutscher Lehrkräfte ist die Ausnahme. Damit existiert eine schweizerische Schultradition, die auch das Hochdeutsche in seiner schweizerischen Form tradiert.

Ein Staatswesen hat zudem einen enormen Regulierungsbedarf, der ebenfalls zur Herausbildung von Varianten beiträgt. In der Schweiz gibt es eine Bundesverfassung, in jedem Kanton eine Kantonsverfassung, dazu auf beiden Stufen Gesetze und auf allen drei Stufen (einschliesslich der Gemeinden) Verordnungen und Reglemente. Gerade bei Gesetzen und Verordnungen ist es zudem wichtig, eine stringente Terminologie zu verwenden. Daher unterhält die Eidgenossenschaft einen eigenen Sprachdienst, der über die Einheitlichkeit der Terminologie wacht. Auch Institutionen und Verwaltungseinheiten sind häufig geschichtlich gewachsen. Benennung und Terminologie reflektieren diese Geschichte.

Und schliesslich spielen auch die Dialekte bei der Entstehung von Helvetismen eine wichtige Rolle. Die Standardsprache steht in einer Wechselbeziehung gegenseitiger Beeinflussung zu den Dialekten.

All diese Faktoren zusammen haben dazu geführt, dass das Hochdeutsche in der Schweiz eine beträchtliche Zahl an Besonderheiten herausgebildet hat. Solche Besonderheiten in der Standardsprache gibt es aber nicht nur in der Schweiz, sondern es gibt sie ebenso in Österreich und in Deutschland sowie in etwas kleinerem Mass in den Regionen, in denen Deutsch nur regionale Amtssprache ist. Sie können und sollen in der Regel nicht vermieden werden. Für eine ganze Reihe von Varianten gibt es nämlich keine gemeindeutschen Alternativen. So kann z. B. die schweizerische, westösterreichische, westmittel- und süddeutsche Variante *Metzger* entweder durch die Austriazismen *Fleischhauer* und *Fleischhacker* oder das nord- und mitteldeutsche *Fleischer* oder das norddeutsche *Schlachter* ersetzt werden. Eine neutrale, gemeindeutsche Variante existiert nicht. Der Ersatz eines Wortes wie *Rekrutenschule* durch *Grundwehrdienst* führt in einem Text über die schweizerische Armee sogar zu einem Fehler. Darum gehören die Helvetismen ganz selbstverständlich zum richtigen und guten Hochdeutsch dazu.

Der Wortschatz des Schweizerhochdeutschen

Der folgende Wörterbuchteil enthält die spezifischen und unspezifischen[1] Varianten des Schweizerhochdeutschen, die sogenannten Helvetismen. Marginale und veraltete Wörter sind weggelassen.

Die Worterklärungen werden auf verschiedene Arten gegeben:

- Ein Helvetismus kann mit einem gemeindeutschen, also im ganzen Sprachraum bekannten Wort definiert werden, siehe z. B. *Ablad.* Das nach dem Doppelpunkt stehende Erklärungswort ist also in der Schweiz ebenso gültig wie der eigentliche Helvetismus.
- Ein Helvetismus kann, wenn die Erklärung durch ein bestimmtes Wort nicht möglich ist, mittels einer Umschreibung definiert werden, siehe z. B. *Abendverkauf.*
- Haben mehrere Helvetismen die gleiche Bedeutung, so wird, wenn sie in diesem Wörterbuch kurz aufeinander folgen, nur die am häufigsten vorkommende Variante selbständig definiert. Bei den anderen Varianten wird mittels eines «so viel wie» (abgekürzt: svw.) auf diese Hauptvariante verwiesen, siehe z. B. *Alpabfahrt.*
- Bei einem Wort, das nur in einer bestimmten Bedeutung ein Helvetismus ist, wird die Definition mit «auch so viel wie» (abgekürzt: auch svw.) eingeleitet, z. B. *aberkennen.* Das bedeutet, dass die anderen Bedeutungen des Wortes gemeindeutsch sind.
- Wäre eine eigene Definition unnötig aufwendig, wird (in seltenen Fällen) mit einem Teutonismus definiert und die Definition mit «so viel wie deutschländisch»

1 Spezifische Helvetismen sind in ihrer Verwendung auf die Schweiz beschränkt, während unspezifische Helvetismen auch über die Schweiz hinaus gebraucht werden (z. B. in Süddeutschland oder Österreich), nicht jedoch im gesamten Sprachgebiet.

(abgekürzt: svw. dtl.) eingeleitet, siehe z. B. *Achtungstellung.*
- Ist es eine Wendung, die schweizerisch ist, und nicht ein Einzelwort, so bleibt das Stichwort undefiniert, und nur die Wendung wird erläutert, siehe z. B. *absägen.*

Abkürzungen

Abk.	*Abkürzung*
Adj.	*Adjektiv*
Adv.	*Adverb*
Akk.	*Akkusativ*
Bed.	*Bedeutung*
bildl.	*bildlich*
bes.	*besonders*
Bsp.	*Beispiel*
bzw.	*beziehungsweise*
ca.	*circa*
d. h.	*das heisst*
Dat.	*Dativ*
dtl.	*deutschländisch*
engl.	*englisch*
etw.	*etwas*
f.	*feminin (weiblich)*
fachspr.	*fachsprachlich*
frankoprov.	*frankoprovenzalisch*
frz.	*französisch*
geh.	*gehoben*
gemeindt.	*gemeindeutsch*
Gen.	*Genitiv*
Ggs.	*Gegensatz*
hist.	*historisch*
insbes.	*insbesondere*
i. S. v.	*im Sinne von*
jmd., jmdm., jmdn., jmds.	*jemand, jemandem, jemanden, jemandes*
kath.	*katholisch*
Kt.	*Kanton(e)*
lat.	*lateinisch*
m.	*maskulin (männlich)*
n.	*neutrum (sächlich)*
o. Ä.	*oder Ähnliches*
Pl.	*Plural*
Präp.	*Präposition*
ref.	*reformiert*
s.	*siehe*
S.	*Seite*
scherzh.	*scherzhaft*
schweiz.	*schweizerisch*
svw.	*so viel wie*
sw. V.	*schwach konjugiertes Verb*
st. V.	*stark konjugiertes Verb*
teilw.	*teilweise*
u.	*und*
u. ä.	*und ähnlich*
u. Ä.	*und Ähnliches*
übertr.	*übertragen*
ugs.	*umgangssprachlich*
ungebr.	*ungebräuchlich*
unpersönl.	*unpersönlich*
unregelm.	*unregelmässig*
usw.	*und so weiter*
weibl.	*weiblich*
z. B.	*zum Beispiel*
Zus.	*Zusammensetzung(en)*
*	*feste Wendung, Phraseologismus*

Wörterbuch

A

1.-August-Feier, *die; -, -n:* Feier am schweizerischen Nationalfeiertag

1.-August-Rede, *die; -, -n:* zur Feier des schweizerischen Nationalfeiertags gehaltene Rede

A-Post, *die; -, ohne Pl.:* Leistungsangebot der Post, das die Zustellung einer Sendung am nächsten Werktag garantiert

Abänderung, *die; -, ohne Pl.:* auch svw. Klimakterium, Wechseljahre

abdanken *<sw. V.>:* eine Trauerfeier halten

Abdankung, *die; -, -en:* auch svw. Trauerfeier, ref. Trauergottesdienst

Abdankungsgottesdienst, *der; -[e]s, -e:* ref. Trauergottesdienst

Abdeckband, *das; -s, ...bänder:* Klebeband zum Schutz von Flächen vor unabsichtlichem Übermalen, vor Farbspritzern u. Ä.

Abendverkauf, *der; -[e]s, ...käufe:* verlängerte abendliche Öffnungszeit von Geschäften

Abendverlesen, *das; -s, -:* Appell einer militärischen Einheit vor der Nachtruhe

aberkennen *<sw. V.>:* auch svw. einer Sache die amtliche Bewilligung entziehen

abfahren *<st. V.>:* auch svw. am Ende des Sommers mit dem Vieh von der Alp ins Tal ziehen

Abfallrechnung, *die; -, -en:* Jahresbilanz der (kommunalen) Abfallentsorgung

Abfallsackgebühr, *die; -, -en:* Entsorgungsgebühr, die pro Kehrichtsack erhoben wird

Abfuhrwesen, *das; -s, -:* öffentliche Abfallentsorgung

Abgangsentschädigung, *die; -, -en:* einmalige Zahlung an einen Arbeitnehmer beim [unfreiwilligen] Verlassen einer Arbeitsstelle

Abgeltung, *die; -, -en:* auch svw. Vergütung

abhangen *<st. V.>:* abhängen, abhängig sein

abkalten *<sw. V.>:* abkühlen, kalt stellen [von Speisen]

abklemmen *<sw. V.> (salopp, mundartnah):* auch svw. abrupt beenden, unterdrücken, verbieten

Ablad, *der; -[e]s, -e:* Abladen (von Waren); Entladen (von Transportmitteln)

Ablage, *die; -, -n:* auch svw. Annahme-, Zweigstelle

abliegen *<st. V.> (mundartnah):* auch svw. sich hinlegen

ablöschen *<sw. V.>:* auch svw. (das Licht) ausschalten. **es löscht mir ab (salopp, mundartnah):* ich finde es unerträglich, ich habe es satt

Ablöscher, *der; -s, - (mundartnah):* Stimmungskiller

Ablöser Ablöserin, *der; -s, - bzw. die; -, -nen:* Aushilfe

abmehren *<sw. V.>:* durch Handerheben abstimmen

Abnahme, *die; -, -n:* auch svw. Genehmigung (einer Jahresrechnung)

abnormal: unnormal, ungewöhnlich

Abonnent Abonnentin, *der; -en, -en bzw. die; -, -nen:* auch svw. Person, die Strom, Wasser, Gas bezieht oder einen Telefonanschluss hat

Abricotine, *die; -, -s <frz.>:* aus Aprikosen gebrannter Schnaps

Abriss, *der; -es, ohne Pl. (salopp, mundartnah):* auch svw. unverschämt hohe Preisforderung

absägen. **abgesägt sein/mit abgesägten Hosen dastehen:* blossgestellt sein; den Kürzeren gezogen haben

abschauen *<sw. V.>:* 1. durch Beobachtung bei anderen lernen 2. bei schriftlichen Prüfungen vom Nachbarn bzw. von der Nachbarin abschreiben

Abschied, *der; -[e]s, -e:* auch svw. Protokoll der Tagsatzung im alten eidgenössischen Staatenbund. **aus Abschied und Traktanden fallen:* (als Verhandlungsgegenstand) bedeutungslos, erledigt sein

abschiessen *<st. V.>:* auch svw. verbleichen, verschiessen, die Farbe verlieren (von Stoffen)

abschlagen *<st. V.>:* auch svw. verprügeln

abschlecken *<sw. V.>:* ablecken

abschleichen <*st. V.*> *(salopp):* (heimlich) verschwinden, abhauen

Abschrankung, *die; -, -en:* Absperrung

Abschreiber, *der; -s, -:* svw. Abschreibung

Absenden, *das; -s, ohne Pl.:* auch svw. (festliches) Verteilen von Preisen nach [Schiess-]wettbewerben

Absenz, *die; -, -en:* Abwesenheit, Fehlen

Absenzenheft, *das; -[e]s, -e:* Heft, in das Absenzen von Schüler(innen) und Mitteilungen der Lehrpersonen und Eltern eingetragen werden

abserbeln <*sw. V.*>*:* langsam [ab]sterben

absitzen <*st. V.*> *(mundartnah):* auch svw. sich setzen

absprechen <*st. V.*>*:* auch svw. einer Sache die amtliche Bewilligung entziehen

abstehen <*st. V.*>*:* auch svw. den Fuss auf den Boden setzen

Absteller, *der; -s, - (salopp):* Anlass für schlechte Laune

Abstimmungsbotschaft, *die; -, -en:* offizielle Informationen zu einer Abstimmungsvorlage

Abstimmungsbroschüre, *die; -, -n:* svw. Abstimmungsbotschaft

Abstimmungsbüchlein, *das; -s, -:* svw. Abstimmungsbotschaft

Abstimmungsdatum, *das; -s, ...daten:* festgelegter Zeitpunkt, zu dem eine Volksabstimmung stattfindet

Abstimmungsempfehlung, *die; -, -en:* Rat, Anraten, wie die Stimmberechtigten bei einer Volksabstimmung entscheiden sollen

Abstimmungserläuterung, *die; -, -en:* offizielle Informationen zu einer Abstimmungsvorlage

Abstimmungskampagne, *die; -, -n:* svw. Abstimmungskampf

Abstimmungskampf, *der; -[e]s, ...kämpfe:* propagandistisches Agieren im Vorfeld einer Volksabstimmung

Abstimmungskomitee, *das; -s, -s:* Ausschuss von Personen/Organisationen, die einen Abstimmungskampf führen

Abstimmungslokal, *das; -[e]s, -e:* Ort, an dem bei Abstimmungen und Wahlen die Stimme abgegeben werden kann; Wahllokal

Abstimmungsparole, *die; -, -n:* Empfehlung, einer Abstimmungsvorlage zuzustimmen oder sie abzulehnen

Abstimmungspropaganda, *die; -, ohne Pl.:* Werbung zur Beeinflussung der Stimmberechtigten vor einer Volksabstimmung

Abstimmungsresultat, *das; -[e]s, -e:* Ergebnis einer Abstimmung

Abstimmungssonntag, *der; -[e]s, -e:* Sonntag, an dem eine Abstimmung stattfindet

Abstimmungstermin, *der; -[e]s, -e:* amtlich festgelegter Zeitpunkt, der für eine Volksabstimmung vorgesehen ist

Abstimmungsvorlage, *die; -, -n:* Gesetzes- oder Kreditvorlage des Parlaments, die der Volksabstimmung unterliegt

Abstimmungszeitung, *die; -, -en:* in Form einer Zeitung gestaltetes Werbematerial für eine Volksabstimmung

Abstinent Abstinentin, *der; -en, -en bzw. die; -, -nen:* Person, die keinen Alkohol trinkt; Abstinenzler(in)

abstreifen <*sw. V.*>*:* (die Schuhe auf einer Matte) abputzen

abstützen <*sw. V.*>*:* auch svw. 1. unterstützen, absichern 2. *(reflexiv)* auf etw. beruhen

Abtausch, *der; -[e]s, ohne Pl.:* auch svw. Tausch (von Grundstücken)

abtauschen <*sw. V.*>*:* auch svw. tauschen

abtischen <*sw. V.*>*:* (nach dem Essen) den Tisch abräumen

abtragen <*st. V.*>*:* auch svw. Ertrag abwerfen

Abtrocknungstuch, *das; -[e]s, ...tücher (mundartnah):* Küchentuch, Geschirrtuch

abtun <*st. V.*>*:* Töten und Beseitigen (von Haustieren)

abverdienen <*sw. V.*>*:* zur Erlangung eines höheren Dienstgrades Militärdienst leisten

Abwart Abwartin, *der; -[e]s, -e/Abwärte bzw. die; -, -nen:* Hauswart(in), Hausmeister(in)

Abwaschmaschine, *die; -, -n:* Geschirrspüler, Geschirrspülmaschine

Abwaschtrog, *der; -[e]s, ...tröge:* fest installiertes Becken zum Reinigen von schmutzigem Geschirr; Spültrog

abwechslungsweise: abwechselnd, wechselweise

abzonen *<sw. V.>:* (Land) einer weniger attraktiven raumplanungsrechtlichen Zone zuweisen
abzotteln *<sw. V.> (salopp):* sich [unzufrieden] entfernen
Achselpatte, *die; -, -n:* Schulterklappe
Achtung. **Achtung steht:* militärisches Kommando, mit dem der Truppe das Strammstehen befohlen wird
Achtungstellung, *die; -, -en (Militär):* svw. dtl. Strammstehen
AdA, *der; -s, -s bzw. die; -, -s (formell):* als Wort gesprochene Abk. für Angehörige(r) der Armee
ade *(mundartnah):* auf Wiedersehen, tschüss
Adjunkt Adjunktin, *der; -s, -e bzw. die; -, -nen:* Angestellte(r) oder Beamter/Beamtin in Stabsfunktion
Administrativmassnahme, *die; -, -n (Recht):* verwaltungsrechtliche Massnahme, um verkehrsgefährdende Fahrzeug- und Schiffsführer(innen) zu bessern sowie ungeeignete Fahrzeug- und Schiffsführer(innen) vom Verkehr fernzuhalten.
Adrio, *das; -s, -s:* in ein Schweinsnetz eingenähte Bratwurstmasse aus Kalb- oder Schweinefleisch
Advokat Advokatin, *der; -s, -en bzw. die; -, -nen:* (bes. in beiden Basel) Anwalt bzw. Anwältin; dtl. veraltet
Advokaturbüro, *das; -s, -s:* Anwaltsbüro
Affenschwanz, *der; -es, ...schwänze:* auch svw. @-Zeichen in E-Mail-Adressen
Affiche, *die; -, en <frz.>:* 1. Aushang, Anschlag(zettel), Plakat 2. werbende Bezeichnung, Titel, Aushängeschild
affichieren *<sw. V., frz.>:* ankleben
Agenda, *die; -, ...den:* auch svw. Termin-, Veranstaltungskalender
Agglo, *die; -, -s (mundartnah, Kurzwort):* Agglomeration
Agglomeration, *die; -, -en:* auch svw. Gesamtheit des suburbanen Umlands einer (Kern-)Stadt
Agraffe, *die; -, -n:* auch svw. u-förmige Eisenklammer zum Befestigen von Draht; dtl. Krampe
AHV, *die; -, ohne Pl.:* 1. Abk. für Alters- und Hinterlassenenversicherung 2. *(informell)* kurz für AHV-Rente
AHV-Ausweis, *der; -es, -e:* persönlicher Ausweis der Alters- und Hinterlassenenversicherung
AHV-Rente, *die; -, -n:* regelmässige Auszahlung durch die Alters- und Hinterlassenenversicherung nach Erreichen des Rentenalters
Akklamation, *die; -, -en:* (geh.) Applaus. **durch/per/mit Akklamation:* Wahl durch Beifallsbezeugung
Akonto, *das; -s, -s/...ten:* Anzahlung
Aktion, *die; -, -en:* Sonderangebot
Aktionariat, *das; -[e]s, -e:* Gesamtheit der Aktionäre und Aktionärinnen
Aktivbürger Aktivbürgerin, *der; -s, - bzw. die; -, -nen:* stimm- und wahlberechtigte Person
Aktivbürgerrecht, *das; -[e]s, ohne Pl.:* Recht, aktiv am politischen Leben teilzunehmen, d.h. abzustimmen, zu wählen und gewählt zu werden
Aktivdienst, *der; -[e]s, -e:* von den zivilen Behörden angeordneter Einsatz der Schweizer Armee oder von Teilen davon
Aktivmitglied, *das; -[e]s, -er:* Mitglied eines Vereins, das regelmässig an den Vereinsaktivitäten teilnimmt
Aktivriege, *die; -, -n:* Abteilung eines Turnvereins (bestehend aus Männern und Frauen zwischen ca. 15 und ca. 40 Jahren)
Aktuar Aktuarin, *der; -s, -e bzw. die; -, -nen:* auch svw. Protokoll-, Schriftführer(in)
Albeli, *das; -s, -:* Felchen (Vierwaldstättersee)
Albock, *der; -s, Alböcke:* Blaufelchen (Thuner-, Brienzersee)
Alet, *der; -s, -:* Döbel (Fischart)
Alibiübung, *die; -, -en:* etw., das nur um des äusseren Scheins willen getan wird (und deshalb in seiner Konsequenz nicht ernst genommen werden kann)
Alkoholpatent, *das; -[e]s, -e:* staatliche Bewilligung zum gewerblichen Ausschank von Alkohol
allenfalls: unter Umständen
Allerheilmittel, *das; -s, -:* Heilmittel, Lösung für (angeblich) alles; Allheilmittel
allfällig: etwaig, allenfalls vorkommend

Allfälliges: Verschiedenes; üblicherweise letzter Punkt einer Traktandenliste

Allgemeinpraktiker Allgemeinpraktikerin, *der; -s, - bzw. die; -, -nen:* Arzt bzw. Ärztin für allgemeine Grundmedizin; dtl. Allgemeinmediziner(in)

Allmeind, *die; -, -en:* svw. Allmend

Allmend, *die; -, -en:* 1. gemeinsam genutzte Wiesen, Weiden und Wälder einer Gemeinde; Allmende 2. öffentlicher Grundbesitz

Allzeithöchst, *das; -/-s, -:* Rekordhoch (von Aktienwerten); Allzeithoch

Alp, *die; -, -en:* alpine Bergweide zur sommerlichen viehwirtschaftlichen Nutzung, oft mit zugehörigem Wirtschaftsgebäude

Alpabfahrt, *die; -, -en:* svw. Alpabzug

Alpabtrieb, *der; -[e]s, -e:* svw. Alpabzug

Alpabzug, *der; -[e]s, ...züge:* [festlicher] Umzug im Spätsommer, bei dem Personal und Vieh von der Alp ins Tal ziehen

Alpauftrieb, *der; -[e]s, -e:* svw. Alpaufzug

Alpaufzug, *der; -[e]s, ...züge:* [festlicher] Umzug im Frühling, bei dem Vieh und Personal vom Tal auf die Alp ziehen

Alpe, *die; -, -n (Wallis):* svw. Alp

alpen <*sw. V.*>*:* Vieh auf einer Bergweide halten

Alpenbitter, *der; -s, -:* mit Kräutern hergestelltes alkoholhaltiges Bittergetränk

Alpentladung, *die; -, -en:* svw. Alpabzug

Alpfahrt, *die; -, -en:* svw. Alpaufzug

Alpgenosse Alpgenossin, *der; -n, -n bzw. die; -, -nen (meist Pl.):* Mitglied einer Alpgenossenschaft

Alpgenossenschaft, *die; -, -en:* Zusammenschluss von Bauern zur gemeinsamen viehwirtschaftlichen Nutzung alpiner Bergweiden

Alphütte, *die; -, -en:* Wohn- und Wirtschaftsgebäude auf einer Alp

Alpinsport, *der; -[e]s, ...arten:* alpiner [Ski]sport

Älpler Älplerin, *der; -s, - bzw. die; -, -nen:* Person, die eine Alp bewirtschaftet

Älplerchilbi, *die; -, ...chilbenen (mundartnah):* im Frühherbst stattfindendes Fest mit Predigt, Tanz und Umzug in den Bergregionen, wenn die Kühe von der Alp ins Tal zurückgeführt werden

Älplermagronen, *die; nur Pl.:* Gericht aus Kartoffeln, Makkaroni, Zwiebeln und Käse

Alpöhi, *der; -s, ohne Pl. (scherzh., mundartnah):* svw. Älpler (nach dem Roman «Heidi» von Johanna Spyri)

Alpung, *die; -, -en:* sommerliches Halten von Vieh auf einer Bergweide

Alpzeit, *die; -, -en:* Zeitdauer, während der eine Alp besetzt ist und bewirtschaftet wird

als. **als auch schon:* als früher

alt *(unflektiert, vor Amts- und Berufsbezeichnungen):* nicht mehr amtierend; ehemalig (von höheren Ämtern), zum Beispiel *alt Regierungsrat;* dtl. Alt...

Altersarbeit, *die; -, -en:* Facharbeit mit betagten Menschen

Altersasyl, *das; -s, -e (veraltend):* Altersheim

Altersentlastung, *die; -, -en:* altersbedingte Reduktion des Arbeitspensums (v. a. bei Lehrpersonen)

Altersguillotine, *die; -, -n (salopp):* Zwang, Vorschrift, nach Erreichen eines bestimmten Alters eine berufliche oder soziale Stellung zu verlassen

Altersjahr, *das; -[e]s, -e:* Lebensjahr

Altersrücktritt, *der; -[e]s, -e:* Rücktritt aus Altersgründen

Alterssiedlung, *die; -, -en:* Überbauung für betagte Personen

Alters- und Hinterlassenenversicherung, *die; -, ohne Pl., abgekürzt AHV:* obligatorische Rentenversicherung zugunsten der Pensionierten und von Hinterbliebenen

Altjahr[e]swoche, *die; -, -n:* Woche zwischen Weihnachten und Neujahr

Altkarton, *der; -s, -s:* gebrauchter, zur Entsorgung vorgesehener Karton

Altliegenschaft, *die; -, -en:* Altbau

Altstoffhändler Altstoffhändlerin, *der; -s, - bzw. die; -, -nen:* Person, die mit gebrauchtem, rezyklierbarem Material handelt

Altwohnung, *die; -, -en:* Altbauwohnung

Ambiance, *die; -, ohne Pl.:* Stimmung, Atmosphäre

ambitiös: ehrgeizig, ambitioniert (im Ggs. zum Dtl. nicht abwertend)

Ambulatorium, *das; -s, ...ien:* Einrichtung zur ambulanten Behandlung
Amerikanerwagen, *der; -s, -:* Auto amerikanischer Herkunft
Ammann, *der; -[e]s, ...männer:* (in manchen Kantonen) Vorsteher einer Exekutivbehörde, meist kurz für Gemeinde-, Stadt-, Landammann
Ämtchen, *das; -s, -:* svw. Ämtli
Amtei, *die; -, -en:* (im Kt. Solothurn) aus mehreren Gemeinden bestehende Verwaltungseinheit
amten *<sw. V.>:* amtieren
Ämtli, *das; -s, - (mundartnah):* Aufgabe, die einem Mitglied einer Gruppe obliegt
amtsältest: am längsten in einem Gremium vertreten
Amtsälteste, *der bzw. die; -n, -n:* Person in einem Gremium, die am längsten darin vertreten ist
Amtsbezirk, *der; -[e]s, -e:* (früher im Kt. Bern) aus mehreren Gemeinden bestehende Verwaltungseinheit
Amtsstatthalter Amtsstatthalterin, *der; -s, - bzw. die; -, -nen:* (früher im Kt. Luzern) svw. Regierungsstatthalter
Amtsstelle, *die; -, -n:* Dienststelle
Amtszwang, *der; -[e]s, ohne Pl.:* Pflicht des Gewählten, das entsprechende Amt anzutreten
Anbaute, *die; -, -n:* Anbau
anbräteln *<sw. V.>:* anbraten
ändern *<sw. V.>:* auch svw. einen anderen Zustand annehmen, sich ändern
anerbieten, *sich <st. V.>:* sich zu etw. bereit erklären
Anfang. **Anfang Jahr:* Anfang des Jahres
anfangs *<Präp. mit Akk.>:* zu Beginn eines Zeitraumes. **anfangs Jahr:* anfangs des Jahres
anforderungsreich: hohe Anforderungen bzw. Ansprüche an jmds. Leistung stellend
Angefressene, *der/die; -n, -n:* Person, die von etw. begeistert, fasziniert ist; Fan
Angehörige(r). **Angehörige(r) der Armee, abgekürzt AdA:* Gesamtheit der ins Militär Eingeteilten, ungeachtet des Ranges
Angeschuldigte, *der/die; -n, -n:* Beschuldigte, Angeklagte
Angetrunkenheit, *die; -, ohne Pl. (formell):* leichte Betrunkenheit
angriffig: kämpferisch, streitbar, draufgängerisch
Anhaltung, *die; -, -en (formell):* auch svw. Aufhalten einer Person, eines Fahrzeugs zwecks polizeilicher Kontrolle
Anhängerzug, *der; -[e]s, ...züge:* Lastwagen mit Anhänger
anhin. **bis anhin:* bis jetzt
Animator Animatorin, *der; -s, -en bzw. die; -, -nen:* Person, die andere unterhält; Animateur(in)
Änisbrötli, *das; -s, - (mundartnah):* Weihnachtsgebäck mit Anis
Anken, *der; -s, ohne Pl. (mundartnah):* Butter
ankünden *<sw. V.>:* ankündigen
Anlagestiftung, *die; -, -en:* Institution, die Gelder einer Vorsorgeeinrichtung verwaltet
anlangen *<sw. V.>:* 1. (an einem Ort, einem Zielpunkt) ankommen 2. betreffen, angehen
Anlass, *der; -es, ...lässe:* auch svw. Veranstaltung
anläuten *<sw. V.> (mundartnah):* telefonisch anrufen
Anlehre, *die; -, -n:* berufliche Kurzausbildung
anlehren *<sw. V.>:* in einer Kurzausbildung unterrichten
anmächelig *(mundartnah):* verlockend, reizvoll, attraktiv
Annexbau, *der; -[e]s, -ten:* Bauwerk, das an ein anderes Gebäude ergänzend angefügt wird
Annullation, *die; -, -en:* Ungültigkeitserklärung, Annullierung (von Bestellungen, Buchungen, Resultaten, Entscheiden, Urteilen)
Annullationskostenversicherung, *die; -, -en:* Versicherung gegen Kosten, die durch den unfall- oder krankheitsbedingten Rücktritt von einem Reisearrangement entstehen
Annullierungskostenversicherung, *die; -, -en:* svw. Annullationskostenversicherung
anrösten *<sw. V.>:* mit etw. Fett bei starker Hitze kurz anbraten
Anschein. **den Anschein machen:* den Eindruck erwecken; den Anschein haben
Anschiss. **den Anschiss haben (derb):* keine Lust haben
Anschlagbrett, *das; -[e]s, -er:* an öffentlich zu-

gänglicher Stelle angebrachte Tafel für Mitteilungen

anschreiben <*st. V.*>*:* auch svw. den Preis angeben

ansonst: ander[e]nfalls

Anstoss, *der; -es, ...stösse:* auch svw. Angrenzen eines Grundstücks (an eine Strasse, ein Gewässer usw.)

Anstösser Anstösserin, *der; -s, - bzw. die; -, -nen:* Besitzer(in) eines Grundstücks, das an eine Strasse, an ein Gewässer usw. angrenzt

antönen <*sw. V.*>*:* auch svw. andeuten

Antrinket, *der; -/-s, ohne Pl. (mundartnah):* kleine Festlichkeit bei der Eröffnung einer Gaststätte

Antrinkete, *die; -, -n:* svw. Antrinket

Antrittsverlesen, *das; -s, -:* Appell einer militärischen Einheit vor Beginn des Dienstbetriebs

Anwaltspatent, *das; -[e]s, -e:* staatliche Bewilligung zur Ausübung des Berufs eines [Rechts]-anwalts bzw. einer [Rechts]anwältin

Anwänder Anwänderin, *der; -s, - bzw. die; -, -nen:* (in beiden Basel) svw. Anstösser

Anzug, *der; -[e]s, Anzüge:* auch svw. 1. (Kissen-, Bett-)Bezug, Überzug 2. (im Kt. Basel-Stadt) Postulat; Anregung des Parlaments zuhanden der Regierung

aper: schneefrei

apern <*sw. V.*>*:* schneefrei werden; tauen

Apero *Apéro, der/das; -s, -s:* Aperitif, d. h. 1. appetitanregendes (alkoholisches) Getränk 2. geselliges Beisammensein bei [alkoholischen] Getränken und Snacks

Appellation, *die; -, -en:* Berufung (gegen ein Urteil)

Appellationsgericht, *das; -[e]s, -e:* (im Kt. Basel-Stadt) zweitinstanzliches bzw. oberstes kantonales Gericht

appellieren <*sw. V.*>*:* auch svw. Berufung einlegen

ARA, *die; -, -s:* Abk. für Abwasserreinigungsanlage

Arbeitgeberverband, *der; -[e]s, ...bände:* auch svw. Vereinigung regionaler und branchenmässiger Arbeitgeberverbände

Arbeitnehmende, *der/die; -n, -n:* svw. Arbeitnehmer(in)

Arbeitsagoge Arbeitsagogin, *der; -n, -n bzw. die; -, -nen:* Person, die Menschen mit erschwertem Zugang zur Arbeitswelt hilft

Arbeitsbewilligung, *die; -, -en:* Arbeitserlaubnis

Arbeitsheim, *das; -[e]s, -e:* Heim für Behinderte

Arbeitsinspektorat, *das; -[e]s, -e:* Behörde, die die Einhaltung der arbeitsrechtlichen Bestimmungen überwacht

Arbeitslosenentschädigung, *die; -, -en:* Arbeitslosenunterstützung

Arbeitslosenkasse, *die; -, -n:* kantonale oder private Einrichtung, die Insolvenzentschädigungen und Taggelder an arbeitslose Personen bzw. Kurzarbeits- und Schlechtwetterentschädigungen an Betriebe auszahlt

Arbeitsvergebung, *die; -, -en:* Auftragsvergabe

arbitrieren <*sw. V.*>*:* als Schiedsrichter eine sportliche Partie leiten

Are, *die; -, -n:* 100 Quadratmeter; dtl. Ar

Argumentarium, *das; -s, ...ien/...ia:* Zusammenstellung von Argumenten

Armee, *die; -, -n:* auch svw. Gesamtheit der Streitkräfte der Schweiz

Ärmel. **es nimmt mir den Ärmel hinein (mundartnah):* ich werde von Leidenschaft ergriffen

armengenössig *(veraltend):* auf Unterstützung durch die Fürsorge angewiesen

Arve, *die; -, -n:* Zirbelkiefer

Arztgehilfe Arztgehilfin, *der; -n, -n bzw. die; -, -nen:* Person, die bei den medizinischen Behandlungen assistiert und in einer Arztpraxis administrative Arbeiten erledigt

Arztzeugnis, *das; -ses, -se:* ärztliche Bescheinigung über eine Arbeitsunfähigkeit; dtl. Arbeitsunfähigkeitsbescheinigung

Aspirant, *der; -en, -en:* auch svw. Offiziersschüler

aspirieren <*sw. V.*>*:* sich um etw. bewerben

Ast. **sich auf die Äste hinauslassen:* sich auf ein Wagnis einlassen; sich weit hinauslehnen

Attikageschoss, *das; -es, -e:* Geschoss, auf welchem sich eine oder mehrere Attikawohnungen befinden

Attikawohnung, *die; -, -en:* Penthouse

Au, *die; -, -en:* Aue; vom Wechsel zwischen niederer und hoher Wasserführung geprägte Uferlandschaft

Auditor Auditorin, *der; -s, -en bzw. die; -, -nen:* 1. Ankläger(in) bei einem Militärgericht 2. beim erstinstanzlichen Gericht zu Ausbildungszwecken angestellte(r) Jurist(in)

Aufbauer Aufbauerin, *der; -s, - bzw. die; -, -nen:* Spielmacher in einem Mannschaftssport

Aufbaute, *die; -, -n:* Aufbau (eines Gebäudes)

aufbeigen *<sw./st. V.>:* aufschichten, stapeln

aufdatieren *<sw. V.>:* auf den neuesten Stand bringen

Aufenthalter Aufenthalterin, *der; -s, - bzw. die; -, -nen:* 1. Person, die sich hauptsächlich, meist wochentags, ausserhalb ihrer Niederlassungsgemeinde aufhält 2. ausländische Person, die sich zu Arbeits- oder Studienzwecken vorübergehend in der Schweiz aufhält

Aufenthaltsbewilligung, *die; -, -en:* offizielle Aufenthaltsgenehmigung für Ausländer(innen)

Auffahrkollision, *die; -, -en:* Auffahrunfall

Auffahrt, *die; -, ohne Pl.:* svw. dtl. Christi Himmelfahrt

auffangen, *sich <st. V.>:* sich fangen, das seelische Gleichgewicht wiedergewinnen

Aufgabenbüchlein, *das; -s, -:* Heft, in das Schulaufgaben oder andere Informationen eingetragen werden

Aufgabenhort, *der; -[e]s, -e:* Ort, an dem Schulkinder unter Aufsicht ihre Hausaufgaben erledigen können

Aufgebot, *das; -[e]s, -e:* auch svw. (schriftlicher) Befehl, den Dienst in der Armee anzutreten

aufgestellt *(mundartnah):* fröhlich

aufgleisen *<sw. V.>:* auch svw. (ein Projekt) in die Wege leiten

aufhängen *<sw. V.>:* auflegen (vom Telefonhörer)

aufkünden *<sw. V.>:* svw. aufkündigen

auflesen *<sw. V.> (ugs.):* auch svw. sich eine Infektionskrankheit einfangen

auflüpfisch *(selten):* aufmüpfig, rebellisch

Aufmarsch, *der; -[e]s, ...märsche:* auch svw. [grosse] Besuchermenge

aufnehmen *<st. V.>. *[den Boden] [nass/feucht] aufnehmen:* (den Boden) mit einem feuchten Lappen reinigen

äufnen *<sw. V.>:* (einen Fonds) anlegen; (Güter, Bestände, Fonds) mehren

Äufnung, *die; -, -en:* Anlegen (eines Fonds), Mehrung (von Gütern, Beständen, eines Fonds)

Aufrichte, *die; -, -n:* Fest, das die Bauherrschaft bei Fertigstellung des Daches ausrichtet; Richtfest

Aufrichtebäumchen, *das; -s, -:* bei der Aufrichte auf den Dachfirst gestellte, mit bunten Bändern geschmückte kleine Tanne

aufschnaufen *<sw. V.>:* aufatmen

Aufsichtsbeschwerde, *die; -, -n:* Beschwerde an eine vorgesetzte Behörde über die Amtstätigkeit ihrer Organe

Aufsichtskommission, *die; -, -en:* (in einigen Kantonen) auch svw. Kontroll- bzw. Aufsichtsorgan über eine höhere Schule (z. B. Kantonsschule, Fachhochschule)

aufsitzen *<st. V.>:* auch svw. sich aufrecht hinsetzen; sich aufsetzen

aufstarten *<sw. V.>:* (einen Computer) starten, hochfahren

aufstellen *<sw. V.; unpersönl.> (mundartnah):* in gute Laune bringen

Aufsteller, *der; -s, - (mundartnah):* auch svw. Anlass für gute Laune

aufstrecken *<sw. V.>:* sich (in der Schule oder bei offenen Abstimmungen) durch Heben der Hand melden

Auftragsvergebung, *die; -, -en:* Auftragsvergabe

Aufwisch. **in einem Aufwisch,* auch: *im gleichen Aufwisch:* auf einmal, zugleich

Aufzahlung, *die; -, -en:* Aufpreis, Mehrpreis

Augenschein, *der; -[e]s, -e:* auch svw. Gerichtstermin am Ort des Geschehens; Lokaltermin

Augenwasser, *das; -s, ohne Pl.:* auch svw. Tränen

Augustfeier s. 1.-August-Feier

Augustfeuer, *das; -s, -:* anlässlich des schweizerischen Nationalfeiertags entzündetes grosses Feuer

Augustrede s. 1.-Augustrede

ausapern *<sw. V.>:* 1. schneefrei werden, tauen 2. schneefrei machen

Ausbaustandard, *der; -s, ohne Pl.:* auch svw. Ausstattung (einer Wohnung oder eines Bauwerks)

ausbeineln *<sw. V.> (mundartnah):* 1. Fleisch von Knochen ablösen 2. gründlich untersuchen, klarlegen

Ausbildner Ausbildnerin, *der; -s, - bzw. die; -, -nen:* Person, die andere in spezifischen Fertigkeiten unterweist; dtl. Ausbilder(in)

ausfällen *<sw. V.> (formell):* auch svw. (eine Ordnungsbusse, eine Freiheitsstrafe) verhängen

Ausgang. **in den Ausgang gehen:* (zum Vergnügen in der Freizeit) ein Konzert, ein Kino, eine Bar, einen Club o. Ä. aufsuchen

Ausgesteuerte, *der/die; -n, -n:* Person, die keine Arbeitslosenunterstützung mehr erhält

ausgewiesen: auch svw. ausweislich, nachweislich

Ausgleichskasse, *die; -, -n:* für die Berechnung, Eintreibung und Auszahlung der Sozialversicherungsbeträge zuständige öffentliche oder private Anstalt

aushängen *<sw. V.>. *es hängt mir aus (salopp, mundartnah):* ich habe es satt

ausheben *<st. V.>:* auch svw. Wehrpflichtige einberufen, um sie auf ihre Tauglichkeit für den Militärdienst zu prüfen und in eine Truppengattung einzuteilen

Aushebung, *die; -, -en:* auch svw. Einberufung von Wehrpflichtigen, um sie auf ihre Tauglichkeit für den Militärdienst zu prüfen und in eine Truppengattung einzuteilen

ausjassen *<sw. V.> (mundartnah):* aushandeln, ausmachen

auskommen *<st. V.>:* herauskommen, i. S. v. bekannt werden

Auskunftsstelle, *die; -, -n:* Auskunftsbüro

Auslad, *der; -[e]s, -e:* Ausladen (von Waren); Entladen (von Transportmitteln)

Auslandchef, *der; -s, -s:* Leiter des Ressorts Ausland

Ausländerausweis, *der; -es, -e:* Ausweis, der die Personalien sowie einen Vermerk über die Art und Dauer der Aufenthaltsbewilligung eines Ausländers bzw. einer Ausländerin enthält

Auslandschweizer Auslandschweizerin, *der; -s, - bzw. die; -, -nen:* Person mit Schweizer Bürgerrecht, die sich dauerhaft im Ausland niedergelassen hat

Auslandteil, der; *-s, -e:* Auslandsteil (einer Zeitung)

Ausläufer Ausläuferin, *der; -s, - bzw. die; -, -nen (veraltend):* auch svw. Person, die Waren austrägt; Laufbursche

Auslegeordnung, *die; -, -en:* 1. nach vorgeschriebener Ordnung zu erfolgendes Bereitlegen der persönlichen Ausrüstungsgegenstände zur militärischen Inspektion 2. übersichtliche Zusammenstellung von Arbeitsergebnissen oder Problembereichen für eine erste Durchsicht

ausmarchen *<sw. V.>:* 1. *(selten)* (Grundstücke) abgrenzen 2. (seine Rechte, Interessen) abgrenzen

Ausmarchung, *die; -, -en:* 1. (politische) Auseinandersetzung und Meinungsbildung 2. Ausscheidung, Qualifikation

ausmehren *<sw. V.>:* durch offene Abstimmung entscheiden

ausmieten *<sw. V.>:* 1. vermieten 2. mieten

ausrichten *<sw. V.>:* auch svw. (ein Gehalt, eine Entschädigung) entrichten, zahlen

Aussand, *der; -[e]s, Aussände:* Versenden (von Briefen, Paketen oder E-Mails); Versand

ausschaffen *<sw. V.>:* (ausländische Personen) ausweisen, abschieben

Ausschaffung, *die; -, -en:* Ausweisung eines Ausländers bzw. einer Ausländerin aus einem Staat

Ausschaffungshaft, *die; -, ohne Pl.:* zur Sicherstellung der Ausweisung verfügte Haft

ausschauben *<sw. V.> (mundartnah):* ausscheiden, aussortieren

ausscheiden *<st. V.>:* auch svw. (Land) für einen besonderen Zweck abteilen

Ausschiessen, *das; -s, ohne Pl.:* letzte Schiessübung eines Schützenvereins im Jahr, mit Preisschiessen und Festlichkeiten verbunden

Ausschiesset, *der; -s, ohne Pl.:* svw. Ausschiessen

ausschnaufen *<sw. V.>:* auch svw. eine kurze Pause einlegen; verschnaufen

Ausschwinget, *der; -s, ohne Pl.:* Endkampf im Schwingen

Aussenquartier, *das; -s, -e:* Stadtteil ausserhalb des Stadtzentrums; Aussenviertel

Aussenwacht, *die; -, -en:* (im östl. Kt. Zürich) einzeln gelegener Ortsteil (einer ländlichen Gemeinde)

ausserkantonal: ausserhalb des eigenen Kantons gelegen, aus einem andern Kanton stammend

ausserorts: ausserhalb einer Ortschaft

Ausserortsbereich, *der; -[e]s, -e:* Strassennetz ausserhalb der Siedlungen

Ausstand, *der; -[e]s, ...stände:* auch svw. 1. vorübergehendes Ausscheiden aus einem Gremium, um Interessenskonflikte zu vermeiden 2. *(nur Pl.)* ausgebliebene Geldforderungen

Ausstandsbegehren, *das; -s, -:* Antrag, dass ein Mitglied eines Gremiums in den Ausstand treten soll

Ausstich, *der; -[e]s, -e (Sport):* Entscheidungskampf, Stichkampf

Austrinket, *der; -s, ohne Pl.:* Abschiedsfeier eines Wirts bzw. einer Wirtin mit den Gästen bei Betriebsaufgabe

Austrinkete, *die; -, -n:* svw. Austrinket

Austritt. **den Austritt geben:* austreten (aus einem Verein, einer Partei usw.)

auswallen *<sw. V.>:* (Teig) ausrollen, auswalzen

ausweisen *<st. V.>. *sich über etw. ausweisen:* Kenntnisse, Fähigkeiten nachweisen

auswinden *<st. V.>:* aus[w]ringen

auszonen *<sw. V.>:* (Land) aus der Bauzone ausscheiden

Auszonung, *die; -, -en:* Ausscheidung von Land aus der Bauzone

Auszugstisch, *der; -[e]s, -e:* Ausziehtisch

Autobahneinfahrt, *die; -, -en:* Zufahrtsstrasse zur Autobahn; Autobahnauffahrt

Autobahnverzweigung, *die; -, -en:* Stelle, an der sich eine Autobahn verzweigt

Autocar, *der; -s, -s:* Bus für Gesellschaftsfahrten; Reisebus

Autofahrschule, *die; -, -n:* Fahrschule

Autogewerbe, *das; -s, ohne Pl.:* Gesamtheit der Betriebe, die im Fahrzeughandel und -unterhalt tätig sind

Autolenker Autolenkerin, *der; -s, - bzw. die; -, -nen:* Autofahrer(in)

Automatiker Automatikerin, *der; -s, - bzw. die; -, -nen:* Elektromechaniker(in)

Automech, *der; -s, -s (salopp, Kurzwort):* Automechaniker

Automechaniker Automechanikerin, *der; -s, - bzw. die; -, -nen:* Mechaniker(in), der bzw. die motorisierte Fahrzeuge wartet und repariert; Kfz-Mechaniker(in)

Automobilist Automobilistin, *der; -en, -en bzw. die; -, -nen:* Autofahrer(in)

Automonteur Automonteurin, *der; -s, -e bzw. die; -, -nen:* svw. Automechaniker(in)

Autoprüfung, *die; -, -en:* Fahrprüfung

Autosilo, *das; -s, -s:* oberiridisches Parkhaus

Autospengler Autospenglerin, *der; -s, - bzw. die; -, -nen:* Person, die berufsmässig Reparaturen an Autokarosserien ausführt; Karosserieschlosser(in)

Autospenglerei, *die; -, -en:* Betrieb, in dem Reparaturen an Autokarosserien durchgeführt werden

Autostopper Autostopperin, *der; -s, - bzw. die; -, -nen:* Person, die per Autostopp fährt; dtl. Anhalter(in)

Autoteilet, *der; -, ohne Pl. (mundartnah):* gemeinschaftliches Nutzen von Autos; Carsharing

Autoteilete, *die; -, ohne Pl. (mundartnah):* svw. Autoteilet

Autounterstand, *der; -[e]s, ...stände:* überdachter Platz zum Unterstellen von Autos

Autoverlad, *der; -[e]s, ohne Pl.:* Transport von Autos und deren Passagieren mit der Bahn (durch einen Alpentunnel)

avisieren *<sw. V.>:* auch svw. benachrichtigen

B

B-Bewilligung, *die; -, -en:* einjährige Aufenthaltsgenehmigung für Ausländer(innen)

B-Post, *die; -, ohne Pl.:* Leistungsangebot der Post, das die Zustellung einer Sendung spätestens für den dritten Arbeitstag nach der Aufgabe garantiert

Bach. **bachab gehen:* entgehen, verloren gehen. **bachab schicken:* verwerfen

bachnass: platschnass, tropfnass

Bächtelistag Bechtelistag, *der; -[e]s, ohne Pl. (mundartnah):* Berchtoldstag

Badanstalt, *die; -, -en:* Badeanstalt

Badekleid, *das; -[e]s, -er:* Badeanzug

Badi, *die; -, -s (mundartnah):* Bad[e]anstalt, Freibad

Badkleid, *das; -[e]s, -er:* svw. Badekleid

Badmeister Badmeisterin, *der; -s, - bzw. die; -, -nen:* Bademeister(in)

Badwanne, *die; -, -nen:* Badewanne

Badzimmer, *das; -s, -:* Badezimmer

Bahnhofbuffet, *das; -s, -s:* Restaurant in oder bei einem Bahnhof

Bahnhofvorstand, *der; -[e]s, ...stände:* Leiter eines Bahnhofs

Bähnler, *der; -s, - (mundartnah):* Eisenbahner

Balchen, *der; -s, - (Innerschweiz):* Sandfelchen, auch Felchen überhaupt

Ballen, *der; -s, -:* svw. Balchen

Bancomat® Bankomat, *der; -en/-s, -en:* von einer Bank aufgestellter Automat, an dem man Bargeld beziehen kann

Band. **durchs Band (weg):* durchweg[s]

Bändel, *der; -s, -:* schmales Stoffband

Bänkler Bänklerin, *der; -s, - bzw. die; -, -nen (mundartnah):* bei einer Bank angestellte Person; Banker(in)

Bankomat s. Bancomat

Bankvieh, *das; -s, ohne Pl.:* Schlachtvieh

bankwürdig: zum Verkauf zugelassen (von Fleisch)

Banner, *das; -s, -:* Spielkarte mit dem Wert 10 beim Jass

Banntag, *der; -[e]s, -e:* Tag im Jahreslauf, an dem die Gemeindegrenze von der Bevölkerung in ritualisierter Weise abgeschritten wird

Bannumgang, *der; -[e]s, ...gänge:* Abschreiten der Gemeindegrenze am Banntag

Bannwart, *der; -[e]s, -e:* (im Kt. Basel-Landschaft, sonst veraltend) Flur- und Waldhüter

Barbeitrag, *der; -[e]s, ...beiträge:* Geldbetrag als Barzahlung

Bärendreck, *der; -[e]s, ohne Pl. (mundartnah):* Lakritze

Barrage, *die; -, -n (Sport) <frz.>:* zusätzliche Qualifikationsrunde zweier Mannschaften, die die direkte Qualifikation für ein Turnier oder den Ligaerhalt nicht geschafft haben

Barriere, *die; -, -n:* auch svw. dtl. [Bahn]-schranke

Bärzelistag, *der; -[e]s, ohne Pl. (mundartnah):* svw. Berchtoldstag

Bätzi[wasser], *das; -s, ohne Pl. (mundartnah):* Schnaps aus Pressrückständen von Äpfeln und Birnen

Bauabschlag, *der; -[e]s, ...schläge:* behördliche Ablehnung eines Gesuchs zur Errichtung oder Veränderung eines Bauwerks

Baubaracke, *die; -, -n:* Bauhütte

Baubeschrieb, *der; -[e]s, -e:* Beschreibung eines [geplanten] Baus; Baubeschreibung

Baubewilligung, *die; -, -en:* behördliche Genehmigung eines Bauvorhabens; Baugenehmigung

Baudepartement, *das; -[e]s, -e:* (in manchen Kantonen) für das öffentliche Bauwesen und die Energieversorgung zuständiges kantonales Ministerium

Baudirektion, *die; -, -en:* (in manchen Kantonen) svw. Baudepartement

Baudirektor Baudirektorin, *der; s, -en bzw. die; -, -nen:* für das öffentliche Bauwesen und die Energieversorgung zuständige(r) kantonale(r) Minister(in)

bauern *<sw. V.>:* Landwirtschaft betreiben

Bauernbetrieb, *der; -[e]s, -e:* Landwirtschaftsbetrieb

Bauernsame, *die; -, ohne Pl.:* Bauernschaft

Bäuert, *die; -, -en:* (im Kt. Bern) einzeln gelegener Ortsteil (einer ländlichen Gemeinde)

Baugespann, *das; -[e]s, -e:* Stangen, die das Ausmass eines geplanten Gebäudes im Gelände anzeigen

Bauherrschaft, *die; -, -en:* Bauherr(in)

Baumeister Baumeisterin, *der; -s, - bzw. die; -, -nen:* auch svw. Bauunternehmer(in)

bäumig *(mundartnah):* grossartig, toll

Baumnuss, *die; -, ...nüsse:* Walnuss

Baumstrunk, *der; -[e]s, ...strünke:* Baumstumpf

Baumwärter Baumwärterin, *der; -s, - bzw. die; -, -nen:* von einer Gemeinde oder Institution beschäftigte Fachperson für Obstbau

Bauprofil, *das; -s, -e:* svw. Baugespann

Baute, *die; -, -n (formell):* Gebäude

Bauverwalter Bauverwalterin, *der; -s, - bzw. die; -, -nen:* Leiter bzw. Leiterin der Bauverwaltung einer Gemeinde

Bauzone, *die; -, -n:* Teil des Gemeindegebietes, der für die Bebauung zur Verfügung gestellt wird; Bauland

Bebbi, *der/die; -s, -s (mundartnah):* Spitzname für den Stadtbasler/die Stadtbaslerin

Bébé, *das; -s, -s:* Säugling, Baby

Bechtelistag s. Bächtelistag

bedingt *(Recht):* auch svw. auf Bewährung

beelenden *<sw. V.>:* bedrücken, nahegehen

Beerdigungsgottesdienst, *der; -[e]s, -e:* Totenmesse, kath. Trauergottesdienst

Beerenbau, *der; -[e]s, ohne Pl.:* Beerenanbau

beförderlich *(formell):* rasch

begrüssen *<sw. V.> (formell):* auch svw. jmdn. (im Rahmen eines Entscheidungsprozesses) um seine/ihre Meinung in einer Angelegenheit befragen

behaften *<sw. V.>:* 1. jmdn. beim Wort nehmen 2. haftbar machen

behändigen *<sw. V.>:* ergreifen; an sich nehmen

Behelf, *der; -[e]s, -e:* auch svw. schriftliche Anleitung (bes. im Militär und bei der Polizei)

Behind, *das; -, ohne Pl. (Fussball):* Raum hinter den Torlinien

beidseits: auf beiden Seiten; beiderseits

Beige, *die; -, -n:* Stoss, Stapel

beigen *<sw./st. V.>:* aufschichten, stapeln

Beilage, *die; -, -n:* auch svw. etw. einem Brief oder Aktenstück Beigelegtes; dtl. Anlage

beineln *<sw. V.>:* eilig mit kleinen Schritten gehen

Beitrag, *der; -[e]s, ...träge:* auch svw. Subvention, Zuschuss

Beiz, *die; -, -en (mundartnah):* Kneipe, Schenke; *(salopp auch)* Restaurant, Wirtshaus

Beizenkehr, *der; -, -en:* Besuch von mehreren Kneipen an einem Abend; Zechtour

Beizentour, *die; -, -en:* svw. Beizenkehr

Beizer Beizerin, *der; -s, - bzw. die; -, -nen (mundartnah):* Besitzer(in) einer Beiz, *(salopp auch)* Wirt(in)

beiziehen *<st. V.>:* hinzuziehen, heranziehen

Beizug, *der; -[e]s, ohne Pl.:* das Beiziehen, Heranziehen

belegen *<sw. V. >:* auch svw. eine bestimmte Lehrveranstaltung an einer Hochschule besuchen

belehnen *<sw. V.>:* eine Sicherheit (z. B. eine Hypothek oder Lebensversicherung) abtreten, um dafür ein Darlehen zu bekommen; beleihen

Belehnung, *die; -, -en:* Sicherstellung

beliebt. **jmdm. etw. beliebt machen:* jmdn. von etwas überzeugen

bemühend: unerfreulich, mühsam; peinlich

Benne, *die; -, -n (mundartnah):* svw. dtl. Schubkarren

benützen *<sw. V.>:* svw. benutzen

Benützung, *die; -, -en:* svw. Benutzung

Benzinrappen, *der; -s, -:* [zeitweiliger] Zuschlag auf die Treibstoffsteuer

Benzinzoll, *der; -[e]s, ...zölle:* Steuer, die auf die Einfuhr von Treibstoffen erhoben wird

Berchtelistag, *der; -[e]s, ohne Pl. (mundartnah):* svw. Berchtoldstag

Berchtoldstag, *der; -[e]s, ohne Pl.:* 2. Januar

Béret Beret, *das; -s, -s:* Baskenmütze

Berg. **am Berg sein/stehen (mundartnah):* ratlos sein

Bergföhre, *die; -, -n:* Legföhre

Berggänger Berggängerin, *der; -s, - bzw. die; -, -nen:* Alpinwander(in), Alpinist(in)

Berglehne, *die; -, -n (veraltend):* [steiler] Berghang, Abhang

Bericht, *der; -[e]s, -e:* (in einigen Kantonen) auch svw. Erläuterungen der Regierung zu einer dem Parlament oder dem Volk unterbreiteten Vorlage. **beleuchtender Bericht, *erläuternder Bericht:* (in einigen Kantonen) offizielle Informationen zu einer Abstimmungsvorlage

Bernerplatte, *die; -, -n:* aus verschiedenen Fleisch- und Wurstsorten sowie Bohnen oder Sauerkraut und Salzkartoffeln bestehendes Gericht; Schlachtplatte

Beruf. **auf dem Beruf arbeiten:* den erlernten Beruf ausüben

Berufsauslagen, *die; nur Pl.:* Kosten, die durch die Berufsausübung entstehen

Berufsdiplom, *das; -s, -e:* amtliche Bescheinigung über eine abgeschlossene Berufslehre

Berufsfrau, *die; -, -en/...leute:* 1. Frau mit abgeschlossener [nichtakademischer] Berufsausbildung 2. berufstätige Frau

Berufskleid, *das; -[e]s, -er (meist Pl.):* Kleidung,

die bei der Ausübung eines bestimmten Berufs getragen wird; Arbeitskleidung

Berufslehre, *die; -, -n:* [nichtakademische] Berufsausbildung

Berufsmann, *der; -[e]s, ...leute/...männer:* Mann mit abgeschlossener [nichtakademischer] Berufsausbildung

Berufsmatur, *die; -, -en:* svw. Berufsmaturität

Berufsmatura, *die; -, ...maturen:* svw. Berufsmaturität

Berufsmaturität, *die; -, -en:* Schulabschluss nach einer Berufsausbildung zur Erlangung der Fachhochschulreife; dtl. Fachabitur

Berufsmaturitätsschule, *die; -, -n:* die Berufslehre begleitende, höhere Schule, die den Zugang zu einer Fachhochschule ermöglicht, bzw. Gebäude, in dem diese Schule untergebracht ist

Berufsmittelschule, *die; -, -n:* svw. Berufsmaturitätsschule

Berufsprüfung, *die; -, -en:* höhere Fachprüfung, die nach einer erfolgreich abgeschlossenen Berufsausbildung absolviert werden kann

Berufsschürze, *die; -, -n:* Schürze, die man bei der Ausübung eines bestimmten Berufes trägt, Arbeitsschürze

Berufswahljahr, *das; -[e]s, -e:* schulische Berufsvorbereitung von einjähriger Dauer

Berufswahlklasse, *die; -, -n:* svw. Berufswahljahr

Berufswahlschule, *die; -, -n:* auf eine Lehre vorbereitende, freiwillige Schule bzw. Gebäude, in dem diese Schule untergebracht ist

besammeln <*sw. V.*>*:* 1. *sich besammeln (reflexiv):* zusammentreffen 2. (eine Gruppe von Menschen) dazu auffordern, sich an einem Ort einzufinden

Besammlung, *die; -, -en:* Versammlung zu Beginn einer Veranstaltung

Beschäftigungsgrad, *der; -[e]s, -e:* auch svw. Prozentsatz der Anstellung

Beschläg, *das; -[e]s, -e:* Metallteile an Türen, Fenstern, Schubladen, alten Büchern; Beschlag

beschlagen <*st. V.*>*:* auch svw. angehen, betreffen

Beschrieb, *der; -[e]s, -e:* Beschreibung

Besenbeiz, *die; -, -en:* Gelegenheitsgastwirtschaft

Besetzungsmacht, *die; -, ...mächte:* svw. Besatzungsmacht

bessern <*sw. V.*>*:* auch svw. besser werden, sich bessern

bestanden: auch svw. erfahren [und in vorgerücktem Alter]; gestanden (von Personen)

Bestandesaufnahme, *die; -, -n:* svw. dtl. Bestandsaufnahme

Bestätigungswahl, *die; -, -en:* Wahl, in der die Mitglieder einer Behörde bestätigt werden (ohne neue Kandidatinnen und Kandidaten)

bestbekannt: am besten bekannt; bestens bekannt

Bestellungsbestand, *der; -[e]s (Pl. ungebr.):* Wert der Bestellungen bei einem Industrieunternehmen

Bestellungseingang, *der; -s, ...gänge:* Bestelleingang

bestklassiert: erstplatziert (in einem Wettkampf)

Bestklassierte, *der/die; -n, -n:* Erstplatzierter bzw. -platzierte (in einem Wettkampf)

bestossen <*st. V.*>*:* auch svw. (eine Alp) mit Vieh besetzen

Betagtenheim, *das; -[e]s, -e:* Altersheim

Betracht. **in Betracht fallen:* in Betracht kommen. **ausser Betracht fallen:* nicht in Betracht kommen

Betreffnis, *das; -ses, -se:* Anteil, Quote, Rate

betreiben <*st. V.*>*:* auch svw. jmdn. zwangsrechtlich zur Zahlung einer Schuld veranlassen

Betreibung, *die; -, -en:* auch svw. zwangsrechtliches Verfahren, jmdn. zur Zahlung einer Schuld zu veranlassen

Betreibungsamt, *das; -[e]s, ...ämter:* Amt, das Zwangsvollstreckungen durchführt

Betreibungsferien, *die; nur Pl.:* Zeitraum, in dem keine Betreibungen vorgenommen werden dürfen

Betriebskommission, *die; -, -en:* Vertretung der Arbeitnehmer(innen) in einem Betrieb

Betriebsökonom Betriebsökonomin, *der; -en, -en bzw. die; -, -nen:* svw. Betriebswirtschafter(in)

Betriebswirtschafter Betriebswirtschafterin, *der; -s, - bzw. die; -, -nen:* Betriebswissenschafter(in); dtl. Betriebswirt(in)

Bettag, *der; -[e]s, -e:* kurz für Eidgenössischer Dank-, Buss- und Bettag: überkonfessioneller Feiertag am dritten Sonntag im September

Bettanzug, *der; -[e]s, ...züge:* Bettbezug

betten *<sw. V.> (mundartnah):* auch svw. das Bett machen

Bettflasche, *die; -, -n:* Wärmflasche

Bettinhalt, *der; -[e]s, -e:* die Gesamtheit der Bettbestandteile ohne das Bettgestell

Bettmümpfeli, *das; -s, - (mundartnah):* Süssigkeit, die man kurz vor der Nachtruhe isst

Bettsofa, *das; -s, -s:* zu einem Bett ausziehbares Sofa

Bettvorlage, *die; -, -n:* Bettvorleger

bevorschussen *<sw. V.> (formell):* vorläufig bezahlen

bewarten *<sw. V.>:* die Funktion eines Hüttenwartes bzw. einer Hüttenwartin ausüben

Bewilligung, *die; -, -en (formell):* Genehmigung

Bewilligungsgesuch, *das; -[e]s, -e:* Gesuch, um in einem bestimmten Fall eine Genehmigung zu erhalten

Bewilligungspflicht, *die; -, -en:* Genehmigungspflicht

bewilligungspflichtig: svw. dtl. genehmigungspflichtig

beziehen *<st. V.>:* auch svw. (Steuern) einziehen

Bezirk, *der; -[e]s, -e:* (in den meisten Kantonen) auch svw. regionale Gebietskörperschaft

Bezirksammann, *der; -[e]s, ...männer:* (im Kt. Schwyz) Vorsteher eines Bezirks

Bezirksamtmann, *der; -[e]s, ...männer:* (bis 2012 im Kt. Aargau) Vorsteher eines Bezirks

Bezirksgericht, *das; -[e]s, -e:* (in manchen Kantonen) erstinstanzliches Gericht

Bezirkshauptort, *der; -[e]s, -e:* (in manchen Kantonen) Hauptort eines Bezirks und Sitz der Bezirksverwaltung

Bezirkslehrer Bezirkslehrerin, *der; -s, - bzw. die; -, -nen:* (im Kt. Aargau) Person, die an einer Bezirksschule unterrichtet

Bezirksrat, *der; -[e]s, ...räte:* 1. (in Kantonen mit Bezirken) Aufsichts- und z. T. Vollzugsbehörde im Bezirk 2. *Bezirksrat Bezirksrätin; der, -[e]s, ...räte bzw. die; -, -nen:* Mitglied des Bezirksrats

Bezirksschule, *die; -, -n:* (im Kt. Aargau) an die Primarschule anschliessende Schulstufe der obligatorischen Schulzeit bzw. Gebäude, in dem diese Schule untergebracht ist

Bezirksschullehrer Bezirksschullehrerin, *der; -s, - bzw. die; -, -nen:* svw. Bezirkslehrer

Bezüger Bezügerin, *der; -s, - bzw. die; -, -nen:* Bezieher(in), d. h. 1. Person, die regelmässig Geld (meist Rente oder Sozialleistungen) bezieht 2. Person, die eine Dienstleistung (Strom, Wasser, Wärme) bezieht

bezugsbereit: (von Räumen und Wohnungen) parat für den Einzug der Bewohner(innen)

Biber, *der; -s, -:* verkürzt aus Biberfladen, Lebkuchen

Biberfladen, *der; -s, -:* Lebkuchen mit oder ohne Mandelfüllung (ursprünglich eine Ostschweizer Spezialität)

Bidon, *der/das; -s, -s <frz.>:* 1. Kanne, Kanister 2. Trinkflasche

Bierharasse, *die; -, -n:* svw. dtl. Bierkasten

Bierteller, *der; -s, -:* Bierdeckel

Bijou, *das; -s, -s/-x:* Juwel, Kleinod, Schmuckstück

Bijouterie, *die; -, -n:* Schmuckwarengeschäft

Bijoutier Bijoutière, *der; -s, -s bzw. die; -, -s:* Juwelier(in)

Bildungsdepartement, *das; -[e]s, -e:* (in einigen Kantonen) kantonales Ministerium für Bildung und Kultur; dtl. Kultusministerium

Bildungsdirektion, *die; -, -en:* (in manchen Kantonen) svw. Bildungsdepartement

Bildungsdirektor Bildungsdirektorin, *der; -s, -en bzw. die; -, -nen:* (in manchen Kantonen) kantonale(r) Minister(in) für Bildung und Kultur; dtl. Kultusminister(in)

Billett, *das; -s, -s/-e:* Eintritts-, Fahrkarte

Billettkontrolle, *die; -, -n:* Kontrolle der Fahr-, Eintrittskarten

Billettschalter, *der; -s, -:* Fahrkartenschalter

Billettsteuer, *die; -, -n:* (in einigen Kantonen) auf Eintrittskarten erhobene Steuer

Birchermüesli, *das; -s, -:* Speise aus rohem Obst, Milch oder Joghurt und Getreideflocken; dtl. Müsli

Birnel, *der; -s, ohne Pl.:* konzentrierter Birnensaft

Birnenbrot, *das; -[e]s, -e:* [in der Weihnachtszeit gegessenes] dunkles, süsses Früchtebrot

Birnenweggen, *der; -s, -:* Gebäck mit einer Füllung aus gedörrten Birnen und Nüssen

bis. **bis anhin:* bis jetzt. **bis und mit:* bis einschliesslich

Biscuit Biskuit, *das, -s, -s:* Kleingebäck; dtl. Keks

Bise, *die; -, ohne Pl.:* Nord[ost]wind

Biswind, *der; -[e]s, ohne Pl.:* svw. Bise

Blache, *die; -, -n:* Plane

Blattern. **wilde Blattern:* Windpocken

Blätz, *der; -es, -e (mundartnah):* Stück Land

Blaufahrer Blaufahrerin, *der; -s, - bzw. die; -, -nen:* unter Alkoholeinfluss Auto fahrende Person

Blaukabis, *der; -, ohne Pl.:* Rot-, Blaukraut

Blechpolizist, *der; -en, -en (scherzh.):* svw. Radarkasten für die automatische Geschwindigkeitskontrolle

blochen *<sw. V.>:* 1. ([Parkett]böden) mit Wachs polieren; dtl. bohnern 2. *(mundartnah)* schnell fahren; rasen

Blocher, *der; -s, -:* schwere Bürste mit Stiel zum Einwachsen von Fussböden; dtl. Bohner

Blockzeit, *die; -, -en:* 1. Präsenzzeit der Schüler(innen) an der Schule während fünf Vormittagen pro Woche 2. Zeitraum, in dem alle Mitarbeitenden eines Betriebes anwesend sein müssen

Blühet, *der; -s, ohne Pl.:* [Zeit der] Baumblüte

Blumenkistchen, *das; -s, -:* Behältnis zum Einpflanzen von Blumen, das auf die Fensterbank, den Balkon o. Ä. gestellt wird; dtl. Blumenkasten

Blust, *der/die/das; -[e]s/-/-[e]s, ohne Pl.:* 1. das Blühen 2. Blütezeit

BMS, *die; -, ohne Pl.:* Abk. für Berufsmaturitätsschule und Berufsmittelschule

boarden *<sw. V.>:* snowboarden

Bobo, *das; -s, -s (Kindersprache):* kleine Verletzung; Wehwehchen

Bock, *der; -, Böcke (Pl. ungebr.):* auch svw. Sitz des Präsidenten eines Parlaments

Bockabend, *der; -s, -e:* Fasnachtsanlass, bei welchem ein Saal bzw. eine Gaststätte nach einem bestimmten Motto dekoriert wird

bockstill: regungslos

Boden. **durch alle Böden [hindurch] (ugs.):* um jeden Preis, bis zum Letzten. **zu Boden reden (ugs.):* ausdiskutieren

Bodenkohlrabi, *der; -s, -:* Kohlrübe; dtl. Steckrübe

Bodenlumpen, *der; -s, - (mundartnah):* [grobes] Tuch, mit dem Böden nass gereinigt werden

Bodenwichse, *die; -, ohne Pl.:* wachsähnliche Flüssigkeit zur Fussbodenpflege; dtl. Bohnerwachs

bodigen *<sw. V.>:* besiegen, erledigen

Bölimann, *der; -[e]s, ...männer (mundartnah):* Buhmann, Prügelknabe, Sündenbock

Böögg, *der; -s, Bööggen:* vermummte Person; Popanz (Fasnachts- und Brauchtumsfigur)

Bord, *das; -[e]s, -e/Börder:* auch svw. kleiner Abhang, Böschung, aufgeworfener oder abschüssiger Rand

börsenkotiert: an der Börse zugelassen und gehandelt

Böse, *der; -n, -n (Sport):* auch svw. Person, die Schwingen als Wettkampfsport ausübt

Bostitch, *der; -[e]s, -/-s <engl.>:* Gerät zur Anbringung u-förmiger Metallklammern; Hefter

bostitchen *<sw. V.>:* heften

Botschaft, *die; -, -en:* (im Bund und manchen Kantonen) auch svw. Bericht und Stellungnahme der Regierung zu einer dem Parlament bzw. dem Volk unterbreiteten Vorlage

Bouillon, *die; -, -s <frz.>:* aus Fleisch, Knochen, Gemüse o. Ä. gekochte klare Suppe

Brachsme, *die; -, -n:* svw. Brachsmen

Brachsmen, *der; -s, -:* Brachse (Fischart)

Branchenleader Branchenleaderin, *der; -s, - bzw. die; -, -nen:* in einem Wirtschaftszweig führende Firma; Marktführer(in)

brandmager: spindeldürr

brandschwarz: rabenschwarz

Brät, *das; -[e]s, ohne Pl.:* [fein gehacktes] Kalbs- oder Schweinefleisch; dtl. Mett

Bratbutter, *die; -, ohne Pl.:* reines Butterfett zum Braten und Backen

bräteln *<sw. V.>:* grillieren; dtl. grillen

Braten. **das macht den Braten nicht feiss:* das macht keinen wesentlichen Unterschied

Bratschaufel, *die; -, -n:* flaches Küchengerät zum Wenden von Speisen beim Braten

breit. **breit abgestützt:* mit Unterstützung vieler verschiedener Gruppierungen

Breme, *die; -, -n (mundartnah):* Bremse (Insektenart)

Brennhafen, *der; -s, ...häfen:* [holzbefeuerter] Destillationsapparat zur Herstellung von Obstbranntwein

Brennsprit, *der; -[e]s, ohne Pl.:* Alkohol für technische Zwecke

Brente, *die; -, -n (regional):* Rückentraggefäss für Trauben, Milch u. Ä.

Bretzel, *die/der; -/-s, -n/-:* 1. Gebäck in Form einer Acht; dtl. Brezel 2. Knabbergebäck in Form eines kleinen Bretzels (Bed. 1) 3. flaches Waffelgebäck mit wabenartigem Muster

Brevet, *das; -s, -s:* Prüfungsausweis für Flieger, Bergführer, Skilehrer, Rettungsschwimmer usw.; Ernennungsurkunde für Offiziere

brevetieren *<sw. V., frz. >:* ein Brevet erwerben, ausstellen

Bride, *die; -, -n:* ringförmiger Bügel zum Befestigen und Verbinden von Rohren und Schläuchen; dtl. Schelle

Brigadier Brigadierin, *der; -s, -s bzw. die; -, -nen <frz.>:* Leiter(in) einer militärischen Brigade

Brissago, *die; -, -s:* lange, schlanke, krumme Zigarre mit Strohmundstück

Brocante, *die; -, -s <frz.>:* Flohmarkt

Brockenhaus, *das; -es, ...häuser:* Geschäftslokal, in dem gebrauchte Waren aller Art zum Kauf angeboten werden

Brockenstube, *die; -, -n:* svw. Brockenhaus

Brötli, *das; -s, - (mundartnah):* Brötchen

Brücke, *die; -, -n:* auch svw. offene Ladefläche (eines Motorfahrzeugs, eines Wagens)

Brunn[en]meister Brunnmeisterin, *der; -s, - bzw. die; -, -nen:* Wasserwart(in)

Brunn[en]stube, *die; -, -n:* Sammelbecken für Quellwasser

Brunsli, *das; -s, -:* Schokolade enthaltendes Mandelgebäck (Weihnachtsgebäck)

brunzen *<sw. V.> (derb):* urinieren, pinkeln

brüsk: auch svw. abrupt, plötzlich

Brustspitz, *der; -es, -e (Pl. ungebr.):* Brustfleisch (von Rind oder Kalb)

Bruttoinlandprodukt, *das; -[e]s, -e:* Bruttoinlandsprodukt

Bub, *der; -en, -en:* männliches Kind, Knabe; dtl. Junge

Buch. **über die Bücher gehen:* überdenken

Bücherexperte Bücherexpertin, *der; -n, -n bzw. die; -, -nen:* Wirtschaftsprüfer(in)

Buchzeichen, *das; -s, -:* Lesezeichen im Sinne von 1. Markierung (Papierstreifen, Stoffband o. Ä.), die als Erinnerungshilfe zwischen zwei Buchseiten gelegt wird 2. gespeicherte Internetadresse bei gewissen Browsern; Bookmark

Budget, *das; -s, -s:* auch svw. Zusammenstellung der voraussichtlichen Einnahmen und Ausgaben (des Staates bzw. einer staatlichen Stelle); dtl. Haushaltsplan

Budgetgemeinde, *die; -, -n:* (in einigen Kantonen) svw. Gemeindeversammlung und Kirchgemeindeversammlung

budgetieren *<sw. V.>:* etw. ins Budget aufnehmen

Budgetloch, *das; -[e]s, ...löcher (Politik):* [unerwarteter] Fehlbetrag

Buebetrickli, *das; -s; - (mundartnah):* 1. bestimmtes Täuschungsmanöver im Eishockey; dtl. Bauerntrick 2. politischer Winkelzug

Büez, *die; -, ohne Pl. (mundartnah):* Arbeit, Plackerei

Büezer Büezerin, *der; -s, - bzw. die; -, -nen (mundartnah):* Arbeiter(in)

Bühne, *die; -, -n:* auch svw. Heubühne. **Das Heu nicht auf der gleichen Bühne haben:* anderer Meinung sein

bumsvoll *(mundartnah):* sehr voll

Bündelitag, *der; -[e]s, -e (mundartnah):* letzter Samstag vor den [Sommer]ferien

Bundesbahnen bzw. **Schweizerische Bundesbahnen, abgekürzt SBB <Pl.>:* der Schweizerischen Eidgenossenschaft gehörende Eisenbahngesellschaft

Bundesbern, *das; -s, ohne Pl.:* Gesamtheit der Personen und Institutionen, die am politischen Prozess auf eidgenössischer Ebene [in der Hauptstadt Bern] beteiligt sind, im Ggs. zur kantonalbernischen Ebene

Bundesbeschluss, *der; -es, ...beschlüsse:* von der Schweizerischen Bundesversammlung erlassener Beschluss, der nicht rechtsetzende Bestimmungen enthält

Bundesbetrieb, *der; -s, -e:* rechtlich unselbständiger, organisatorisch ausgegliederter Teil der Bundesverwaltung

Bundesblatt, *das; -[e]s, ohne Pl.:* offizielles Publikationsorgan der schweizerischen Bundesbehörden

Bundesbrief, *der; -[e]s, ohne Pl.:* Vertrag zwischen den Orten der alten Eidgenossenschaft; insbes. der volkstümlich als Gründungsurkunde der Eidgenossenschaft betrachtete Vertrag von 1291

Bundesbüchlein, *das; -s, -:* svw. Abstimmungsbroschüre

Bundesfeier, *die; -, -n:* Festakt am 1. August zur Erinnerung an die Gründung der Schweizerischen Eidgenossenschaft

Bundesfeiertag, *der; -[e]s, -e (Pl. ungebr.):* Nationalfeiertag der Schweiz (am 1. August)

Bundesgericht, *das; -[e]s, -e:* höchste Gerichtsinstanz der Schweiz

Bundeshaus, *das; -es, ohne Pl.:* Regierungs- und Parlamentsgebäude der Schweizerischen Eidgenossenschaft

Bundeskanzlei, *die; -, ohne Pl.:* zentrale Stabsstelle des Bundesrates

Bundesordner, *der; -s, -:* Ordner mit festen Deckeln und breitem Rücken zur Aufbewahrung von Akten

Bundespersonal, *das; -s, ohne Pl.:* Gesamtheit der Angestellten des Bundes

Bundespräsident Bundespräsidentin, *der; -en, -en bzw. die; -, -nen:* von der Bundesversammlung turnusgemäss für ein Jahr gewählte(r) Vorsitzende(r) des Bundesrates

Bundesrat, 1. *der; -[e]s, ohne Pl.:* Exekutive der Schweizerischen Eidgenossenschaft
2. **Bundesrat Bundesrätin,** *der; -[e]s, ...räte bzw. die; -, -nen:* Mitglied der Exekutive der Schweizerischen Eidgenossenschaft

bundesrätlich: zum Bundesrat gehörend, ihn betreffend

Bundesrichter Bundesrichterin, *der; -s, - bzw. die; -, -nen:* Richter(in) an der höchsten Gerichtsinstanz

Bundesstadt, *die; -, ohne Pl.:* Hauptstadt der Schweiz; Bern

Bundessteuer, *die; -, -n:* vom Bund erhobene direkte und indirekte Steuer

Bundesstrafgericht, *das; -[e]s, -e:* eidgenössisches Gericht, das in erster Instanz solche Straftaten beurteilt, die der Gerichtsbarkeit des Bundes (und nicht der Kantone) unterstellt sind

Bundesverfassung, *die; -, -en:* grundlegende Rechtsnorm der Schweizerischen Eidgenossenschaft

Bundesversammlung, *die; -, ohne Pl.:* das aus dem Nationalrat und dem Ständerat bestehende Schweizer Bundesparlament. **Vereinigte Bundesversammlung:* gemeinsame Tagung der beiden Parlamentskammern des Bundes

Bundesweibel Bundesweibelin, *der; -s, - bzw. die; -, -nen:* Amtsdiener(in) von Regierung und Parlament der Schweizerischen Eidgenossenschaft

Bündnerfleisch, *das; -[e]s, ohne Pl.:* luftgetrocknetes Rindfleisch

Bünzli, *der; -s, -:* Spiesser(in), Spiessbürger(in)

bünzlig: spiessig, spiessbürgerlich

Burger Burgerin, *der; -s, - bzw. die; -, -nen:* Mitglied einer Burgergemeinde

Burgergemeinde, *die; -, -n:* (in den Kt. Bern und Wallis) svw. Bürgergemeinde

Bürgergemeinde, *die; -, -n:* (in manchen Kantonen) örtliche Gebietskörperschaft, die alle oder die innerhalb der Gemeinde wohnenden Gemeindebürger umfasst

Bürgerort, *der; -[e]s, -e:* Gemeinde, in der ein Schweizer bzw. eine Schweizerin das Bürgerrecht besitzt

Bürgerrecht, *das; -[e]s, -e:* auch svw. mit bestimmten Rechten und Pflichten verbundene dreifache Zugehörigkeit zu einer Gemeinde, zu einem Kanton und zur Schweiz; Staatsangehörigkeit

Burgerrodel oder **Bürgerrodel,** *der; -s, ...rödel:* (in einigen Kantonen) Verzeichnis der Gemeindebürger(innen)

Bürli, *das; -s, - (mundartnah):* kleines, meist aus Brotmehl hergestelltes Gebäck; dtl. Brötchen

Büro. **[k]ein Büro aufmachen (salopp):* etw. [nicht] komplizierter als nötig behandeln

Bürogummi, *der; -s, -s (scherzh., von frz. commis ‚Gehilfe'):* svw. Bürolist

Bürolehre, *die; -, -n:* (zwei- oder dreijährige) Ausbildung in Büroarbeiten

Bürolist Bürolistin, *der; -en, -en bzw. die; -, -nen:* Büroangestellte(r)

büscheln *<sw. V.>:* 1. zu einem Büschel zusammenfassen 2. ordnen, zurechtmachen

Buschi, *das ; -s, -[s] (mundartnah):* Säugling, Baby

Buschtelefon, *das; -s, ohne Pl. (scherzh.):* informelle Weitergabe von Neuigkeiten

Büsi, *das; -s, - (mundartnah):* Katze

Buskante, *die; -, -n:* Busperron

busper *(mundartnah):* munter, lebhaft

büssen *<sw. V.>:* auch svw. mit einer Geldstrafe belegen

Busse, *die; -, -n:* auch svw. Geldstrafe

Bussenzettel, *der; -s, -:* Strafzettel (bei Fehlverhalten im Strassenverkehr)

Butte, *die; -, -n:* auf dem Rücken getragenes Gefäss zur Traubenernte; dtl. Bütte

Buvette, *die; -, - <frz.>:* [mobile] Gastwirtschaft im Freien

C

Cachepot, *das; -s, -s <frz.>:* Übertopf

Cachet, *das; -s, -s <frz.>:* Charme; das gewisse Etwas (meist in Bezug auf Wohnräume)

Café. **Café complet, das:* Mahlzeit mit Kaffee, Brot, Butter und Konfitüre

Café. **Café crème, der:* Kaffee mit Kaffeerahm

Café. **Café mélange, der:* Milchkaffee mit Schlagrahm

Cafetier, *der; -s, -s <frz.>:* Besitzer(in) eines Cafés

Cake, *der; -s, -s <engl.>:* in länglicher Backform gebackener Kuchen

Cakeform, *die; -, -en:* längliche, rechteckige Backform

Camion, *der; -s, -s <frz.>:* Lastwagen

Camionnage, *die; -, -n <frz.>:* Spedition, Transportunternehmen

Camionneur Camionneuse, *der; -s, -e bzw. die; -, -n <frz.>:* Transportunternehmer(in), Fuhrunternehmer(in)

Canapé, *das; -s, -s <frz.>:* belegtes Brötchen

Captain, *der; -s, -s (Sport) <engl.>:* Sprecher(in) einer Mannschaft

Caquelon, *das; -s, -s <frz.>:* zur Zubereitung eines Fondues verwendete Pfanne aus Steingut oder emailliertem Gusseisen

Car, *der; -s, -s:* Bus für Gesellschaftsfahrten, Fernreisen usw.; Reisebus

Caramel: 1. *das; -s, ohne Pl.:* geschmolzener, [wieder fest gewordener] bräunlich verfärbter Zucker; Karamel 2. *das; -s, -s:* Bonbon aus Karamell und anderen Zutaten

Caramelköpfli, *das; -s, -:* in kleiner Backform zubereiteter, gestürzt servierter Karamellpudding

Carnotzet, *das; -s, -s <frankoprov.>:* für Weintrinken, Fondueessen u. Ä. mit Holzbänken eingerichteter, gemütlich ausgebauter Kellerraum

Carrosserie, *die; -, -n:* 1. Oberteil eines motorisierten Fahrzeugs 2. Betrieb, in dem Reparaturen an Autokarosserien durchgeführt werden

Carrosseriespengler Carrosseriespenglerin, *der; -s, - bzw. die; -, -nen:* Person, die Reparaturen an Autokarosserien durchführt

Carrosseriespenglerei, *die; -, -en:* Betrieb, in dem Reparaturen an Autokarosserien durchgeführt werden

Ceinturon, *der; -s, -s <frz.>:* Ledergürtel (einer Uniform)

Cervelat Servelat, *der/die; -s/-, -s:* Brühwurst aus Rind- u. Schweinefleisch, Schwarten und Speck

Cervelatprominenz, *die; -, ohne Pl. (scherzh.):* nur lokal oder regional bekannte Prominenz

Chacheli, *das; -s, - (mundartnah):* henkelloses, rundes Trinkgefäss aus Keramik

Chalet, *das; -s, -s <frz.>:* (nach alpinem Vorbild errichtetes) Wohnhaus aus Holz

Chapeau! *(ugs.) <frz.>:* Hut ab! Alle Achtung!

Charcuterie, *die; -, ohne Pl.:* 1. Wurstwaren 2. Wurstwarenabteilung

Chäschüechli, *das; -s, - (mundartnah):* kleiner Käsekuchen

Chästeilet, *der; -/-s, ohne Pl. (mundartnah):* Aufteilung der Käseerträge einer Alp bzw. damit verbundenes Fest

Chästeilete, *die; -/-s, ohne Pl. (mundartnah):* svw. Chästeilet

Chauffeur Chauffeuse Chauffeurin, *der; -s, -e bzw. die; -, -n bzw. die; -, -nen <frz.>:* Person, die berufsmässig ein Motorfahrzeug lenkt; Fahrer(in)

Check Cheque, *der; -s, -s <frz.>:* auch svw. Formular, mit dem der Inhaber bzw. die Inhaberin eines Kontos bargeldlos bezahlen kann; dtl. Scheck

Chefbeamte Chefbeamtin, *der; -en, -en bzw. die; -, -nen:* Beamter bzw. Beamtin in leitender Stellung

Cheminée, *das; -s, -s <frz.>:* offene Feuerstelle in einem Wohnraum; dtl. (offener) Kamin

Cheque s. Check

Chilbi, *die; -, Chilbenen (mundartnah):* Jahrmarkt

Chinderhüeti, s. Kinderhüeti

Chnöpfli s. Knöpfli

Chräbeli, *das; -s, -:* Änisgebäck mit Füsschen (Weihnachtsgebäck)

Christkatholik Christkatholikin, *der; -en, -en bzw. die; -, -nen:* Anhänger(in) der katholischen Reformkirche, die sich um 1870 aus Protest gegen die Beschlüsse des 1. Vatikanischen Konzils von Rom lossagte; dtl. Altkatholik(in)

christkatholisch: der christkatholischen Kirche angehörend; dtl. altkatholisch

Chropfleerete s. Kropfleerete

Cisjordanien: Westjordanland

***Classe politique,** *die; -, ohne Pl.* (abschätzige Bezeichnung für die) Gesamtheit der Politiker, Politikerkaste; dtl. Politikerklasse

Clevner s. Klevner

Coiffeur Coiffeuse, *der; -s, -e bzw. die; -, -n <frz.>:* Person, die berufsmässig Haare schneidet; dtl. Friseur, Friseurin

Coiffure, *die; -, -s <frz.>:* Kunst des Frisierens von Haaren

Comestibles, *die; nur Pl. <frz.>:* Delikatessen (häufig als Geschäftsbeschriftung)

Communiqué, *das; -s, -s <frz.>:* schriftliche Verlautbarung für Presse und Öffentlichkeit; dtl. Kommuniqué

Confiserie, *die; -, -n <frz.>:* auch svw. feines Gebäck

Confiseur Confiseurin, *der; -s, -e bzw. die; -, -nen <frz.>:* Konditor(in)

Corner, *der; -s, - (Fussball) <engl.>:* Eckball

Cornet, *das; -s, -s <frz.>:* 1. trichterförmiges Gebäck aus Waffelteig, in das Speiseeis gefüllt wird 2. mit einer Masse aus Eiweiss, Zucker oder süssem Rahm gefülltes Blätterteiggebäck

Coupe, *der/die; -s/-, -s/-n <frz.>:* in einem kelchartigen Gefäss angerichtete Speiseeiskugeln; dtl. Eisbecher

coupieren *<sw. V., frz.>:* stutzen, kupieren

coupiert: svw. kupiert

Courant. **Courant/courant normal <frz.>:* Normalbetrieb; gewohnter Lauf der Dinge

Couvert, *das; -s, -s <frz.>:* Briefumschlag

couvertieren *<sw. V.> <frz.>:* in einen Briefumschlag stecken

Crèmeschnitte, *die; -, -:* mit Creme gefülltes, mehrlagiges Blätterteiggebäck

Cupfinal, *der; -s, -s (Sport):* Schlussspiel um den Sieg in einem Wettbewerb, in dem jeweils nur die Siegermannschaft eine Runde weiterkommt

Cüpli, *das; -s,- (ugs.):* ein Glas Sekt oder Champagner

D

Dachkännel, *der; -s, -:* Dachrinne

Dächlikappe, *die; -, -n (mundartnah):* Schirmmütze

Dachlukarne, *die; -, -n:* aus dem Dachbereich vorspringendes Dachfenster; Dachgaube

Dachstock, *der; -[e]s, ...stöcke:* Dachgeschoss

Dachzinne, *die; -, -n:* (im Kt. Zürich) [blechbedeckte] Dachterrasse auf älteren städtischen Häusern

dafür. **dafür und dawider:* dafür und dagegen, pro und contra. Substantiviert **das Dafür und Dawider:* das Dafür und Dagegen, das Pro und Contra

dahinfallen *<st. V.> (formell):* wegfallen, entfallen

Dähle, *die; -, -n (regional):* Kiefer

Damenriege, *die; -, -n:* Abteilung eines Turnvereins, bestehend aus Frauen ab ca. 35 Jahren

Damenturnverein, *der; -[e]s, -e:* Verein von Turnerinnen
Dampfabzug, *der; -[e]s, ...züge:* elektrische Vorrichtung über dem Herd, die den beim Kochen entstehenden Dampf aufsaugt; dtl. Dunstabzug
Dancing, *das; -s, -s <engl.>:* Tanzlokal
danebst: daneben
dannzumal: in der (angesprochenen) Zukunft
dannzumalig: in der (angesprochenen) Zukunft existierend
daran. **daran sein:* dabei sein
Décharge *Decharge, die; -, -n:* Entlastung (der für die Rechnungsführung verantwortlichen Instanzen, in Vereinen, Aktiengesellschaften usw.)
Deckast, *der; -[e]s, ...äste (meist Pl.):* Tannenast zum Schutz gegen Frost
Décolletage, *die; -, ohne Pl. <frz.>:* industrielle Technik zur Fabrikation von Präzisionsmetalldrehteilen
Defizitgarantie, *die; -, -n:* Finanzierungshilfe für einen Anlass oder eine Institution, indem ein Geldgeber bzw. eine Geldgeberin einen bestimmten Geldbetrag für den Fall einer defizitären Abschlussrechnung garantiert
Defizitwirtschaft, *die; -, -en (Pl. ungebr.):* Art der Führung eines Unternehmens oder einer Organisation, die zu [finanziellen] Verlusten führt
Deliktbetrag, *der; -s, ...beträge:* durch eine Straftat erlangter Geldbetrag
Deliktsumme, *die; -, -n:* svw. Deliktbetrag
delinquieren *<sw. V.>:* eine Straftat begehen
Deltasegler, *der; -s, -:* 1. deltaförmiges Fluggerät; Hängegleiter 2. Person, die einen Hängegleiter fliegt
Demissionär Demissionärin, *der; -s, -e bzw. die; -, -nen:* Behördenmitglied, das seinen Rücktritt erklärt hat
Dentalhygieniker Dentalhygienikerin, *der; -s, - bzw. die; -, -nen:* Person, die berufsmässig in der Gesundheitsvorsorge im Bereich Mundhygiene tätig ist
Departement, *das; -[e]s, -e:* (beim Bund und in manchen Kantonen) auch svw. höchste Verwaltungsabteilung; Ministerium
Departementschef Departementschefin, *der; -s, -s bzw. die; -, -nen (informell):* svw. Departementsvorsteher(in)
Departementsvorsteher Departementsvorsteherin, *der; -s, - bzw. die; -, -nen (informell):* für ein Departement zuständiges Mitglied der Schweizer Regierung bzw. (in manchen Kantonen) der Kantonsregierung; Minister(in)
Depot, *das; -s, -s <frz.>:* auch svw. Pfand, Flaschenpfand
Detailberatung, *die; -, -en:* Beratung der Einzelheiten einer Vorlage im Parlament nach der Eintretensdebatte
Detailgeschäft, *das; -[e]s, -e:* Geschäft, in dem Waren in kleinen Mengen verkauft werden; dtl. Einzelhandelsgeschäft
Detailhandel, *der; -s, ohne Pl.:* Wiederverkauf von Waren in kleinen Mengen; dtl. Einzelhandel
Detaillist Detaillistin, *der; -en, -en bzw. die; -, -nen:* Händler(in) im Detailhandel; dtl. Einzelhändler(in)
Detailverkauf, *der; -[e]s, ohne Pl.:* direkter Verkauf an die Endverbraucher(innen); Einzelverkauf
Deutschschweiz, *die; -, ohne Pl.:* deutschsprachige Schweiz
Deutschschweizer Deutschschweizerin, *der; -s, - bzw. die; -, -nen,* Schweizer(in) mit Deutsch als Muttersprache
Deutschschweizer: die Deutschschweiz betreffend
deutschschweizerisch: die deutsch[sprachig]e Schweiz betreffend
Dezi, *der; -s, - (Kurzwort):* Deziliter
Dienstbüchlein, *das; -s, -:* persönliches Dokument aller Angehörigen der Armee, in dem Einteilung, abgegebene Ausrüstungsgegenstände, geleistete Diensttage u. Ä. vermerkt werden
Dienstchef Dienstchefin, *der; -s, -s bzw. die; -, -nen:* 1. Leiter(in) einer Abteilung bei der Polizei oder anderen [staatlichen] Ämtern 2. Produktionsleiter(in) eines journalistischen Betriebes; Chef(in) vom Dienst
Dienstkollege Dienstkollegin, *der; -n, -n bzw. die; -, -nen:* Person, mit der man gemeinsam

beim Militär, Zivildienst oder bei der Polizei Dienst leistet

dienstpflichtig: zu Militärdienst verpflichtet

Dienstverweigerer, *der; -s, -(früher):* Person, die sich weigert, Militärdienst zu leisten

Differenzbereinigung, *die; -, -en:* kurz für Differenzbereinigungsverfahren

Differenzbereinigungsvefahren, *das; -, -:* Verfahren, um Unterschiede zwischen den Beschlüssen von Ständerat und Nationalrat auszugleichen

Direktbetroffene, *der/die; -n, -n (meist Pl.):* unmittelbar, direkt Betroffene(r)

Direktion, *die; -, -en:* (in manchen Kantonen) auch svw. höchste Verwaltungsabteilung; kantonales Ministerium

Direktionsvorsteher Direktionsvorsteherin, *der; -s, - bzw. die; -, -nen (informell):* svw. Direktor(in)

Direktor Direktorin, *der; -s, -en bzw. die; -, -nen:* auch svw. für eine Direktion bzw. für ein Departement zuständiges Mitglied der Kantonsregierung; kantonale(r) Minister(in)

Direktwahl, *die; -, ohne Pl.:* auch svw. Einrichtung zur Erreichung des Gesprächspartners bzw. der Gesprächspartnerin ohne Vermittlung durch die Haustelefonzentrale

discrétion. **à discrétion:* nach Belieben

diskussionslos: ohne Debatte; einmütig

dislozieren *<sw. V.>:* auch svw. (den Wohn-, Firmen- oder Behördensitz) wechseln bzw. an eine andere Stelle verlegen; umziehen

Dispensation, *die; -, -en:* Freistellung (vom Unterricht, einer Verpflichtung); Dispens

Dispositiv, *das; -s, -e:* Gesamtheit der Vorkehrungen für einen bestimmten Fall

Divisionär, *der; -s, -e:* Befehlshaber einer militärischen Division

Doktorat, *das; -[e]s, -e:* 1. Studienabschluss mit Erlangung des Doktortitels 2. Studium, das zum Erwerb des akademischen Titels eines Doktors führt

Doktoratsstudium, *das; -s, ...studien:* auf dem Diplomstudium aufbauendes Studium an einer Universität, das zum Erwerb des akademischen Grades eines Doktors führt

doktorieren *<sw. V.>:* an einer Dissertation schreiben; den Doktortitel erlangen

Dokumentalist Dokumentalistin, *der; -en, -en bzw. die; -, -nen:* Angestellte(r) in einer Dokumentationsabteilung

Dole, *die; -, -n:* auch svw. Wasserabflussschacht; dtl. Gully

domiziliert: auch svw. wohnhaft

Donator Donatorin, *der; -s, ...oren bzw. die; -, -nen:* auch svw. Person, die einer Organisation, einem Verein u. Ä. Geld stiftet

Doppel. **im Doppel:* in doppelter Ausfertigung

Doppelbürger Doppelbürgerin, *der; -s, - bzw. die; -, -nen:* Person, die die Staatsbürgerschaft von zwei Staaten besitzt

Doppeleinfamilienhaus, *das; -es, ...häuser:* zwei aneinandergebaute Einfamilienhäuser

Doppellektion, *die; -, -en:* zwei aufeinander folgende Unterrichtsstunden [im selben Fach]; Doppelstunde

Doppelmeter, *der; -s, -:* zwei Meter langer, zusammenklappbarer Stab mit Masseinteilung

Doppelspur, *die; -, -en:* Eisenbahnlinie mit zwei Gleispaaren

doppelspurig: 1. zweispurig 2. [wegen ineffizienter Organisation] mit doppelter Arbeit verbunden; doppelt; zweigleisig

Doppelspurigkeit, *die; -, -en (meist Pl.):* gleichzeitige Erledigung einer Sache durch zwei Personen oder Institutionen, entweder zur Sicherheit oder aus Ineffizienz

Dorfkern, *der; -[e]s, -e:* Dorfzentrum

Dorfkönig Dorfkönigin, *der; -s, -e bzw. die; -, -nen (scherzh.):* sehr einflussreiche bzw. populäre Person in einem Dorf

Dorfkorporation, *die; -, -en:* (im Kt. St. Gallen) lokale Körperschaft, die Infrastrukturdienste wie Strom und Wasser bereitstellt

Dorfname, *der; -ns, -n:* überlieferter Name einer [alteingesessenen] Familie in einem Dorf (im Ggs. zum offiziellen Familiennamen)

Dorfzentrum, *das; -s, ...zentren:* zentraler Bereich eines Dorfes; Ortskern

Dörrbohne, *die; -, -n:* gedörrte Gartenbohne

Dörrfrucht, *die; -, ...früchte (meist Pl.):* getrocknete Frucht; dtl. Dörrobst

Dörrzwetschge, *die; -, -n:* gedörrte Zwetschge

Doyen *Doyenne, der; -s, -s bzw. die; -, -s:* auch svw. [Dienst]älteste(r) (in einem Bereich, einer Disziplin)

Drainage, *die; -, -n:* Bodenentwässerung

drauskommen *<st. V.>:* etw. verstehen; aus etwas schlau werden

Dreiangel, *der; -s, -:* winkelförmiger Riss im Stoff

Dreier, *der; -s, -:* auch svw. 1. Verkehrslinie 3 bzw. Tram, Bus der Linie 3 2. Schulnote 3 3. Augenzahl 3 auf dem Spielwürfel 4. Jahrgang [19/20]03 5. drei Deziliter Wein

Dreierzimmer, *das; -s, -:* Dreibettzimmer

Dreisäulenprinzip, *das; -s, ohne Pl.:* auch svw. Prinzip der schweizerischen Sozialversicherungen, das auf den sogenannten drei Säulen staatliche Versicherung, berufliche Vorsorge und private Vorsorge beruht

Dreizehnte, *der; -n, -n:* meist Ende des Jahres ausgezahlter zusätzlicher Monatslohn

dressieren *<sw. V.>:* auch svw. [Gebäck, Süssigkeiten mit einem Dressiersack] verzieren

Dressiersack, *der; -[e]s, ...säcke:* insbes. zur Verzierung von Torten mit Creme oder steif geschlagenem Süssrahm verwendeter, spitz zulaufender Sack mit Tülle; dtl. Spritzbeutel

drinliegen *<st. V.>:* möglich sein

Drittperson, *die; -, -en:* zusätzliche, nicht unmittelbar beteiligte Person; Dritte(r)

Drittweltladen, *der; -s, ...läden (veraltend):* Geschäft, das unter fairen Handelsbedingungen Produkte aus Entwicklungsländern verkauft; Weltladen

Drögeler Drögelerin, *der; -s, - bzw. die; -, -nen (mundartnah):* Drogenabhängige(r); Junkie

dünken *<sw. V.; unpersönl.>:* scheinen. **es dünkt mich:* mir scheint (dtl. nur in gehobener Sprache)

Duopack, *das; -[e]s, -:* Doppelpack

durchberaten *<st. V.>:* (Diskussionspunkte) nacheinander und zu Ende beraten

durchstieren *<sw. V.>:* (gegen Widerstand) durchsetzen, durchdrücken

durchwegs: ausnahmslos, gänzlich; dtl. durchweg

durchzogen: auch svw. nicht optimal; teils gut, teils weniger gut

Duvet, *das; -s, -s <frz.>:* Federdecke

Duzis, *das; -, - (mundartnah):* Anrede per «du». **mit jmdm. duzis sein:* jmdn. mit «du» anreden

E

Echarpe, *die; -, Pl. -n/-s:* Schärpe, Schal

Ecken, *der; -s, - (mundartnah):* Ecke. **einen Ecken abhaben:* nicht bei Verstand sein

Effekten, *die; nur Pl.:* auch svw. bewegliche Habe

Egli, *der/das; -s, -:* Flussbarsch

ehehaft. **ehehafte Rechte:* ein subjektives Recht, das von der heutigen Rechtsordnung weiterhin anerkannt wird, weil es zu einer Zeit begründet wurde, als solche Rechte von der damals geltenden Rechtsordnung vorgesehen waren

Eheschein, *der; -[e]s, -e:* Heiratsurkunde

Ehrenfähigkeit, *die -, ohne Pl. (früher):* Recht, aktiv am politischen Leben teilzunehmen, d. h. abzustimmen, zu wählen und gewählt zu werden

Ehrenmeldung, *die; -, -en:* 1. (in Sportwettkämpfen) Urkunde über hervorragendes Resultat trotz Verfehlen eines Podest- oder Medaillenplatzes 2. Urkunde über eine überdurchschnittliche Leistung bei einer Abschlussprüfung

Eidgenosse Eidgenossin, *der; -n, -n bzw. die; -, -nen:* 1. *(oft scherzh.)* Schweizer(in) 2. *(ugs.)* schweizerische Bundesobligation

Eidgenossenschaft, *die; -, ohne Pl.:* kurz für Schweizerische Eidgenossenschaft; die Schweiz als Ganzes, der Bund

eidgenössisch: 1. zum Bund gehörig, Bundes- 2. schweizerisch; die gesamte Schweiz betreffend

Eierschwamm, *der; -[e]s, ...schwämme:* gelbfarbene Pilzart, svw. dtl. Pfifferling

Eiertütschen, *das; -s, ohne Pl. (mundartnah):* Osterbrauch, bei dem hart gekochte Eier gegeneinandergeschlagen werden

Eiertütschis, *das; -s, ohne Pl. (mundartnah):* svw. Eiertütschen

Eigengoal, *das; -s, -s:* Eigentor

Eigengut, *das; -[e]s, ohne Pl. (Recht):* in die Ehe eingebrachter Besitz

Eignungsabklärung, *die; -, -en:* Eignungstest

Eilzugstempo. **im Eilzugstempo:* sehr schnell

Einbezug, *der; -[e]s, ohne Pl.:* das Einbeziehen. **unter Einbezug (von):* unter Berücksichtigung (von)

Einbürgerungsgesuch, *das; -[e]s, -e:* schriftlicher Antrag um Einbürgerung

eindolen *<sw. V.>:* (einen Bach) in Röhren unter die Erde verlegen

eindrücklich: beeindruckend

eindunkeln *<sw. V.; unpersönl.>:* dunkel werden (am Abend); dämmern

Einer, *der; -s, -:* 1. Verkehrslinie 1 bzw. Tram, Bus der Linie 1 2. Schulnote 1 3. Augenzahl 1 auf dem Spielwürfel 4. Jahrgang [19/20]01 5. ein Deziliter Wein

Einerkolonne. **in Einerkolonne:* im Gänsemarsch

Einerli, *das; -s, - (mundartnah):* 1 Deziliter Wein

Einerzimmer, *das; -s, -:* Einzelzimmer [im Hotel]

einfeuern *<sw. V.>:* einheizen (eines Ofens)

Einfränkler, *der; -s, -:* Einfrankenstück

Einführungsgesetz, *das; -es, -e:* kantonales Gesetz, das die Umsetzung eines Bundesgesetzes auf kantonaler und kommunaler Ebene regelt (dtl. in anderer Bed.)

Eingabefrist, *die; -, -en:* Einreichungsfrist

Eingabetermin, *der; -[e]s, -e:* Einreichungstermin

Eingeklemmte, *das; -n, -n (mundartnah):* Sandwich

einkassieren *<sw. V.>:* auch svw. [im Restaurant] bei Gästen den Betrag fürs Essen und Trinken kassieren

Einlad, *der; -[e]s, ohne Pl.:* das Einladen (von Waren); Verladung (von Transportmitteln)

einladen *<st. V.> (formell):* auch svw. jmdn. auffordern (etw. zu tun)

einlässlich: ausführlich, eingehend

einlegen *<sw. V.>:* auch svw. (bei einer Abstimmung den Wahl- oder Stimmzettel) abgeben

einlösen *<sw. V.>:* auch svw. [das Nummernschild für Motorfahrzeuge] bei der für Verkehrsfragen zuständigen Behörde beziehen; das Fahrzeug zum Verkehr anmelden

einnachten *<sw. V.; unpersönl.>:* Nacht werden

Einnahmenausfall, *der; -[e]s, ...fälle:* Einbusse an Geldeinnahmen

einnehmen *<st. V.>:* auch svw. durch Nähen enger machen

Einreisesperre, *die; -, -n:* Einreiseverbot

einrücken *<sw. V.>. *ins Militär / in den Militärdienst einrücken:* den Militärdienst antreten

einschenken *<sw. V.; unpersönl.> (salopp):* sich rentieren, einträglich sein

Einsitz, *der; -es, ohne Pl.:* Mitgliedschaft [in einem Gremium]

einsitzen *<st. V.>:* auch svw. (in einem Gremium) Mitglied sein

Einsprache, *die; -, -n:* Einwendung gegen eine Entscheidung der Verwaltung; dtl. Einspruch

einspuren *<sw. V.>:* in die vorgeschriebene Fahrbahn fahren

einstellen *<sw. V.>:* auch svw. (eine Nummer) wählen

Einstellhalle, *die; -, -n:* [unterirdische] Garage für das Abstellen von Fahrzeugen

eintreten *<sw. V.>. *auf einen Vorschlag o. Ä. eintreten:* auf einen Vorschlag o. Ä. eingehen

Eintretensantrag, *der; -[e]s, ...anträge:* Antrag für die Aufnahme einer parlamentarischen Debatte

Eintretensdebatte, *die; -, -n:* parlamentarische Debatte betreffend eine Gesetzesvorlage vor deren Detailberatung

Eintrittsmusterung, *die; -, -en:* medizinische Untersuchung zu Beginn der militärischen Grundausbildung

Eintrittsprüfung, *die; -, -en:* Aufnahmeprüfung

Eintrittstest, *der; -[e]s, -s:* Einstufungstest

einverlangen *<sw. V.> (formell):* verlangen, anfordern

Einvernahme, *die; -, -n:* gerichtliche oder polizeiliche Befragung

einvernehmen *<st. V.>:* gerichtlich oder polizeilich befragen

einwärmen, *sich <sw. V.>:* sich aufwärmen (vor dem Sport usw.)

Einwohnerdienste, *die; nur Pl.:* (in einigen Kantonen) svw. Einwohnerkontrolle

Einwohnergemeinde, *die; -, -n:* (in manchen Kantonen) örtliche Gebietskörperschaft, die alle auf ihrem Gebiet wohnhaften Personen umfasst; politische Gemeinde

Einwohnerkontrolle, *die; -, -n:* (in vielen Kantonen) Gemeindebehörde, die das Einwohnerregister führt und Ausweise ausstellt

Einwohnerrat, *der; -[e]s, ...räte:* (in einigen Kantonen) 1. Legislative einer Gemeinde 2. **Einwohnerrat Einwohnerrätin,** *der; -[e]s, ...räte bzw. die; -, -nen:* Mitglied der Legislative einer Gemeinde

Einzahlungsschein, *der; -[e]s, -e:* auch svw. Formular für Einzahlungen auf der Post

Einzelunterschrift, *die; -, -en:* Vertretungsmacht, die durch eine einzelne zeichnungsberechtigte Person wahrgenommen werden kann. **mit Einzelunterschrift:* allein zeichnungsberechtigt

einzonen *<sw. V.>:* (Land) einer Bauzone zuweisen

Einzonung, *die; -, -en:* Zuweisung von Land zu einer Bauzone

Eishockeyaner Eishockeyanerin, *der; -s, - bzw. die; -, -nen:* Eishockeyspieler(in)

Elektrifikation, *die; -, -en:* svw. Elektrifizierung

ellbögeln *<sw. V.>:* sich vordrängen; sich rücksichtslos verhalten

Elternbesuchstag, *der; -[e]s, -e:* Tag, an dem Eltern die Tätigkeiten ihrer Kinder in der Schule beobachten dürfen

Emd, *das; -[e]s, ohne Pl.:* durch einen zweiten Grasschnitt gewonnenes Heu

emden *<sw. V.>:* zur Heugewinnung einen zweiten Grasschnitt machen

Emdet, *der; -s, ohne Pl.:* zweiter Grasschnitt

Empfangsschein, *der; -[e]s, -e:* Teil des Einzahlungsformulars

Ende. **Ende Jahr:* Ende des Jahres

Engnis, *die/das; - bzw. -ses, -se:* enge Stelle

ennet *<Präp. mit Gen. oder Dat.>:* jenseits

ennetbirgisch *(hist.):* auf der Südseite der Alpen [gelegen]

ennetrheinisch: jenseits des Rheins [gelegen]

entlöhnen *<sw. V.>:* (mit einem Lohn) abgelten; dtl. entlohnen

Entlöhnung, *die; -, -en:* Lohn, Lohnzahlung

Entrecôte, *das; -s, -s:* Zwischenrippenstück des Rindes; Steak

Entreissdiebstahl, *der; -[e]s, ...stähle:* Raub auf offener Strasse durch Entreissen der Beute

Entscheid, *der; -[e]s, -e:* Entscheidung

Entscheidung. **aus der Entscheidung fallen:* (Sport) ausscheiden

Erbschaftsverwalter Erbschaftsverwalterin, *der; -s, - bzw. die; -, -nen:* behördlich eingesetzte Person, die bei fehlendem Willensvollstrecker den Nachlass verwaltet

erdauern *<sw. V.>:* 1. für etw. Zeit lassen, etw. reifen lassen 2. etw. durch Warten verdienen

Erfahrungsnote, *die; -, -n:* Note, die dem Mittel der beiden letzten in einem Fach erzielten Zeugnisnoten vor dem Schulabschluss entspricht und die Bestandteil für die Errechnung der Abschlussnote ist

Ergänzungsleistung, *die; -, -en:* staatlicher Beitrag, der niedrige Renten auf eine existenzsichernde Höhe aufstocken soll

erlicken *<sw. V.> (mundartnah):* begreifen, wie etwas gemacht wird

Erneuerungswahl, *die; -, -en:* (reguläre) Neuwahl (einer Behörde)

Ernstkampf, *der; -[e]s, ...kämpfe:* sportlicher Wettkampf, bei dem das Resultat zählt (im Ggs. zum Training oder Trainingsspiel)

Ersatzwahl, *die; -, -en:* ausserterminliche Wahl bei Rücktritt oder Tod eines Behördenmitglieds

erst. **erst noch:* ausserdem

Erstklassabteil, *das; -[e]s, -e:* Eisenbahnabteil erster Klasse

Erstklasshotel, *das; -s, -s:* Hotel erster Klasse

erstklassiert: erstplatziert

Erstklassierte, *der/die; -n, -n:* Erstplatzierter bzw. -platzierte

Erstklasswagen, *der; -s, -:* Eisenbahnwagen erster Klasse

erstrangiert: erstplatziert

Erstrat, *der; -[e]s, ohne Pl.:* diejenige Kammer der Bundesversammlung, die als erste ein Geschäft berät und beschliesst

erstrecken *<sw. V.>:* auch svw. (eine Frist) verlängern

Erstsemestrige, *der/die; -n, -n:* Student(in) im ersten Semester

Erstunternehmer Erstunternehmerin, *der; -s, -*

bzw. die; -, -nen: Unternehmer bzw. Unternehmerin, der bzw. die einen Auftrag oder Teile davon zur Ausführung an ein Subunternehmen weitergibt

Erstwohnung, *die; -, -en:* die erste von zwei oder mehreren Wohnungen, die jmd. besitzt [und die überwiegend bewohnt wird]

ertrügen *<st. V.> (Recht):* durch Betrug erlangen

eruieren *<sw. V.>:* auch svw. jmdn. ermitteln, ausfindig machen

erwachsen *<st. V.>. *in Rechtskraft erwachsen:* rechtskräftig werden

erwahren *<sw. V.>:* (Ergebnisse von Wahlen und Abstimmungen) rechtsverbindlich feststellen; validieren

Erwahrung, *die; -, -en:* rechtsverbindliche Feststellung der Ergebnisse von Wahlen und Abstimmungen

erwellen *<sw. V.>:* (Würste) sieden; (Gemüse) blanchieren

Erwerbsausfall, *der; -[e]s, ...fälle:* Wegfall oder Einbusse des Einkommens

Erwerbsersatz, *der; -es, ohne Pl.:* Ersatzzahlung des Staates an Arbeitgeber oder selbständig Erwerbstätige für ausgefallene Arbeitstage während der Leistung des Militär-, Zivilschutz- oder Zivildienstes

Erwerbsschein, *der; -s, -e:* behördliche Bewilligung zum Bezug von Waffen oder Sprengstoff

Erziehungsdepartement, *das; -[e]s, -e:* (in manchen Kantonen) svw. Bildungsdepartement

Erziehungsdirektion, *die; -, -en:* (in manchen Kantonen) svw. Bildungsdirektion

Erziehungsdirektor Erziehungsdirektorin, *der; -s, -en bzw. die; -, -nen:* (in manchen Kantonen) svw. Bildungsdirektor

Eschalotte, *die; -, -n:* Schalotte

Esel. **dastehen wie der Esel am Berg:* ratlos sein; mit einer Situation überfordert sein

Estrich, *der; -s, -e:* Dachboden (dtl. in der Bed. Unterlagsboden)

Etappenhalt, *der; -[e]s, -e:* Unterbrechung, Halt zwischen verschiedenen Teilabschnitten

etappieren *<sw. V.>:* (ein Vorhaben) in mehrere zeitlich auseinanderliegende Etappen aufteilen

Etikette, *die; -, -n:* auch svw. Warenkennzeichen, Aufschrift; dtl. Etikett

etwelch[er *usw.*]: einig[er usw.]

Exploit, *der; -s, -s <frz.> (Sport):* Meisterleistung

Expressstrasse, *die; -, -n:* Schnellstrasse in grossen Städten

Extrafahrt, *die; -, -en:* Sonderfahrt

Extrazug, *der; -[e]s, ...züge:* zusätzlich zum regulären Fahrplan eingesetzter Eisenbahnzug. **ein Extrazüglein fahren:* ausscheren; einen Sonderweg gehen

F

Fachausweis, *der; -es, -e:* amtliche Bescheinigung über eine abgeschlossene Aus- oder Weiterbildung

Fächlein, *das; -s, -:* persönliches Fach für Post, Dokumente u. Ä. in Büro, Schule usw.

Fächli, *das; -, - (mundartnah):* svw. Fächlein

Fachperson, *die; -, en:* fachkundige Person; Experte bzw. Expertin

Faden. **zu Faden schlagen:* 1. heften, vorläufig zusammennähen 2. (einen Text, ein Projekt) in den Hauptzügen ausarbeiten

Fähigkeitsausweis, *der; -es, -e:* amtliche Bescheinigung über eine abgeschlossene Aus- oder Weiterbildung

Fähigkeitszeugnis, *das; -ses, -se:* amtliche Bescheinigung über eine abgeschlossene Berufslehre oder eine Ausbildung an einer Fachhochschule

Fahrausweis, *der; -es, -e (informell):* svw. Führerausweis (dtl. in anderer Bed.)

Fahrhabe, *die; -, -n (Recht):* beweglicher Besitz; Fahrnis

Fahrnis, *die; -, -se (selten):* svw. Fahrhabe

Fahrnisbaute, *die; -, -n:* nur vorübergehend aufgestelltes Bauwerk

Fahrspesen, *die; nur Pl.:* Kosten für eine (dienstliche) Fahrt

Fahrzeugausweis, *der; -es, -e:* amtliches Dokument, in dem die Genehmigung für den Betrieb eines Motorfahrzeugs im Strassenverkehr vermerkt ist

Fahrzeuglenker Fahrzeuglenkerin, *der; -s, - bzw. die; -, -nen:* Autofahrer(in)

Faktura, *die; -, ...ren:* Rechnung

Fall. **im Fall (mundartnah):* nur dass du es weisst / nur dass Sie es wissen; übrigens

Falle, *die; -, -n:* svw. Türfalle; Türklinke. **[k]eine gute Falle machen (ugs.):* [k]einen guten Eindruck machen

Fallmasche, *die; -, -n:* Laufmasche

Faltprospekt, *der; -[e]s, -e:* gefaltetes Informations- und Werbematerial

Familienanlass, *der; -es, ...anlässe:* 1. Familienfest 2. Veranstaltung für die ganze Familie

Familienausweis, *der; -es, -e:* amtliches Dokument, das die Heirat sowie die Personalien der Partner und ihrer gemeinsamen Kinder belegt

Familienbüchlein, *das; -s, -:* ältere, nichtdigitale Fassung des Familienausweises

Familiengarten, *der; -s, ...gärten:* Schrebergarten

Familienschein, *der; -[e]s, -e:* Auszug aus dem (bis 2004) geführten Familienregister

Familienschlauch, *der; -[e]s, ...schläuche (salopp, abwertend):* svw. Familienanlass

Familienzulage, *die; -, -n:* pro Kind berechneter finanzieller staatlicher Beitrag für Eltern

Fanionteam, *das; -s, -s (Sport):* Mannschaft der besten Spieler bzw. Spielerinnen eines Vereins; Spitzenteam

Faserpelz, *der; -es, -e:* Fleece

Fasnacht, *die; -, ohne Pl.:* Tage vor oder nach Aschermittwoch, die mit verschiedenen Bräuchen gefeiert werden; dtl. Fastnacht, Karneval. **wie die alte Fasnacht:* [zu] spät

Fasnächtler Fasnächtlerin, *der; -s, - bzw. die; -, -nen:* Person, die aktiv an der Fasnacht teilnimmt

Fasnachtsferien, *die; nur Pl.:* (in einigen Kantonen) Schulferien in den Monaten Februar oder März

Fasnachtsumzug, *der; -[e]s, ...züge:* Marsch verkleideter und musizierender Teilnehmer(innen) der Fasnacht durch die Strassen

fassen *<sw. V.> (salopp):* auch svw. (eine Strafe, Arrest) bekommen

Fauteuil, *der; -s, -s:* Polstersessel

Fecker Feckerin, *der; -s, - bzw. die; -, -nen (Zentralschweiz):* Fahrender bzw. Fahrende

Federkohl, *der; -[e]s, ohne Pl.:* eine Kohlsorte mit stark gekräuselten Blättern; dtl. Grünkohl

Federstück, *das; -[e]s, -e:* Fleisch unter der Schulter des Rindes

Federweisse, *der; -n, ohne Pl.:* Weisswein aus roten Trauben, Blanc de noir (dtl. in anderer Bed.)

Fedpol, *das; -, ohne Pl.:* Bundesamt für Polizei

Fegbürste, *die; -, -n (mundartnah):* hartborstige Bürste, mit der Böden nass gereinigt werden; Schrubber

fegen *<sw. V.>:* 1. reinigen 2. schrubben (dtl. in anderer Bed.)

Fegnest, *das; -[e]s, -e (mundartnah):* unruhiger Mensch

fehlbar: auch svw. einer [gesetzlichen] Übertretung schuldig

Fehlbare, *der/die; -n, -n:* Person, die einer [gesetzlichen] Übertretung schuldig ist

feiss: fett, feist

Felche, *die; -, -n:* Felchen

Feldmauser Feldmauserin, *der; -s, - bzw. die; -, -nen:* Mäuse-, Maulwurffänger(in)

Feldschiessen bzw. **Eidgenössisches Feldschiessen, das; -s, -:* alljährlich an verschiedenen Orten gleichzeitig stattfindendes Wettschiessen

Feldweibel Feldweibelin, *der; -s, - bzw. die; -; -nen:* höherer Unteroffizier bzw. höhere Unteroffizierin in der Armee, bei der Polizei oder bei der Feuerwehr; dtl. Feldwebel(in)

fensterln *<sw. V.> (mundartnah):* [heimlich] seine Geliebte besuchen

Ferien, *die; nur Pl.:* auch svw. dtl. Urlaub

Ferienablösung, *die; -, -en:* Person, die eine andere Person während deren Ferien vertritt

Ferienentschädigung, *die; -, -en:* finanzielle Entschädigung für nicht bezogene Ferien

Feriengeld, *das; -[e]s, -er:* zusätzlicher, vierzehnter Monatslohn, der meist Mitte des Jahres ausgezahlt wird

Ferienumleitung, *die; -, -en:* Auftrag zur Zustellung von Postsendungen an die Ferienadresse

fertig. **[jetzt/dann ist] fertig lustig (mundartnah):* jetzt/dann wird es [aber] ernst

Festanlass, *der; -es, ...anlässe:* Festivität

Festbank, *die; -, ...bänke:* zusammenklappbare Sitzbank ohne Rückenlehne

Festbankgarnitur, *die; -, -en:* zusammenklappbarer Tisch und zwei Bänke, die vorwiegend bei Festen gebraucht werden

Festbeiz, *die; -, -en (mundartnah):* svw. Festwirtschaft

festen <*sw. V.*>*:* ausgelassen feiern

Festhütte, *die; -, -n:* Festzelt

Festwirtschaft, *die; -, -en:* vorübergehend eingerichtete Gastwirtschaft bei festlichen Veranstaltungen

Feuer. **das Feuer im Elsass sehen:* «Sternchen sehen», als Folge eines Schlages oder starker Schmerzen Lichtempfindungen haben

Feuerpolizei, *die; -, -en:* Behörde, die die Einhaltung der Vorschriften bezüglich Feuerschutz überwacht

Feuerschau, *die; -, -en:* behördliche Überprüfung der Feuersicherheit (von Gebäuden); dtl. Brandschau

Feuerschauer Feuerschauerin, *der; -s, - bzw. die; -, -nen:* Amtsperson, die die Feuersicherheit von Gebäuden überprüft

Feuerwehrlokal, *das; -[e]s, -e:* svw. Feuerwehrmagazin

Feuerwehrmagazin, *das; -s, -e:* Gebäude, in dem die Ausrüstung der Feuerwehr gelagert wird

Feuerwehrübung, *die; -, -en:* auch svw. überstürzte, unausgegorene Massnahme zur Bewältigung einer Notsituation

Fiche, *die; -, -n:* Datensatz mit [sensiblen] Personendaten

fichieren <*sw. V.*>*:* über jmdn. Informationen sammeln und speichern

Fideli, *das; -s, -:* als Suppeneinlage verwendete Fadennudel

Fiebermesser, *der; -s, -:* Fieberthermometer

Filiale, *die; -, -en:* (im Kt. Schwyz) auch svw. einzeln gelegener Ortsteil (einer ländlichen Gemeinde)

Final, *der; -s, -s:* Schlussspiel oder -wettkampf um den Sieg in einem Turnier

Financier, *der; -s, -s:* Finanzier

Finanzdelegation, *die; -, -en:* parlamentarische Finanzaufsicht, bestehend aus je drei von den Finanzkommissionen des National- und des Ständerates abgeordneten Mitgliedern

Finanzdepartement, *das; -[e]s, -e:* (im Bund und in manchen Kantonen) für die Finanzen zuständiges Ministerium

Finanzdirektion, *die; -, -en:* (in manchen Kantonen) svw. Finanzdepartement

Finanzdirektor Finanzdirektorin, *der; -s, -en bzw. die, -, -nen:* kantonale(r) Finanzminister(in)

Finanzkommission, *die; -, -en:* aus Parlamentsmitgliedern zusammengesetztes Gremium, das über die Ausgaben des Bundes bzw. Kantons berät

Fingerdock, *das; -s, -s:* beweglicher, witterungsgeschützter Steg, der die Abflughalle mit dem Flugzeug verbindet; dtl. Fluggastbrücke

Finken, *der; -s, - (mundartnah):* 1. [warmer] Hausschuh; Pantoffel 2. *(scherzh.)* mit Luft gefüllter [Auto]reifen; Luftreifen

Finnenbahn, *die; -, -en:* für Ausdauertraining angelegter, mit Holzspänen versehener Rundlauf von mehreren hundert Metern Länge

Fisch. **weder Fisch noch Vogel sein:* nichts Bestimmbares, nichts Eindeutiges sein

Fischenz, *die; -, -en:* zur Fischerei benutzter Gewässerteil; Fischpacht

Fischereipatent, *das; -[e]s, -e:* behördlich ausgestellte Erlaubnis zum nichtgewerbsmässigen Fischen

Fiskalabgabe, *die; -, -n:* (indirekte) Steuer

Fiskalität, *die; -, -en (fachspr.):* Steuersystem, Besteuerung

Fiskalquote, *die; -, -n:* Verhältnis von Steuern und Abgaben zum Bruttosozialprodukt

Fitnessparcours, *der; -, -:* [durch den Wald] führender Weg mit Turngeräten und Anweisungen für gymnastische Übungen

Fixerstübli, *das; -s, -:* öffentlicher Raum für den Drogenkonsum

fixfertig: fix und fertig

Fixleintuch, *das; -[e]s, ...tücher:* svw. dtl. Spannbetttuch

Fixnetz, *das; -es, -e:* Festnetz

Flab, *die; -, ohne Pl.:* als Wort gesprochene Abk. für Fliegerabwehr

Flädli, *das; -s, - (mundartnah):* in dünne Streifen geschnittene Omeletten als Suppeneinlage

Flair, *das; -s, ohne Pl. <engl.>:* auch svw. Gespür; feiner Instinkt

flattieren *<sw. V.>:* schmeicheln

Flaumer, *der; -s, -:* Gerät mit Baumwollzotten zur Reinigung des Bodens; Mopp

Fleischkäse, *der; -s, ohne Pl.:* durch den Fleischwolf gedrehte und in einer Form gebackene Brühwurst; dtl. Leberkäse

Fleischschau, *die; -, -en:* nach der Schlachtung vorgenommene amtliche Kontrolle des für die menschliche Nahrung bestimmten Fleisches; dtl. Fleischbeschau

Fleischtiger, *der; -s, - (scherzh.):* Fleischliebhaber

Fleischvogel, *der; -s, ...vögel:* feingehacktes [Rind]fleisch, mit Speck und einem dünnen Stück [Kalb]fleisch umwickelt und mit einem Zahnstocher zusammengehalten; dtl. Roulade

Flick, *der; -[e]s, -e:* lokale Ausbesserung, insbes. Stück Stoff [oder anderes Material] zum Ausbessern von Textilien

Fliegerabwehr, *die; -, ohne Pl.:* Flugabwehr

Flight-Attendant, *der; -s, -s bzw. die; -, -s <engl.>:* Steward(ess)

Flipperkasten, *der; -s, ...kästen:* Flipper

Flohnerleben, *das; -s, -:* Leben ohne Anstrengung

Flugwaffe, *die; -, -n:* Luftwaffe

Fluh, *die; -, Flühe:* rauer Fels; Felswand

Föhre, *die; -, -n:* Kiefer

Fonds. **à fonds perdu <frz.>:* ohne Rückzahlung

Fondue, *das; -s, -s <frz.>:* Gericht aus geschmolzenem Käse (dtl. in anderer Bed.)

föppeln *<sw. V.> (mundartnah):* necken, aufziehen

Forfait, *das; -s, -s <frz.>:* administrative Festlegung eines Spielresultats bei Nichterscheinen einer Wettkampfpartei oder bei groben Regelverstössen

Formstand, *der; -[e]s, ohne Pl.:* Stand des (sportlichen) Leistungsvermögens; (sportliche) Form

Forstwart Forstwartin, *der; -[e]s, -e bzw. die; -, -nen:* in Pflege und Unterhalt des Waldes arbeitende Person

Fötzel, *der; -s, - (mundartnah):* 1. Fetzen (Papier) 2. Dahergelaufene(r), Fremde(r)

Fotzelschnitte, *die; -, -n (mundartnah):* Gericht aus in Milch eingeweichten, in Ei gewendeten, gezuckerten und in Butter gebratenen Brotstücken; arme Ritter

Foulard, *das; -s, -s <frz.>:* bedrucktes Halstuch aus [Kunst]seide

Fourier, *der; -s, -e:* 1. für die Verpflegung und das Rechnungswesen einer militärischen Einheit verantwortlicher Unteroffizier 2. dritthöchster Unteroffiziersgrad (dtl. in anderer Bed.)

foutieren, *sich <sw. V., frz.>:* sich aus Gleichgültigkeit oder Geringschätzung nicht (um etw.) kümmern

Fraktion, *die; -, -en:* auch svw. einzeln gelegener Ortsteil (einer ländlichen Gemeinde)

Fraktionsgemeinde, die; *-, -en:* (im Kt. Graubünden) autonomer Ortsteil der Gemeinde Davos

Fraktionspräsident Fraktionspräsidentin, *der; -en, -en bzw. die; -, -nen:* leitende Person einer parlamentarischen Fraktion

Franchise, *die; -, -n <frz.>:* auch svw. festgesetzter Jahresbetrag, den Krankenversicherte selbst an Behandlungskosten bezahlen müssen

Frankfurterli, *das; -s, -:* dünne Wurst aus Schweinefleisch; dtl. Frankfurter [Würstchen], Bockwurst

Fränkler, *der; -s, - (mundartnah):* svw. Einfränkler; Einfrankenstück

Frauenfurz, *der; -es, ...fürze:* kleiner [roter] Knallkörper mit Zündschnur

Frauenriege, *die; -, -n:* Abteilung eines Turnvereins, bestehend aus Frauen ab ca. 35 Jahren

Frauenturnverein, *der; -[e]s, -e:* Verein von Turnerinnen

freierwerbend: nicht als Angestellte(r), sondern selbständig Geld verdienend

Freierwerbende, *der/die; -n, -n:* selbständig Erwerbende(r)

Freifach , *das; -s, ...fächer:* Schulfach, das optional ergänzend zu den obligatorischen Fächern belegt wird

Freimitglied, *das; -[e]s, -er:* [wegen ihrer Verdienste] vom Mitgliederbeitrag eines Vereins befreite Person

Freinacht, *die; -, ...nächte:* Nacht ohne Polizeistunde

Freipass, *der; -es, ...pässe:* 1. Passierschein 2. *(abwertend)* Legitimation [für etw. im Allgemeinen Unerwünschtes]; Freibrief

Freisinn, *der; -s, ohne Pl.:* auch svw. Freisinnig-Demokratische Partei. Die Liberalen, bürgerliche politische Partei

freisinnig: auch svw. zur Freisinnig-Demokratischen Partei. Die Liberalen gehörend

Freitag, *der; -[e]s, -e:* auch svw. [arbeits]freier Tag

Fremdarbeiter Fremdarbeiterin, *der; -s, - bzw. die; -, -nen:* Gastarbeiter(in)

fremden *<sw. V.>:* fremdeln

Fremdenpolizei, *die; -, ohne Pl.:* für die Belange von Ausländern bzw. Ausländerinnen zuständige [Polizei]behörde

Fresszettel; *der, -s, -:* Notizzettel

freundeidgenössisch: sich zwischen Schweizern und Schweizerinnen, insbes. zwischen den Kantonen, geziemend

Friedensgericht, *das; -[e]s, -e:* (in den Westschweizer Kantonen) svw. Friedensrichter- bzw. Vermittleramt

Friedensrichter Friedensrichterin, *der; -s, - bzw. die; -, -nen:* (in vielen Kantonen; dem erstinstanzlichen Gericht vorgeschaltete[r]) Schlichter(in), Vermittler(in)

Friedensrichteramt, *das; -[e]s, ...ämter:* (in vielen Kantonen; dem erstinstanzlichen Gericht vorgeschaltete) Schlichtungsbehörde, Vermittleramt

Frist. **in/innert nützlicher Frist:* in absehbarer Zeit; innerhalb der üblichen Zeit

Fristerstreckung, *die; -, -en (formell):* Fristverlängerung

Fronarbeit, *die; -, -en:* auch svw. freiwillige, unbezahlte, gemeinnützige [eher undankbare, schweisstreibende] Tätigkeit

Frondienst, *der; -[e]s, -e:* auch svw. Fronarbeit

Frontseite, *die; -, -n:* auch svw. Titelseite (einer Zeitung oder Zeitschrift)

Frühlingsferien, *die; nur Pl.:* Ferien der öffentlichen Schulen im Frühling; Osterferien

Fuder. **das Fuder überladen:* zu weit gehen

Füdlibürger Füdlibürgerin, *der; -s, - bzw. die; -, -nen (mundartnah , derb):* Spiesser(in); Spiessbürger(in)

Führerausweis, *der; -es, -e (formell):* amtliche Berechtigung, ein motorisiertes Fahrzeug zu fahren; dtl. Führerschein

Führerflucht, *die; -, -en:* Fahrerflucht

Führerprüfung, *die; -, -en:* Fahrprüfung

Fuhrhalter Fuhrhalterin, *der; -s, - bzw. die; -, -nen:* Transportunternehmer(in)

Füllfeder, *die; -, -n:* Füllfederhalter

Fülli, *der; -s, -/-s (ugs.):* svw. Füllfeder

Fünfer, *der; -s, -:* auch svw. 1. Verkehrslinie 5 bzw. Tram, Bus der Linie 5 2. Schulnote 5 3. Augenzahl 5 auf dem Spielwürfel 4. Jahrgang [19/20]05

Fünffränkler, *der; -s, -:* svw. Fünfliber

Fünfliber, *der; -s, -:* Fünffrankenstück

Funkenwurf, *der; -s, ohne Pl.:* Funkenflug

Fürio!: alter Alarmruf bei Brandausbruch

Fürsprech, *der; -s, -e:* (im Kt. Solothurn) [Rechts]anwalt bzw. [Rechts]anwältin

Fürsprecher Fürsprecherin, *der; -s, - bzw. die; -, -nen:* (in den Kt. Bern, Solothurn, älter auch Aargau) auch svw. Fürsprech

Fürsprecherpatent, *das; -[e]s, -e:* (in den Kt. Bern, Solothurn, älter auch Aargau) staatliche Bewilligung zur Ausübung des Berufs eines [Rechts]anwalts bzw. einer [Rechts]anwältin

Füsilier, *der; -s, -e:* Infanterist

Fussdistanz, *die; -, ohne Pl.:* Distanz, die ohne grosse Anstrengung zu Fuss zurückgelegt werden kann. **in Fussdistanz:* zu Fuss erreichbar; nicht weit entfernt

G

GA, *das; -s, -s:* Abk. für Generalabonnement

Gabentempel, *der; -s, -:* zur Ansicht ausgestellte Preise eines Wettbewerbs

Galerie, *die; -, -n:* auch svw. Halbtunnel an einem Berghang mit fensterartigen Öffnungen an der Talseite

galt: aufgrund des Alters oder der Trächtigkeit keine Milch gebend (von Vieh)

Galtvieh, *das; -s, ohne Pl.:* alte oder trächtige Kühe, die keine Milch geben

Gamelle, *die; -, -n:* Koch- und Essgeschirr des Soldaten im Feld

Gant, *die; -, -en:* Versteigerung

Garagetor, *das; -[e]s, -e:* Garagentor

garagieren *<sw. V.>:* [ein Fahrzeug] in einer Garage, einem Einstellplatz einstellen

Garagist Garagistin, *der; -en, -en bzw. die; -, -nen:* Inhaber(in) einer Autohandlung

Gartenhag, *der; -[e]s, ...häge:* Gartenzaun

Gartensitzplatz, *der; -es, ...plätze:* ebenerdige Terrasse eines Hauses

Gassenarbeit, *die; -, ohne Pl.:* Sozialarbeit im Drogen-, Prostituierten- und Obdachlosenmilieu

Gassenküche, *die; -, -n:* Einrichtung, bei der Essen an Bedürftige abgegeben wird

Gassenzimmer, *das; -s, -:* öffentlicher Raum für den Drogenkonsum

Gastgewerbe, *das; -s, ohne Pl.:* Gaststätten- und Beherbergungsgewerbe

Gastrobetrieb, *der; -[e]s, -e:* Gastronomiebetrieb

Gastwirtschaftsbetrieb, *der; -[e]s, -e:* Gastronomiebetrieb

GAV, *der; -s, -s:* Abk. für Gesamtarbeitsvertrag

Gazebinde, *die; -, -n:* Verbandstoff aus weitmaschigem, dünnem Baumwollstoff

Gebärsaal, *der; -[e]s, ...säle:* Kreisssaal

Gebäulichkeit, *die; -, -en (meist Pl.):* Gebäude

Gebresten, *das; -s, - (meist Pl.):* Gebrechen

Geburtsgebrechen, *das; -s, -:* angeborene Krankheit

Geburtsschein, *der; -[e]s, -e:* amtliche Urkunde über die Geburtsdaten einer Person

Geburtszulage, *die; -, -n:* (in einigen Kantonen) einmaliger, durch den Kanton ausgerichteter Betrag bei der Geburt eines Kindes

gefitzt *(mundartnah):* 1. schlau, gewieft, gerissen; gewitzt (von Personen) 2. raffiniert ausgedacht; gewitzt (von Sachen)

gefreut: erfreulich, erwünscht, angenehm. **eine gefreute Sache:* eine erfreuliche Angelegenheit

gegen: **gegen aussen:* nach aussen [hin]

Gegenbericht. **ohne [Ihren] Gegenbericht:* ohne [anderslautende] Rückmeldung

Gegenmehr, *das; -s, ohne Pl.:* Gegenstimmen in einer offenen Abstimmung

Gegensteuer. **Gegensteuer geben:* gegensteuern

Gegenvorschlag, *der; -[e]s, ...vorschläge:* auch svw. von der Regierung vorgeschlagene Alternative zu den Forderungen einer Initiative

Gehilfenschaft, *die; -, -en (ohne Pl.):* Beihilfe (zu einer Straftat)

geigen *<sw. V.; unpers.> (salopp):* auch svw. funktionieren, laufen

Geiss, *die; -, -en:* Ziege

Geissbock, *der; -[e]s, ...böcke:* Ziegenbock

Geknorze, auch **Geknorz,** *das; -s/-es, ohne Pl.:* mühseliger, beschwerlicher Vorgang

Gelafer, *das; -s, ohne Pl. (mundartnah):* dummes Geschwätz; leeres Gerede

Geländekammer, *die; -, -n:* abgrenzbarer Teil einer Landschaft (Senke, Tal, Talkessel usw.)

gelangen *<sw. V.; mit Präp. an>:* sich wenden

Geldbezug, *der; -s, ...züge:* Beziehen von Bargeld am Geldautomaten

Geldwäscherei, *die; -, ohne Pl.:* svw. dtl. Geldwäsche

Geleise, *das; -s, -:* Gleis

Gelte, *die; -, -n:* Bottich

Gemarchen, *die; nur Pl.:* Gemarkung

Gemeinde. **politische Gemeinde:* (in manchen Kantonen) örtliche Gebietskörperschaft, die alle auf ihrem Gebiet wohnhaften Personen umfasst; Einwohnergemeinde

Gemeindeammann, *der; -[e]s, ...männer; weibl. Form meist Frau Gemeindeammann:* 1. (im Kt. Aargau) Gemeindepräsident(in) 2. (im Kt. Luzern) Mitglied der Gemeindeexekutive, das insbes. für das Finanzwesen zuständig ist 3. (im Kt. Zürich) Organ der Rechtspflege für spezielle Aufgaben, insbes. für die zivilrechtliche Vollstreckung

Gemeindebann, *der; -[e]s, -e:* Gemeindegebiet

Gemeindebürgerrecht, *das; -[e]s, -e:* Gemeindeangehörigkeit (als Voraussetzung für das Bürgerrecht des Kantons und der Eidgenossenschaft)

Gemeindehauptmann, *der; -[e]s, ...männer:* (früher im Kt. Appenzell Ausserrhoden) Gemeindepräsident(in)

Gemeindekanzlei, *die; -, -en:* (in manchen Kantonen) zentrale Stabsstelle einer dörflichen Gemeinde bzw. Gebäude, in dem die Gemeindekanzlei untergebracht ist

Gemeindeordnung, *die; -, -en:* grundlegende, von der Gemeinde selbst erlassene Rechtsnorm einer Gemeinde (dtl. in der Bed. vom Land erlassenes Gemeindeorganisationsgesetz)

Gemeindepolizei, *die; -, ohne Pl.:* kommunale Polizeibehörde

Gemeindepräsident Gemeindepräsidentin, *der; -en, -en bzw. die; -, -nen:* (in den meisten Kantonen) direkt gewählte Person, die eine Gemeinde politisch repräsentiert und die Verwaltung leitet; dtl. Bürgermeister(in)

Gemeinderat, *der; -[e]s, ...räte:* 1. Exekutive (in einigen Städten Legislative) einer Gemeinde 2. *Gemeinderat Gemeinderätin, der; -[e]s, ...räte bzw. die; -, -nen:* Mitglied der Exekutive (in einigen Städten der Legislative) einer Gemeinde

Gemeinderatskanzlei, *die; -, -n:* (in manchen Kantonen) svw. Gemeindekanzlei

Gemeindesatzung, *die; -, -en:* (im Kt. Uri) svw. Gemeindeordnung

Gemeindeschreiber Gemeindeschreiberin, *der; -s, - bzw. die; -, -nen:* Sekretär(in) des Gemeinderats; Leiter(in) der Gemeindekanzlei

Gemeindeschreiberei, *die; -, -en:* (in den Kt. Bern und Solothurn) svw. Gemeindekanzlei

Gemeindestrasse, *die; -, -n:* Strasse, für deren Bau und Unterhalt die Gemeinde zuständig ist

Gemeindeverfassung, *die; -, -en:* (in den Kt. Schaffhausen und Graubünden) svw. Gemeindeordnung (dtl. in anderer Bed.)

Gemeindeversammlung, *die; -, -en:* Zusammenkunft der stimm- und wahlberechtigten Einwohner(innen) einer politischen Gemeinde zu Beschlussfassungen und Wahlen; Legislative einer Gemeinde ohne Gemeindeparlament (dtl. in anderer Bed.)

Gemeinwerk, *das; -[e]s, -e:* unentgeltliche gemeinschaftliche Arbeit für eine Gemeinde o.Ä.

Generalabonnement, *das; -[e]s, -e, abgekürzt GA:* Jahreskarte für den öffentlichen Verkehr

Genietruppe, *die; -, -n:* technische Einheit der Schweizer Armee

Genossenschafter Genossenschafterin, *der; -s, - bzw. die; -, -nen:* Teilhaber(in) einer Genossenschaft; Genossenschaftler(in)

Genosssame, *die; -, -n:* Alp-, Allmendgenossenschaft

Gepäckrolli, *der; -s, -:* kleiner Wagen zum Transport von Gepäck in Bahnhöfen und auf Flughäfen

gerade. **nur gerade:* lediglich

Gerant Gerantin, *der; -en, -en bzw. die; -, -nen:* Geschäftsführer(in) eines Restaurants

geräucht: geräuchert

Gertel, *der; -s, -:* grosses Messer zum Hacken von Kleinholz, Abschlagen von kleinen Ästen u.Ä.

Gesamtarbeitsvertrag, *der; -[e]s, ...verträge, abgekürzt GAV:* für einen längeren Zeitraum zwischen Arbeitgebern bzw. Arbeitgeberinnen und Gewerkschaften abgeschlossener Vertrag über Arbeitsbedingungen, Löhne usw.

gesamthaft: 1. <*Adj.*> gesamt, insgesamt, vollständig 2. <*Adv.*> im Gesamten; insgesamt

Gesamtschule, *die; -, -n:* Schule, in der mehrere Klassen gemeinsam unterrichtet werden; dtl. Einklassenschule, sonst in anderer Bed.

gesamtschweizerisch: die gesamte Schweiz betreffend

Gesamttotal, *das; -s, -e:* Gesamtsumme

Geschäft, *das; -[e]s, -e:* auch svw. Verhandlungsgegenstand (über den in einem politischen Gremium oder Verein diskutiert und entschieden wird)

geschäften <*sw. V.*>*:* Geschäfte betreiben; wirtschaften

Geschäftsantwortsendung, *die; -, -en:* Couvert oder Postkarte, die vom Absender kostenlos an eine vorbestimmte Adresse geschickt werden kann

Geschäftslast, *die; -, -en:* Menge an zu erledigenden Geschäften (in Politik, Rechtsprechung, Verwaltung)

Geschäftsliste, *die; -, -n:* Programm[punkte] einer Sitzung

Geschäftslokal, *das; -[e]s, -e:* Räumlichkeiten für ein Verkaufsgeschäft

Geschäftsprüfungsdelegation, *die; -, -en:* mit der Überwachung des Staatsschutzes und der Nachrichtendienste betraute parlamentarische Abordnung

Geschäftsprüfungskommission, *die; -, -en, abgekürzt GPK:* 1. von Parlamentariern gebildete ständige Parlamentskommissionen zur Überwachung der Exekutive 2. (in Vereinen und Genossenschaften) gewähltes Kontrollorgan zur Überwachung des Vorstandes

Geschäftsreglement, *das; -[e]s, -e:* Geschäftsordnung

Geschirrwaschmaschine, *die; -, -n:* Geschirrspülmaschine

Geschlechtsname, *der; -ns, -n (veraltend):* Nachname

Gesetzessammlung, *die; -, -en:* amtliche vollständige Zusammenstellung der Gesetze eines Kantons, des Bundes, teilweise auch anderer öffentlich-rechtlicher Körperschaften (dtl. in anderer Bed.)

gespritzt: mit [Mineral]wasser verdünnt (von Fruchtsäften und Wein). **gespritzter Apfelsaft:* mit [Mineral]wasser verdünnter Apfelsaft. **gespritzter Weisser/Weisswein:* mit [Mineral-]wasser verdünnter Weisswein

Gestell, *das; -[e]s, -e:* zum Aufbewahren von Gegenständen und Lagern von Lebensmitteln dienender Aufbau aus Holz, Kunststoff oder Eisen; Regal

gestossen. **gestossen voll:* rappelvoll

Gestürm Gstürm, *das; -s, ohne Pl. (mundartnah):* aufgeregtes, lärmendes Getue, Geschwätz

Gesuchsteller Gesuchstellerin, *der; -s, - bzw. die; -, -nen:* Antragsteller(in)

Gesundheitsdepartement, *das; -[e]s, -e:* (in manchen Kantonen) für das Gesundheitswesen zuständiges kantonales Ministerium

Gesundheitsdirektion, *die; -, -en:* (in manchen Kantonen) svw. Gesundheitsdepartement

Gesundheitsdirektor Gesundheitsdirektorin; *der, -s, - bzw. die, -, -nen:* für das Gesundheitswesen zuständige(r) kantonale(r) Minister(in)

Getäfer, *das; -s, ohne Pl. (selten):* Holzverkleidung (für Zimmerwände und -decken), Täfer; dtl. Getäfel

Gewährleistung, *die; -, -en (Recht):* auch svw. Genehmigung einer [Änderung der] Kantonsverfassung durch die eidgenössischen Räte nach deren Prüfung auf Konformität mit dem Bundesrecht

Gewaltentrennung, *die; -, ohne Pl.:* svw. dtl. Gewaltenteilung

Gewerbepolizei, *die; -, ohne Pl.:* Behörde, die die Einhaltung der Gewerbe- und Arbeitsbestimmungen überwacht

Gewerbezone, *die; -, -n:* Teil des Gemeindegebietes, der für Gewerbebetriebe reserviert ist

Gewerbler Gewerblerin, *der; -s, - bzw. die; -, -nen:* Gewerbetreibende(r)

Gewinnungskosten, *die; nur Pl.:* vom zu besteuernden Einkommen abziehbare Kosten, die zur Gewinnung von Einkünften aufgewendet wurden

gewitterhaft: gewittrig

gewohnt. **sich etw. gewohnt/gewöhnt sein; *es sich gewohnt sein:* etw. gewohnt sein; sich an etw. gewöhnt haben

gifteln *<sw. V.>:* 1. bösartige, missgünstige Bemerkungen machen 2. *(salopp)* Rauschgift konsumieren

Giftklasse, *die; -, -n (früher):* fünfstufige Einteilung giftiger Stoffe

Gigot, *der/das; -s, -s:* Hinterschenkel des geschlachteten Lamms oder Schafs

Gilet, *das; -s, -s:* Weste

Gipfeli, *das; -s, -:* Gebäckstück in gebogener Form aus Blätterteig oder auch Hefeteig; dtl. Hörnchen

Gitzi, *das; -s, -:* junge Ziege; Zicklein

Glace Glacé, *die; -, -n bzw. das; -/-s, -s:* Speiseeis

glatt: lustig, toll

Glätteisen, *das; -s, - (mundartnah):* auch svw. Bügeleisen

glätten *<sw. V.> (mundartnah):* auch svw. bügeln

gleichenorts: am gleichen Ort

gleichentags: am gleichen Tag

Gliedermeter, *der; -s, -:* Meterstab

Globalkredit, *der; -s, -e:* von der öffentlichen Hand gesprochener pauschaler Geldbetrag zuhanden einer öffentlich-rechtlichen Institution

Gluscht, *der; -s, ohne Pl. (mundartnah):* heftiges

Verlangen [nach Genuss- oder Nahrungsmitteln]

gluschtig *(mundartnah):* appetitlich, appetitanregend, wohlschmeckend. **gluschtig machen:* neugierig, begierig machen

Gnagi, *das; -s, -:* eingesalzenes und gekochtes oder gebratenes Stück Schweinefleisch, meist vom Unterschenkel; dtl. Eisbein

Goal, *das; -s, -s (Sport):* 1. Tor 2. Treffer

Goalie, *der; -s, -s (Sport):* Torhüter

Gof s. Goof

Goldvreneli, *das; -s, -:* Goldmünze mit einem nominellen Wert von 20 Franken

Gong. **das hat ihm den Gong gegeben (derb):* das war zu viel für ihn

gönnen *<sw. V.>.* **jmdm. etw. gönnen mögen:* jmdm. etw. gönnen

Goof Gof, *der; -s, -en (meist abwertend, mundartnah):* [ungezogenes, freches] Kind

Gotte, *die; -, -n:* [Tauf]patin

gottenfroh *(mundartnah):* sehr froh und erleichtert

Gottenkind, *das; -[e]s, -er:* Patenkind einer Taufpatin

Gottfriedstutz *(mundartnah):* ein Ausruf des Zorns, Ärgers oder der Empörung

Götti, *der; -s, -:* [Tauf]pate

Göttibatzen, *der; -s, - (mundartnah):* Geldgeschenk des Paten

Göttibub, *der; -en/-s, -en:* männliches Patenkind

Gout, *der; -s, -s (Pl. ungebr.) <frz.>:* auch svw. Geschmack (von Essbarem)

GPK: Abk. für Geschäftsprüfungskommission

Grabarbeiten, *die; nur Pl.:* Bauarbeiten, bei denen in den Untergrund gegraben wird

gratis. **gratis und franko:* kostenlos

Gratiseintritt, *der; -[e]s, -e:* 1. kostenloser Eintritt 2. Freikarte

Gratismuster, *das; -s, -:* kleine Gratisprobe einer Ware

Gratisnummer, *die; -, -n:* für anrufende Personen kostenlose Telefonnummer

Grättimaa Grättimann, *der; -s, ...männer (regional):* svw. Grittibänz

Grenzwachtkorps, *das; -, -:* uniformierte und bewaffnete Truppe der Zollverwaltung zur Kontrolle und Überwachung der Landesgrenze

Griessköpfli, *das; -s, -:* in kleiner Backform zubereiteter, gestürzt servierter Griesspudding

Grillade, *die; -, -n:* auch svw. Grillparty

grillieren *<sw. V.>:* Lebensmittel, oft Fleisch oder Fisch, über offener Glut oder durch grosse Hitze garen; dtl. grillen

Grillplausch, *der; -[e]s, ...pläusche:* Grillparty

Grind, *der; -[e]s, -e (derb, mundartnah):* Kopf

Grittibänz, *der; -en, -en:* süsses Gebäck in Form einer menschlichen Gestalt, das zum Nikolaustag gebacken wird

Grosi, *das; -s, - (mundartnah):* Grossmutter

gross. **Grosser Rat:* (in manchen Kantonen) Parlament des Kantons

Grossandrang, *der; -[e]s, ohne Pl.:* grosser Andrang

Grossanlass, *der; -es, ...lässe:* Grossveranstaltung

Grossaufmarsch, *der; -[e]s, ...märsche:* Ansammlung zahlreicher Menschen

Grosserfolg, *der; -s, -e:* grosser Erfolg

Grosskind, *das; -[e]s, -er:* Enkel[kind]

Grossmami, *das; -s, -/-s:* Grossmutter

grossmehrheitlich: mit grosser Mehrheit

Grosspapi, *der; -s, -/-s:* Grossvater

Grossrat Grossrätin, *der; -[e]s, ...räte bzw. die; -, -nen:* (in manchen Kantonen) Mitglied des Grossen Rates

Grossverteiler, *der; -s, -:* Detailhandelskette

Grotto, *das/der; -s, Grotti:* einfaches Restaurant (im Tessin)

grübeln *<sw. V.>: a*uch svw. (etw. mit den Fingern oder mit einem Gegenstand) herausholen, z. B. **in der Nase grübeln:* in der Nase bohren

grüezi *(mundartnah):* guten Tag

Grümpelturnier, *das; -s, -e:* [Fussball]turnier für Hobbymannschaften an einem Wochenende

Grünabfuhr, *die; -, -en:* Einsammeln der kompostierbaren Gartenabfälle durch die Gemeinde

Grundbuchplan, *der; -[e]s, ...pläne:* Katasterplan

Grundstückgewinnsteuer, *die; -, -n:* Steuer,

die auf Gewinn bei der Veräusserung von Grundstücken und Liegenschaften erhoben wird

Grundversicherung, *die; -, -en:* gesetzlich vorgeschriebene Krankenpflegeversicherung

Gruppenbillett, *das; -s, -s/-e:* Kollektivbillett; dtl. Gruppenfahrkarte

Grüsel, *der; -s, - (mundartnah):* 1. Schmutzfink 2. Perverser

Gschwellti, *nur Pl. (mundartnah):* in der Schale gekochte Kartoffeln als Speise; dtl. Pellkartoffeln

Gspänli, *das; -s, - (mundartnah):* Spielkamerad(in)

Gstürm s. Gestürm

Güdeldienstag, *der; -[e]s, -e:* (bes. in der Innerschweiz) Dienstag vor Aschermittwoch

Güdelmontag, *der; -[e]s, -e:* (bes. in der Innerschweiz) Montag vor Aschermittwoch

Guetzli Guetsli, *das; -s, -:* Kleingebäck; dtl. Plätzchen, Keks

Gugelhopf, *der; -[e]s, -e:* Gugelhupf

Güggeli, *das; -s, - (mundartnah):* svw. Poulet; dtl. [Brat]hähnchen

Guggenmusik, *die; -, (in Bed. 2:) -en:* 1. absichtlich misstönend gespielte, ausgelassene Fasnachtsmusik 2. Gruppe von verkleideten Fasnächtler(inne)n, die solche Musik spielt

Gugus, *der; -/-es, ohne Pl. (mundartnah):* 1. Quatsch, Unsinn 2. *(salopp)* unwichtiges, wertloses Zeugs 3. *(Kindersprache)* Hallo! Huhu! Kuckuck!

güllen *<sw. V.>:* mit Gülle düngen

Gümmeler, *der; -s, - (mundartnah, scherzh.):* passionierter Rennvelofahrer

Gupf, *der; -[e]s, Güpfe (mundartnah):* 1. abgerundeter Gipfel; Kuppe 2. stumpfes Ende des Eies

Güsel, *der; -s, ohne Pl. (mundartnah):* [Haushalts]abfall

Gusti, *das; -s, - (mundartnah):* weibliches Rind

guteidgenössisch: svw. gutschweizerisch

Güterregulierung, *die; -, -en:* svw. Güterzusammenlegung

Güterumschlag, *der; -[e]s, ohne Pl.:* auch svw. Verladen oder Ausladen von Sachen aus einem [Privat]fahrzeug

Güterzusammenlegung, *die; -, -en:* Zusammenlegung und Neueinteilung von zerstückeltem landwirtschaftlichem Grundbesitz

Gutsbetrieb, *der; -[e]s, -e:* grösserer Landwirtschaftsbetrieb

Gutsch, *der; -[e]s, Gütsche (mundartnah):* einmaliger, kurzer Ausguss einer Flüssigkeit

gutschweizerisch: auf vorbildliche schweizerische Art

Gwändli, *das; -s, - (mundartnah):* 1. Arbeitskleidung, Overall 2. Kostümierung 3. Uniform

GWM, *die; -, -:* Abk. für Geschirrwaschmaschine

Gwunder, *der; -s, ohne Pl. (mundartnah):* Neugier. **jmdn. sticht der Gwunder:* jmd. wird von Neugier getrieben

gwunderig *(mundartnah):* neugierig

Gwundernase, *die; -, -n (mundartnah):* neugierige Person

Gymer, *der; -s, - (mundartnah, Kurzwort):* Gymnasium

Gymi, *das; -s, -s (mundartnah, Kurzwort):* Gymnasium

H

habern *<sw. V.> (salopp, mundartnah):* essen

Habitué Habituée, *der; -s, -s bzw. die; -, -s <frz.>:* 1. Stammgast 2. Person, die sich auf einem bestimmten Gebiet gut auskennt

hablich: wohlhabend

Hacktätschli, *das; -s, -:* gebratene Hackfleischklösse; dtl. Frikadelle

Hafen, *der; -s, Häfen:* 1. Topf 2. [irdenes] Gefäss

Hafenkäse, *der; -s, ohne Pl. (mundartnah):* Quatsch, Unsinn

Hafner Hafnerin, *der; -s, - bzw. die; -, -nen:* Ofenbauer(in)

Hafnerei, *die; -, -en:* Handwerksbetrieb, in dem [Kachel]öfen gebaut werden

Häftlimacher. **aufpassen wie ein Häftlimacher (mundartnah):* ganz genau aufpassen (dtl. Haftel-, Heftelmacher)

Hag, *der; -[e]s, Häge:* 1. Hecke 2. Zaun. **am Hag sein:* nicht weiterwissen. **über den Hag/unter dem Hag hindurch fressen:* 1. Gewinn aus etw. ziehen, das einem nicht zusteht 2. fremdgehen

Hagebuche, *die; -, -n:* Hainbuche

Hahnen, *der; -s, -/Hähne:* Wasserhahn

Hahnenburger, *das; -s, ohne Pl. (scherzh.):* Leitungswasser

Hahnenwasser, *das; -s, ohne Pl.:* Leitungswasser

Halbamt, *das; -[e]s, ...ämter:* (bei einer öffentlich-rechtlichen Anstellung) die halbe Normalarbeitszeit beanspruchendes Anstellungsverhältnis

halbbatzig *(mundartnah):* 1. halbherzig 2. unfertig, nicht durchdacht

Halbfinal, *der; -s, -s (Sport):* Halbfinale

Halbgefangenschaft, *die; -, -en:* Strafvollzug, bei dem die Haftanstalt tagsüber [zur Berufsausübung] regelmässig verlassen werden kann

Halbjahresausweis, *der; -es, -e:* halbjährliche Erfolgsbilanz

Halbkanton, *der; -[e]s, -e:* Kanton, der aus einer Kantonsteilung hervorgegangen ist und deshalb nur mit einem statt zwei Sitzen im Ständerat vertreten ist und bei der Berechnung des Ständemehrs nur eine halbe Standesstimme besitzt

halbprivat: zweitteuerste Kategorie bei Krankenversicherungen

Halbschuh, *der; -s, -e (salopp):* Dummkopf

Halbtax, *das; -, ohne Pl. (informell, Kurzwort):* Halbtaxabonnement

Halbtaxabonnement, *das; -[e]s, -e:* Halbpreisabonnement für den öffentlichen Verkehr

Halbweissmehl, *das; -[e]s, ohne Pl.:* etwas dunkleres Weissmehl mit höherem Schalenanteil

Halskehre, *die; -, -n:* starke Nackenschmerzen

Halszäpfchen, *das; -s, -:* dtl. Gaumenzäpfchen

halt: eben, wohl, ja, schon

Hand. **zu Handen [von]* s. zuhanden. **die Hand ändern/wechseln:* in andern Besitz übergehen. **Hand bieten:* Hilfe, Mitarbeit anbieten. **an die Hand nehmen:* in Angriff nehmen. **die Hände verwerfen:* seine Ablehnung kundtun

Handänderung, *die; -, -en:* Besitz(er)wechsel

Handänderungssteuer, *die; -, -n:* (in manchen Kantonen) Abgabe, die anlässlich eines Grundstückerwerbs erhoben wird

Handerheben. **durch Handerheben:* durch Emporstrecken einer Hand (bei offenen Abstimmungen)

Handgelübde, *das; -s, -:* Gelöbnis; der Eidesformel entsprechend, jedoch ohne Anrufung Gottes

handicapiert: behindert, benachteiligt

handkehrum: hingegen, unversehens. **im Handkehrum:* flugs; im Handumdrehen

Handkuss. **zum Handkuss kommen (ironisch):* 1. zum Zug kommen 2. für etw. Ungewolltes einstehen müssen

Handmehr, *das; -[e]s, - ohne Pl.:* durch erhobene Hände bezeugte Stimmenmehrheit

Handorgel, *die; -, -n:* Handharmonika, Akkordeon

Hands, *das; -, - (Fussball):* regelwidriges Berühren des Balles mit der Hand

Handwischer, *der; -s, -:* kleiner Handbesen

hangen *<st. V./ist (hat)>:* hängen (intransitiv)

hängig: 1. unerledigt 2. *(Recht)* beim Gericht zur Entscheidung liegend; dtl. anhängig

Hans. **Hans was Heiri:* egal; ohne Unterschied; gehüpft/gehupft wie gesprungen

Harass, *der; -es, -e:* Lattenkiste für Transport und Aufbewahrung von Getränkeflaschen, Obst, Gemüse u. Ä.

Harasse, *die; -, -n:* svw. Harass

Harst, *der; -[e]s, -e:* Schar

harzen *<sw. V.>:* auch svw. mühsam, schleppend vonstattengehen

harzig: schwierig, langwierig, schleppend

hässig: übellaunig, mürrisch, verdriesslich

Auptharst, *der; -[e]s, -e:* Hauptschar, Hauptmasse

Hauptmann, *der; -[e]s, -leute:* (im Kt. Appenzell Innerrhoden) auch svw. Präsident eines Bezirks, Gemeindepräsident

Hauptsache. **zur Hauptsache:* in der Hauptsache; hauptsächlich

Hauptverlesen, *das; -s, -:* Appell einer militärischen Einheit vor der Entlassung in den Ausgang oder den Urlaub

Häuschen, *das; -s, -:* auch svw. kleines, quadratisch umrissenes Feld zum Ausfüllen, Ankreuzen u. Ä.

Häuschenpapier, *das; -s, -e:* kariertes Papier

Haushaltpapier, *das; -s, -e:* Küchenpapier

Hauslieferdienst, *der; -[e]s, -e:* Dienst zur Belieferung von Haushalten mit Waren

Hauslieferung, *die; -, -en:* Lieferung von Waren in die Haushalte

Hausräuke, *die; -, -n:* kleines Fest, das man nach Einzug in eine neue Wohnung, ein neues Haus macht

Hauswart Hauswartin, *der; -s, -e bzw. die; -, -nen:* Person, die für Unterhalt und Reinigung des Gebäudes und für die Einhaltung der Hausordnung sorgt; Hausmeister(in)

Hauszins, *der; -es, -e:* Miete

HB, *der; -, ohne Pl.:* Abk. für Hauptbahnhof

Heftli, *das; -s, - (mundartnah):* Heftchen, Illustrierte

Heimatausweis, *der; -es, -e:* svw. Heimatschein

heimatberechtigt: (in einer bestimmten Gemeinde) das Bürgerrecht besitzend

Heimatschein, *der; -[e]s, -e:* Bescheinigung über das Bürgerrecht

Heimatschutz, *der; -es, ohne Pl.:* Schutz und Pflege des heimatlichen Ortsbildes

Heimet, *das; -s, - (mundartnah):* kleiner Bauernhof, Landwirtschaftsbetrieb

heimlichfeiss *(mundartnah):* 1. tiefstapelnd, verschwiegen 2. heuchlerisch, heimtückisch

Heimmarkt, *der; -[e]s, ...märkte:* Binnenmarkt

Heimwesen, *das; -s, -:* 1. Bauernhof, Landwirtschaftsbetrieb 2. Gesamtheit aller öffentlichen Heime

heimzu: heimwärts, nach Hause

heiterhell. **am heiterhellen Tag:* am helllichten Tag

Heizungsmonteur Heizungsmonteurin, *der; -s, -e bzw. die; -, -nen:* Person, die berufsmässig Heizungsanlagen errichtet und instand hält; dtl. Heizungsinstallateur(in)

Hektare, *die; -, -n:* 10 000 Quadratmeter; dtl. Hektar

Helgen, *der; -s, - (salopp, mundartnah):* Bild

Heli, *der; -s, -s (Kurzwort):* Helikopter

Hellraumprojektor, *der; -s, -en:* Gerät, mit dem beschriebene transparente Folien auf eine Leinwand projiziert werden können; dtl. Tageslichtprojektor

Helvetia, *die; -, ohne Pl.:* allegorische, die Schweiz verkörpernde weibliche Figur

Helvetien, *das; -s, ohne Pl. (meist ironisch):* Schweiz

helvetisch *(meist ironisch):* auch svw. zur Schweiz gehörend; aus der Schweiz stammend

hemdärm[e]lig: svw. dtl. hemdsärmelig

Herausgeld, *das; -[e]s, ohne Pl.:* Wechselgeld

herauskommen *<st. V.>:* auch svw. sich (auf bestimmte Weise) entwickeln

herausschauen *<sw. V.>:* auch svw. als Gewinn zu erwarten sein; herausspringen

herbsteln *<sw. V.; unpersönl.>:* erste Anzeichen des Herbsts anzeigen

herumbieten *<st. V.>:* 1. (Gerüchte, Behauptungen) erzählen 2. [subversive] Schriften oder [illegale] Waren anbieten

herzig: niedlich, drollig

Heu. **das/sein Heu [nicht] auf der gleichen/derselben Bühne haben:* [nicht] die gleiche Wellenlänge haben. **Jetzt ist genug Heu [dr]unten!* Jetzt ist aber genug! **sein Heu im Trockenen haben:* seine Schäfchen im Trockenen haben

Heubeere, *die; -, -n:* Heidelbeere

Heubühne, *die; -, -n:* Heuboden

heuen *<sw. V.>:* Heu machen

heuer: dieses Jahr, in diesem Jahr

Heuet, *der; -s, ohne Pl.:* 1. Heuernte 2. Zeit der Heuernte

Heustadel, *der; -s, -:* Scheune oder Hütte zum Aufbewahren von Heu

Heustock, *der; -[e]s, ...stöcke:* das auf dem Heuboden gelagerte Heu

Hick, *der; -[e]s, -e (mundartnah):* kleine Beschädigung

hie- *(Wortbestandteil in adverbialen Zus., formell):* da-, hier-, z. B. *hiefür, hieher*

hilb *(mundartnah):* windgeschützt

himmeltraurig: sehr traurig

hinausspedieren *<sw. V.> (salopp):* jmdn. hinauswerfen

Hinschied, *der; -[e]s, -e:* Ableben, Hinscheiden, Tod

hinsitzen *<st. V.> (mundartnah):* sich hinsetzen

hinstehen *<st. V.>:* sich hinstellen

hintennach: hinterher

Hinterlage, *die; -, -en (formell):* Hinterlegung (von Geld, von Schriften); Faustpfand

Hinterlassene, *der/die; -n, -n (meist Pl.):* Hinterbliebene(r)

hintersinnen, *sich <sw./st. V.>:* grübeln, schwere Gedanken wälzen. **sich fast/beinahe hintersinnen:* vor lauter Nachdenken fast wahnsinnig werden

Hintersitz, *der; -[e]s, -e:* Rücksitz

hirnen *<sw. V.> (salopp):* angestrengt nachdenken, überlegen

Hirnerschütterung, *die; -, -en:* Gehirnerschütterung

Hirschpfeffer, *der; -s, -:* Hirschragout

Hobelkäse, *der; -s, ohne Pl.:* würziger, vollfetter, extraharter Rohmilchkäse

Hochjagd, *die; -, ohne Pl.:* Jagd auf Hochwild

Hochleistungsstrasse, *die; -, -n:* richtungsgetrennte und kreuzungsfreie Strasse für Motorfahrzeuge

Hochschein. **keinen Hochschein [von etw.] haben (mundartnah):* keine Ahnung, keinen Schimmer [von etw.] haben

Höchstresultat, *das; -s, -e:* bestes Resultat in einem Wettkampf, einer Abstimmung, Prüfung, o. Ä.

Hock oder **Höck,** *der; -s, Höcke (mundartnah):* [regelmässiges] gemütliches Zusammentreffen (von Vereinsmitgliedern)

Hofdünger, *der; -s, -:* Jauche und Mist als Dünger vom eigenen Vieh

Hohrücken, *der; -s, -:* Fleisch vom oberen Rücken des Rindes; dtl. Hochrippe

hoi *(mundartnah):* hallo

Hörnli, *das; -s, - (meist Pl.; mundartnah):* kurze, gebogene Teigware; dtl. Hörnchen

Hornuss, *der; -es, -e:* Holz- oder Hartgummischeibe, die beim Hornussen ins Spielfeld geschlagen wird

hornussen *<sw. V.>:* das Spiel Hornussen spielen

Hornussen, *das; -s, ohne Pl.:* Volksspiel, bei dem eine Mannschaft eine Holz- oder Hartgummischeibe in ein Feld schlägt und die andere diese mittels an Stielen befestigter Holztafeln abzufangen versucht

hors-sol: ausserhalb des Bodens, mit Nährlösung gezogen (von Gemüse)

Hose. **mit abgesägten Hosen dastehen:* blossgestellt sein; den Kürzeren gezogen haben. **in die Hosen steigen:* sich zum Kampf (eigentlich: Schwingen) bereit machen

Hosenlupf, *der; -[e]s, ohne Pl. (mundartnah):* 1. Kampf beim Schwingen 2. Auseinandersetzung (zwischen Menschen); Kräftemessen

Hosensack, *der; -[e]s, ...säcke:* Hosentasche

Hosenstoss, *der; -es, ...stösse:* unteres Ende des Hosenbeines; Hosensaum

Hospitalisation, *die; -, -en:* Hospitalisierung

hospitalisieren *<sw. V.>:* in ein Spital einweisen

Hudelwetter, *das; -s, ohne Pl.:* nasskaltes Wetter

Hudigä[ä]ggeler, *der; -s, - (mundartnah):* volkstümliche [Instrumental]musik

Huft, *die; -, ohne Pl.:* Fleisch von der Hüfte (des Rinds, selten auch des Lamms, Kalbs oder Schweins)

Huftplätzli, *das; -s, -:* flaches Fleischstück von der Hüfte des Rinds

Hühnerhaut, *die; -, ...häute (Pl. ungebr.):* Gänsehaut

Hündeler Hündelerin, *der; -s, - bzw. die; -, -nen (mundartnah):* Hundehalter(in)

hundert. **nicht ganz hundert sein (salopp):* nicht ganz bei Verstand sein; verrückt sein

Hundsverlochete, *die; -, -n (mundartnah):* Veranstaltung von geringer Bedeutung

Hüpe Hüppe, *die; -, -n:* dünn gepresstes und gerolltes Gebäck aus Mehl, Rahm und Zucker

Hurde, *die; -, -n:* Lattengestell zum Aufbewahren von Obst und Kartoffeln; dtl. Horde

Huscheli, *das; -, - (mundartnah):* unscheinbare Frau mit wenig Selbstbewusstsein

hüst. **hüst und hott:* mal so, mal so

Hutte, *die; -, -n (regional):* Rückentragkorb

Hüttenfinken, *der; -s, - (mundartnah):* gestrickter und mit Ledersohle versehener, warmer Hausschuh

Hüttenwart Hüttenwartin, *der; -[e]s, -e bzw. die; -, -nen:* Person, die in Berghütten für Instandhaltung, Reinigung, Einhaltung der Ordnung u. Ä. zuständig ist

Hypothekarzins, *der; -es, -en:* auf eine Hypothek zu entrichtender Zins; dtl. Hypothekenzins

Hypozins, *der; -es, -en (Kurzwort):* Hypothekarzins

I

Idealalter, *das; -s, -:* ideales, optimales Alter
Identitätskarte, *die; -, -n:* amtlicher Ausweis für Staatsbürger(innen) mit Foto und Personalangaben
Immatrikulation, *die; -, -en:* auch svw. amtliche Zulassung (eines Motorfahrzeugs, Bootes usw.) für den Verkehr
immatrikulieren *<sw. V.>:* auch svw. (ein Motorfahrzeug, ein Boot usw.) amtlich zum Verkehr zulassen
Immobilientreuhand, *die; -, ohne Pl.:* Firma, die Immobilien vermittelt
Industriezone, *die; -, -n:* Teil des Gemeindegebietes, der für Industrieunternehmen reserviert ist; Industriegebiet
Initiant Initiantin, *der; -en, -en bzw. die; -, -nen:* 1. *(meist Pl.)* Personengruppe, die ein Volksbegehren vorschlägt, Unterschriften sammelt und zur Abstimmung bringt 2. Person, die ein Projekt, eine Veranstaltung o. Ä. organisiert; Initiator(in)
Initiativbegehren, *das; -s, -:* svw. Initiative
Initiative, *die; -, -n:* auch svw. Begehren nach Erlass, Änderung oder Aufhebung eines Gesetzes oder Verfassungsartikels
Innendekorateur Innendekorateurin, *der; -s,-e bzw. die; -, -nen:* Person, die beruflich Innenräume gestaltet; dtl. Raumausstatter(in)
Innendekoration, *die; -, -en:* auch svw. Geschäft, in dem Möbelstoffe, Tapeten, Teppiche u. Ä. erhältlich sind; gewerblicher Betrieb, der Innenräume mit diesen Produkten ausstattet
innerorts: innerhalb der Ortschaft
Innerortstafel, *die; -, -n:* svw. Ortstafel
Innerschweiz, *die; -, ohne Pl.:* Region um den Vierwaldstättersee
innerschweizerisch: 1. innerhalb der Schweiz 2. in der Innerschweiz gelegen; von dort stammend, sie betreffend
Innerstadt, *die; -, ohne Pl.:* (in Basel) Stadtzentrum
innert *<Präp. mit Gen. oder Dat.>:* innerhalb, binnen
inskünftig: 1. *<Adv.>:* künftig, fortan, in Zukunft 2. *<Adj.>:* zukünftig
Insolvenzentschädigung, *die; -, -en:* Versicherung des Lohns bei Zahlungsunfähigkeit des Arbeitgebers
Inspektion, *die; -, -en:* auch svw. ausserdienstliche Überprüfung der persönlichen Ausrüstung eines Armeeangehörigen
Inspektorat, *das; -[e]s, -e:* Aufsichtsbehörde
instand. **instand stellen:* instand setzen
Instandstellung, *die -, -en:* Instandsetzung
Instruktionsoffizier, *der; -s, -e:* Berufsoffizier mit Ausbildungsfunktion
Interessenbindung, *die; -, -en:* Zugehörigkeit zu Gremien, Organisationen usw., welche die Unabhängigkeit [eines Politikers bzw. einer Politikerin] in Frage stellen kann [und deshalb offenzulegen ist]
interkantonal: mehrere Kantone betreffend
Invalidenrente, *die; -, -n:* von der Invalidenversicherung ausbezahlte Rente
Invalidenversicherung, *die; -, -en (Pl. ungebr.), abgekürzt IV:* gesetzlich vorgeschriebene Vorsorge für Erwerbsunfähigkeit
i-Tüpfchen, *das; -s, -:* besondere Krönung einer Sache; i-Tüpfelchen
IV, *die; -, ohne Pl.:* 1. Abk. für Invalidenversicherung 2. *(informell)* kurz für Invalidenrente
IV-Rente, *die; -, -n:* svw. Invalidenrente

J

Jagdbann, *der; -[e]s, ...bänne:* Gebiet, in dem nicht gejagt werden darf
Jahresaufenthalter Jahresaufenthalterin, *der; -s, - bzw. die; -, -nen:* Person ohne Schweizer Bürgerrecht, die eine jährlich zu erneuernde Aufenthaltserlaubnis besitzt
Jahrgänger Jahrgängerin, *der; -s, - bzw. die; -, -nen:* Person desselben Geburtsjahrganges
Jahrgängertreffen, *das; -s, -:* Zusammenkunft der Gleichaltrigen einer Schule
jährig: einjährig
Jahrzahl, *die; -, -en:* Jahreszahl
Jalousie, *die; -, -n <frz.>:* auch svw. lamellenartig eingeschnittene Blätterteigtasche mit süsser oder salziger Füllung
Januarloch, *das; -[e]s, ...löcher:* verringerte allgemeine Betriebsamkeit und Kauffreude

nach den Weihnachts- und Neujahrsfeiertagen

Japanmesser, *das; -s, -:* auch svw. Teppichmesser

Jass, *der; -es, ohne Pl.:* ein gewisses Kartenspiel

jassen <*sw. V.*>*:* das Kartenspiel Jass spielen

Jassteppich, *der; -[e]s, -e:* kleiner Teppich, der zum Jassen als Unterlage auf den Tisch gelegt wird

je. **je länger desto mehr; *je länger je mehr:* immer mehr

Jekami, *das; -s, - <zusammengezogen aus jeder/jede kann mitmachen> (scherzh.):* plan-, konzeptlose Veranstaltung (an der sich jede beliebige Person aktiv beteiligen kann)

jenisch: zur Gemeinschaft der Fahrenden gehörend

jeweilen: jeweils

jour. **à jour <frz.>:* auf dem neuesten Stand; gut informiert

Jucharte, *die; -, -n:* 36 Aren

judihui! *(mundartnah):* hurra!

Jugendriege, *die; -, -n:* Jugendabteilung eines Turnvereins

Jugi, *die; -, -s (mundartnah):* 1. Jugendherberge 2. Jugendriege

juhe!: juchhe!

Jungbürger Jungbürgerin, *der; -s, - bzw. die; -, -nen:* Person, die das Stimm- und Wahlalter erreicht hat

Jungwacht, *die; -, ohne Pl.:* katholischer Jugendverband für Knaben

Jupe, *der; -s, -s:* von der Taille abwärts reichendes Kleidungsstück für Frauen und Mädchen; dtl. Rock

Jus, *das; -, ohne Pl. <lat.> (meist ohne Artikel, informell):* Rechtswissenschaften, Jura

Jus, *der; -, - <frz.>:* auch svw. Frucht- oder Gemüsesaft

Justizdepartement, *das; -[e]s, -e:* (im Bund und in manchen Kantonen) für das Rechtswesen zuständiges Ministerium

Justizdirektion, *die; -, -en:* (in manchen Kantonen) svw. Justizdepartement

Justizdirektor Justizdirektorin, *der; -s, -en bzw. die; -, -nen:* kantonale(r) Minister(in) für Justiz

K

Kabis, *der; -, ohne Pl.:* 1. ein Kohlgewächs mit hellgrünen, glatten Blättern; dtl. Weisskohl 2. *(mundartnah)* Quatsch, Unsinn

Kadaversammelstelle, *die; -, -n:* Stätte, wo Tierkadaver beseitigt werden

Käfer, *der; -s, - (scherzh.):* aus svw. Krankheitserreger (Bakterium, Virus)

Kaffee s. Kafi

Kaffeehalt, *der; -s, -e:* kurzer Halt auf einer Reise bei einer Gaststätte

Kafi. **Kafi/Kaffee fertig, der/das* oder *Kafi/Kaffee Schnaps, der/das:* Kaffee mit Obstschnaps

Kajütenbett, *das; -[e]s, -en:* zwei- oder mehrstöckiges Bett; dtl. Etagenbett

Kalb. **das Kalb machen (mundartnah):* ausgelassen sein, Witze reissen, blödeln

Kalberei, *die; -, -en (mundartnah):* unkluge Handlung, Dummheit

Kalbsbratwurst, *die; -, ...würste:* ungeräucherte Wurst mit einem Anteil von mindestens 50 % Kalbfleisch

Kamin, *der; -s, -e:* Rauchabzugsschacht; dtl. Schornstein

Kaminfeger Kaminfegerin, *der; -s, - bzw. die; -, -nen:* Person, die Rauchabzugsschächte reinigt; dtl. Schornsteinfeger

Kampfscheidung, *die; -, -en:* nichteinvernehmliche Scheidung

Kampfwahl, *die; -, -en:* Personenwahl mit nicht voraussagbarem Resultat

Kännel, *der; -s, -:* Wasserrinne, Dachrinne; auch das senkrechte Regenabfallrohr

Kante, *die; -, -n:* auch svw. Buskante

Kanterniederlage, *die; -, -n:* hohe Niederlage; Debakel (bei sportlichen oder politischen Auseinandersetzungen)

Kanti, *die; -, -/-s (informell):* kantonales Gymnasium

Kanton, *der; -[e]s, -e:* Gliedstaat, Teilstaat der Schweizerischen Eidgenossenschaft

kantonal: den Kanton betreffend, zum Kanton gehörig

kantonalisieren <*sw. V.*>*:* dem Verantwortungsbereich des Kantons bzw. der Kantone unterstellen

Kantönligeist, *der; -[e]s, ohne Pl. (abwertend):* auf den eigenen Kanton ausgerichtetes, engstirniges Denken

Kantonnement, *das; -[e]s, -e:* Unterkunft für militärische Truppen

Kantonsapotheker Kantonsapothekerin, *der; -s, - bzw. die; -, -nen:* vom Kanton angestellter Apotheker bzw. angestellte Apothekerin, der bzw. die den gesamten Arzneimittelverkehr überwacht

Kantonsarzt Kantonsärztin, *der; -[e]s, ...ärzte bzw. die; -, -nen:* vom Kanton angestellter Arzt bzw. angestellte Ärztin, der bzw. die die öffentliche Gesundheitspflege überwacht

Kantonsbibliothek, *die; -, -en:* vom Kanton geführte öffentliche Bibliothek, die alle Informationsträger sammelt, die im jeweiligen Kanton erschienen sind, von Einwohner(inne)n des jeweiligen Kantons verfasst wurden oder den jeweiligen Kanton und seine Bewohner(innen) zum Thema haben

Kantonsblatt, *das; -[e]s, ...blätter (Pl. ungebr.):* (in einigen Kantonen) Amtsblatt

Kantonschemiker Kantonschemikerin, *der; -s, - bzw. die; -, -nen:* Leiter(in) des kantonalen Labors, das für Lebensmittelkontrollen zuständig ist

kantonseigen: im Besitz eines Kantons befindlich

Kantonsgericht, *das; -[e]s, -e:* 1. (in manchen Kantonen) zweitinstanzliches bzw. oberstes kantonales Gericht 2. (in manchen Kantonen) erstinstanzliches Gericht

Kantonshauptort, *der; -[e]s, -e:* Hauptstadt eines Kantons

Kantonshauptstadt, *die; -, ...städte:* [grössere] Hauptstadt eines Kantons

Kantonsparlament, *das; -[e]s, -e:* Legislative eines Kantons; svw. Grosser Rat, Kantonsrat, Landrat

Kantonspolizei, *die; -, -en:* kantonale Polizeibehörde

Kantonsrat, *der; -[e]s, ...räte:* (in manchen Kantonen) 1. Parlament, Legislative des Kantons 2. **Kantonsrat Kantonsrätin;** *der, -[e]s, ...räte bzw. die; -, -nen:* Mitglied des Parlaments

kantonsrätlich: dem Kantonsrat angehörig, ihn betreffend

Kantonsregierung, *die; -, -en:* Exekutive eines Kantons; svw. Regierungsrat, Staatsrat, Standeskommission

Kantonsschule, *die; -, -n:* kantonales Gymnasium

Kantonsspital, *das; -s, ...spitäler:* kantonales Krankenhaus

Kantonssteuer, *die; -, -n:* von den Kantonen erhobene Steuer; svw. Staatssteuer

Kantonsstrasse, *die; -, -n:* Strasse, für deren Bau und Unterhalt der Kanton zuständig ist; svw. Staatsstrasse

Kantonsverfassung, *die; -, -en:* grundlegende Rechtsnorm eines Kantons

kantonsweit: im gesamten Gebiet eines Kantons; das gesamte Gebiet eines Kantons betreffend

Kapitalgewinn, *der; -[e]s, -e:* Ertrag aus Wertpapieren durch Zinsertrag, Dividenden und Kurssteigerung; Kapitalertrag

Kapo, *die; -, ohne Pl. (Kurzwort):* Kantonspolizei

Kappe. **jmdm. die Kappe waschen:* jmdn. zurechtweisen

Karenzfrist, *die; -, -en:* Wartezeit, Sperrfrist

Karosseriespengler Karosseriespenglerin, *der; -s, - bzw. die; -, -nen:* Person, die berufsmässig Reparaturen an Autokarosserien durchführt

Karrenschmiere, *die; -, ohne Pl.:* verschmutzte, schwarze Schmiermittel (von mechanischen Geräten)

Karrette, *die; -, -n:* Schubkarre

Karsumpel, *der; -s, ohne Pl.:* Plunder

Kartoffelstock, *der; -s, ohne Pl.:* Speise aus gekochten, pürierten Kartoffeln und Milch; dtl. Kartoffelbrei

Kartonage, *die; -, -n:* aus svw. 1. Betrieb, der Verpackungen aus Karton herstellt 2. Kunsthandwerk mit Papier und Karton

Kartonschachtel, *die; -, -n:* aus Karton hergestellter Behälter, Kartonage

Käsekuchen, *der; -s, -:* dünner, flacher, mit geriebenem Käse, Milch und Eiern belegter Kuchen, der auf dem Backblech gebacken wird (dtl. in der Bed. Quarkkuchen)

Käseküchlein, *das; -s, -:* kleiner Käsekuchen

Kasperli, *der; -s, -s (mundartnah):* svw. dtl. Kasper[le], d. h. 1. lustige männliche Hauptfigur mit roter Zipfelmütze in einem populären Handpuppenspiel für Kinder 2. lustige, zu jedem Scherz aufgelegte Person [die nicht ernst zu nehmen ist]

Kasperlitheater, *das; -s, -:* Puppenbühne, die mit Handpuppen Stücke aufführt; dtl. Kasper[le]theater

Kassabericht, *der; -[e]s, -e (formell):* Kassenbericht

Kässeli, *das; -s, - (mundartnah):* 1. Sparbüchse 2. Sammelbüchse

Kassenobligation, *die; -, -en (meist Pl.):* festverzinsliches Wertpapier (einer Bank)

kassenpflichtig: von Gesetzes wegen von der Krankenkasse zu bezahlen

Kassier Kassierin, *der; -s, -e bzw. die; -, -nen:* 1. Person, die in einem Unternehmen die Kasse führt 2. Person, die für die Finanzen eines Vereins zuständig ist; Quästor(in); dtl. Kassenwart(in)

Kasten, *der; -s, Kästen:* Schrank (dtl. in anderer Bed.)

Katzenkiste, *die; -, -n:* Katzenklo

Kefe, *die; -, -n:* süsse Erbse, die in den Schoten gekocht und gegessen wird; dtl. Zuckererbse

Kehr, *der; -s, ohne Pl.:* Rundgang, Runde, meist in der Fügung **einen Kehr machen*

kehren *<sw. V.>:* auch svw. [um]wenden, kehrtmachen

Kehricht, *der; -s, ohne Pl.:* [Haus]abfall; dtl. Müll

Kehrichtdeponie, *die; -, -n:* Abfalldeponie

Kehrichteimer, *der; -s, -:* Abfalleimer

Kehrichtgebühr, *die; -, -en:* Abfallgebühr

Kehrichtmann, *der; -[e]s, ...männer:* Angestellter, der für die Abfallbeseitigung zuständig ist

Kehrichtsackgebühr, *die; -, -en:* Entsorgungsgebühr, die pro Müllsack erhoben wird

Kehrichtschaufel, *die; -, -n:* kleine Schaufel zum Aufnehmen von Staub- und Schmutzhäufchen

Kehrichtverbrennungsanlage, *die; -, -n:* svw. dtl. Müllverbrennungsanlage

Kehrordnung, *die; -, -en:* Turnus, Wechselfolge (dtl. in anderer Bed.)

Kehrplatz, *der; -es, ...plätze:* Freiraum zum Wenden eines Fahrzeuges; Wendeplatz

kehrtum: 1. eine Wendung um 180 Grad. **kehrtum machen:* umkehren, sich umwenden, umdrehen 2. umgekehrt, anderseits 3. postwendend, sofort

kennen *<unregelm. V.>. *etw. wie seinen Hosensack kennen:* etw. sehr genau kennen

KESB Kesb, *die; -, ohne Pl.:* als Wort gesprochene Abk. für Kindes- und Erwachsenenschutzbehörde

Kessel, *der; -s, -:* auch svw. Eimer

Kick-off, *der; -s, -s (Fussball):* Anstoss

Kinderabzug, *der; -[e]s, ...züge:* einem Steuerzahler bzw. einer Steuerzahlerin für jedes seiner bzw. ihrer Kinder gewährter Freibetrag

Kindergartenlehrer Kindergartenlehrerin, *der; -s, - bzw. die; -, -nen:* Kindergärtner(in)

Kindergärtler Kindergärtlerin, *der; -s, - bzw. die; -, -nen:* Kind, das einen Kindergarten besucht

Kinderhort, *der; -[e]s, -e:* auch svw. Kinderkrippe

Kinderhüeti Chinderhüetli, *die; -, Pl. ungebr. (mundartnah):* svw. Kinderhütedienst

Kinderhütedienst, *der; -[e]s, -e:* (privat oder öffentlich organisierte) Kinderbetreuung

Kinderzulage, *die; -, -n:* pro Kind berechneter finanzieller staatlicher Beitrag für Eltern (dtl. in anderer Bed.)

Kindes- und Erwachsenenschutzbehörde, *die; -, -n, abgekürzt KESB* oder *Kesb:* kantonale Behörde, die Beistandschaften, fürsorgerische Unterbringungen usw. anordnet und überwacht

kippen *<sw. V.> (salopp):* auch svw. entfernen, streichen, wegfallen

Kirchenpflege, *die; -, -n:* (in manchen Kantonen) Exekutive einer Kirchgemeinde

Kirchenpfleger Kirchenpflegerin, *der; -s, - bzw. die; -, -nen:* (in manchen Kantonen) Mitglied der Kirchenpflege (dtl. in anderer Bed.)

Kirchenrat, *der; -[e]s, ohne Pl.:* 1. (in manchen Kantonen) Exekutive der evangelisch-reformierten Landeskirche 2. (in einigen Kantonen) Exekutive einer Kirchgemeinde 3. **Kir-**

chenrat Kirchenrätin, *der; -[e]s, ...räte bzw. die; -, -nen:* (in manchen Kantonen) Mitglied der landeskirchlichen Exekutive 4. (in einigen Kantonen) Mitglied der Exekutive einer Kirchgemeinde

Kirchgemeinde, *die; -, -n:* ortskirchliche Verwaltungseinheit und ihre Mitglieder; dtl. Kirchengemeinde

Kirchgemeindehaus, *das; -es, ...häuser:* Gebäude im Besitz einer Kirchgemeinde, das für Unterrichts- u. Veranstaltungszwecke genutzt wird

Kirchgemeinderat, *der; -[e]s, ohne Pl.:* 1. (in einzelnen Kantonen) Exekutive einer Kirchgemeinde 2. **Kirchgemeinderat Kirchgemeinderätin,** *der; -[e]s, ...räte bzw. die; -, -nen:* (in einzelnen Kantonen) Mitglied der Exekutive einer Kirchgemeinde

Kirchgemeindeversammlung, *die; -, -en:* Zusammenkunft der stimm- und wahlberechtigten Mitglieder einer Kirchgemeinde zu Beschlussfassungen und Wahlen

Kirchmeier Kirchmeierin, *der; -s, - bzw. die; -, -nen:* (in einzelnen Kantonen) für das Finanzwesen zuständiges Exekutivmitglied einer Kirchgemeinde

Klageantwort, *die; -, -en (Recht):* svw. dtl. Klageerwiderung

Klägerschaft, *die; -, ohne Pl.:* [Partei der] Kläger(innen)

Klapf, *der; -[e]s, Kläpfe (mundartnah):* 1. Knall 2. Schlag, Ohrfeige. **auf einen Klapf:* auf einen Schlag 3. *(salopp)* Auto

Klappmeter, *der; -s, -:* zusammenklappbarer Stab mit Masseinteilung

Klassenchef Klassenchefin, *der; -s, -s bzw. die; -, -nen:* Mitschüler(in), der bzw. die die Interessen der Schulklasse gegenüber den Lehrpersonen vertreten soll; Klassensprecher(in)

Klassenlager, *das; -s, -:* mehrtägiger auswärtiger Aufenthalt von Schulklassen

Klassenzusammenkunft, *die; -, ...künfte:* Klassentreffen

klassieren, *sich <sw. V.> (Sport):* auch svw. rangieren

Klassierung, *die; -, -en (Sport):* auch svw. Rangierung

Klebband, *das; -[e]s, ...bänder:* Klebeband

Klebstreifen, *der; -s, -:* [durchsichtiger] Klebestreifen

Kleiderkasten, *der; -s, ...kästen:* Kleiderschrank

Kleinklasse, *die; -, -n:* auch svw. Schulklasse für Kinder mit Lernschwäche

Kletterfinken, *der; -s, -:* leichter Turnschuh zum Klettern

Klevner Clevner, *der; -s, -:* Blauburgunder, Pinot noir

Klöpfer, *der; -s, - (mundartnah):* Cervelat

Klotz, *der; -es, Klötze (derb, mundartnah):* auch svw. Geld

Klus, *die; -, -en:* enger Taldurchbruch durch eine Gebirgskette

Knabe, *der; -n, -n:* männliches Kind, Bub; dtl. Junge (dtl. nur gehoben oder scherzh.)

Knabenriege, *die; -, -n:* Knabenabteilung eines Turnvereins

Knacknuss, *die; -, ...nüsse:* schwer zu lösendes Problem

Kniesocke, *die; -, -n:* svw. Kniesocken

Kniesocken, *der; -s, -:* bis zum Knie reichende [gestrickte] Fussbekleidung; Strumpf

Knobli, *der; -s, -s (mundartnah):* Knoblauch

Knöpfli, *mundartnah* **Chnöpfli,** *nur Pl.:* in Wasser gekochte, kleine, ovale Stücke aus einem Mehl-Wasser-Eier-Teig; [eine Art] Spätzli

Knorz, *der; -es, -e/Knörze:* 1. Anstrengung, Plage 2. *(salopp)* [psychisches] Problem

knorzen *<sw. V.>:* sich abmühen, sich plagen

Kofferung, *die; -, -en:* ungebundene kiesige Fundationsschicht des Oberbaus von Strassen oder Gleistrassen; Koffer

Kollaudation, *die; -, -en:* amtliche Prüfung und Abnahme von Bauten wie Strassen, Bahnen, Brücken, Staumauern usw.

kollaudieren *<sw. V.>:* Bauten wie Strassen, Bahnen, Brücken, Staumauern usw. amtlich prüfen und abnehmen

Kollaudierung, *die; -, -en:* svw. Kollaudation

Kollege Kollegin, *der; -n, -n bzw. die; -, -nen:* auch svw. befreundete Person

Kollektivbillett, *das; -s, -s/-e:* svw. Gruppenbillett

Kollektivunterschrift, *die; -, -en:* Vertretungsmacht, die nur durch wenigstens zwei zeichnungsberechtigte Personen zugleich wahrgenommen werden kann

Kollokationsplan, *der; -[e]s, ...pläne:* von der Konkursverwaltung erstellte Aufstellung über die Konkursforderungen

Kölsch, *der; -[e]s, ohne Pl.:* [rot-weiss oder blauweiss] gewürfelter Baumwollstoff

Kommandant Kommandantin, *der; -en, -en bzw. die; -, -nen:* auch svw. Befehlshaber(in) eines militärischen Truppenverbandes (dtl. Kommandeur), einer Polizeibehörde, einer Einheit der Feuerwehr

Kommanditär Kommanditärin, *der; -s, -e bzw. die; -, -nen:* Gesellschafter(in), der bzw. die nur bis zur eingetragenen Kommanditsumme haftet; dtl. Kommanditist(in)

Kommissär Kommissärin, *der; -s, -e bzw. die; -, -nen:* 1. Beauftragte(r) einer Regierung [bei einer supranationalen Organisation]; Kommissar 2. Funktionsbezeichnung innerhalb der kantonalen Verwaltung (*Bienen-, Regierungs-, Steuer-, Weinbau-, Zivilkommissär* usw.) oder im Gerichtswesen 3. Beauftragte(r) einer [Sport]organisation 4. (im Kt. Basel-Stadt) ein Dienstgrad bei der Polizei; Kommissar

Kommission, *die; -, -en:* auch svw. parlamentarische Arbeitsgruppe, die vorbereitende, kontrollierende sowie Gesetzesentwürfe ausarbeitende Aufgaben wahrnimmt; dtl. [parlamentarischer] Ausschuss

Komposition, *die; -, -en:* auch svw. die Eisenbahnzug-, Wagenfolge

Kondukteur Kondukteurin Kondukteuse, *der; -s, -e bzw. die; -, -nen bzw. die; -, -n:* Kontrolleur(in), Verkäufer(in) und Entwerter(in) von Fahrkarten in der Eisen-, früher auch Strassenbahn; dtl. Schaffner(in)

Konf, *die; -, ohne Pl. (Kurzwort):* Konfirmation

Konfekt, *das; -[e]s, ohne Pl.:* Teegebäck (dtl. in anderer Bed.)

Konfitüre, *die; -, -n:* Brotaufstrich aus eingekochten Früchten oder Beeren (dtl. fachspr. oder in spezifischer Bed.); dtl. Marmelade

Konkordanz, *die ; -, ohne Pl.:* auch svw. Aufteilung der sieben Bundesratssitze auf die wichtigsten Parteien gemäss ihrer proportionalen Wählerstärke im nationalen Parlament, unter Respektierung des sprachlichen Gleichgewichts

Konkordanzdemokratie, *die; -, ohne Pl.:* in der Schweiz svw. Staatsform, die allen wesentlichen, im Parlament vertretenen politischen Kräften auch in der Exekutive ihren Einsitz zusichert; Ggs. zu parlamentarischer und zu präsidialer Demokratie

Konkordat, *das; -[e]s, -e:* auch svw. Staatsvertrag zwischen Kantonen

Konkubinat, *das; -[e]s, -e:* nichteheliche Lebensgemeinschaft. **im Konkubinat leben:* in Partnerschaft leben

konkurrenzieren <*sw. V.*>*:* 1. jmdn. konkurrieren 2. jmdm. Konkurrenz machen

Konkurrenzierung, *die; -, -en:* das Konkurrieren, Konkurrenzmachen

Konkurs. **Konkurs gehen:* in Konkurs gehen. **[über jmdn./etw.] den Konkurs verhängen:* verfügen, dass [über jmdn./etw.] ein Konkursverfahren eröffnet wird

konkursit *(prädikativ):* konkurs, bankrott

Konkursit Konkursitin, *der; -en, -en bzw. die; -, -nen:* Person oder Firma, die Konkurs gemacht hat

Konsulent Konsulentin, *der; -en, -en bzw. die; -, -nen:* [Fach]berater(in)

Konsultativabstimmung, *die; -, -en:* beratende Abstimmung ohne rechtsverbindlichen Charakter

Konsumation, *die; -, -en:* das Konsumieren (von Getränken und Speisen) gegen Entgelt

Konsumenteninformation, *die; -, -en:* Information über Güter und Dienstleistungen; dtl. Verbraucherinformation

Konsumentenschutz, *der; -es, ohne Pl.:* Gesamtheit der Massnahmen, die den Menschen in seiner Rolle als Bezüger von Gütern und Dienstleistungen schützen sollen; dtl. Verbraucherschutz

Kontaktheft, *das; -[e]s, -e:* Heft, in das Mitteilungen, Aufgaben, Noten und Absenzen von Schüler(innen) eingetragen und von den Eltern unterschrieben werden

Kontaktnahme, *die; -, -n:* Kontaktaufnahme

Kontrollschild, *das; -[e]s, -er:* amtliches Kennzeichen an Fahrzeugen; Nummernschild

Konvent, *der; -[e]s, -e:* auch svw. Gesamtheit der an einer Schule unterrichtenden Lehrer(innen) bzw. deren Konferenz

Koordinaten, *die; nur Pl.:* auch svw. Kontaktdaten

köpfeln <*sw. V.*>*:* 1. einen Kopfsprung ins Wasser machen 2. einen Kopfball spielen

Köpfler, *der; -s, -:* 1. Kopfsprung ins Wasser 2. Kopfball

Kopftor, *das; -[e]s, -e:* Kopfballtor

kopfvoran: kopfüber

Körnlipicker Körnlipickerin, *der; -s, - bzw. die; -, -nen (abwertend):* Vegetarier(in)

Korporal, *der; -[e]s, ...äle:* niedrigster Unteroffiziersgrad beim Militär, der Polizei und der Feuerwehr

Korporation, *die; -, -en:* auch svw. privatrechtliche oder (in der Innerschweiz und in den Kt. Glarus und St. Gallen) öffentlich-rechtliche Personengenossenschaft, deren Aufgabe in der Verwaltung und Nutzung von Korporationsgütern (Wald, Allmend, Alp), Bewahren von kulturellen Einrichtungen (Bibliotheken) oder im Anbieten öffentlicher Dienstleistungen (Wasserversorgung, Strassenbeleuchtung) besteht; Teilsame

Korporationsgemeinde, *die; -, -n:* svw. (öffentlich-rechtliche) Korporation

Korrektion, *die; -, -en:* Ausbau, Verbreiterung, Begradigung und ähnliche Ausbesserungen (von Strassen und Gewässern)

Kostendach, *das; -s, ...dächer:* Kostenrahmen

kotieren <*sw. V.*>*:* (ein Wertpapier) an der Börse für den freien Handel zulassen; notieren

Krachen, *der; -s, - (mundartnah):* sehr abgelegener Ort

Krachsalat, *der; -[e]s, -e (Pl. ungebr.):* Salatsorte, deren hellgrüne, knackige Blätter einen festen Kopf bilden; dtl. Eissalat

krampfen <*sw. V.*> *(salopp):* auch svw. hart arbeiten; schuften

Krankenheim, *das; -[e]s, -e:* Institution zur Pflege von Betagten und Langzeitpatienten; Pflegeheim

Kranz, *der; -es, Kränze:* auch svw. Siegeszeichen in Form eines Kranzes (bes. beim Schwingen)

Kranzabzeichen, *das; -s, -:* Abzeichen für das Erreichen des [Punkte]limits in einem Turn- oder Schützenwettkampf

Kränzchen. **jmdm. ein Kränzchen winden:* jmdn. loben

Krapfen, *der; -s, -:* süss oder pikant gefüllte Blätterteigtasche

Kratten, *der; -s, Krätten:* handlicher, tiefer Weidenkorb

Kräuel, *der; -s, -:* leichte Hacke mit dünnen Zinken und langem Stiel

Krautstiel, *der; -s, -e:* eine Mangoldart, svw. dtl. Stielmangold

Krautwickel, *der; -s, -:* mit fein zerkleinertem Fleisch gefüllte, zusammengerollte Blätter vom Kraut

Kräze, *die; -, -n (regional):* Rückentragkorb

Kredit, *der; -s, -e:* auch svw. von einer öffentlich-rechtlichen Körperschaft gesprochener Geldbetrag zur Finanzierung eines [Bau]projektes

Kreisgericht, *das; -[e]s, -e:* (im Kt. St. Gallen) erstinstanzliches Gericht

Kreiskommando, *das; -s, -s:* regionale militärische Zentralstelle

Kreisschreiben, *das; -s, -:* Rundschreiben, Zirkular

Kreisvortritt, *der; -[e]s, -e:* Recht, im Kreisverkehr vor einem rechts heranfahrenden Fahrzeug durchzufahren

Kremation, *die; -, -en:* Einäscherung, Kremierung

kremieren <*sw. V.*>*:* einäschern

Krete, *die; -, -n:* Grat, Geländekamm

kreuzfalsch *(salopp):* völlig falsch

Kronfavorit Kronfavoritin, *der; -en, -en bzw. die; -, -nen:* Topfavorit(in)

Kropf. **den Kropf leeren:* alles Bedrückende und Verärgernde aussprechen und sich dadurch erleichtern

Kropfleerete Chropfleerete, *die; -, -n (mundartnah):* offenes Aussprechen von Problemen und Ärgernissen

krüppeln <*sw. V.*> *(derb, mundartnah):* [körperlich] hart arbeiten; schuften

Kübelmann, *der; -[e]s, ...männer (mundartnah):* Angestellter der Kehrichtabfuhr

Küfer Küferin, *der; -s, - bzw. die; -, -nen:* Person, die berufsmässig Behälter aus Holz (bes. Fässer) herstellt; dtl. Böttcher(in)

Kugelstösser Kugelstösserin, *der; -s, - bzw. die; -, -nen:* Person, die Kugelstossen als sportliche Disziplin betreibt

Kuhnagel, *der; -s, ohne Pl.:* prickelnder Schmerz an Fingern oder Zehen, die sich beim Aufwärmen nach Frosteinwirkung bemerkbar macht

Kulturschaden, *der; -s, ...schäden:* Flurschaden

künden <*sw. V.*>*:* auch svw. einen [Arbeits]vertrag auflösen; kündigen

Kundenmaurer Kundenmaurerin, *der; -s, - bzw. die; -, -nen:* Maurer(in), der bzw. die direkt von Kund(inn)en Aufträge für kleine Arbeiten ausführt

Kunst, *die; -, ohne Pl.:* auch svw. [von der Küche aus] mit Holz beheizter Kachelofen mit Ofenbank, auch die Ofenbank selbst

Kursgeld, *das; -[e]s, ...gelder:* Kursgebühr

Kurskosten, *die; nur Pl.:* Kursgebühr

Kurslokal, *das; -[e]s, -e:* Raum, in dem ein Kurs stattfindet

Kurverein, *der; -[e]s, -e:* Tourismusverband

Kurzaufenthalter Kurzaufenthalterin, *der; -s, - bzw. die; -, -nen:* Person aus dem Ausland, die für eine bestimmte, begrenzte Zeit in der Schweiz erwerbstätig sein darf

KV, *das; -, ohne Pl.:* Berufslehre zum Kaufmann bzw. zur Kauffrau (eigentlich Abk. für den verantwortlichen «Kaufmännischen Verein Schweiz»)

KVA, *die; -, -s:* Abk. für Kehrichtverbrennungsanlage

L

Lachen. **jmdm. ist es nicht ums Lachen:* jmdm. ist es nicht zum Lachen zumute

Läckerli s. Leckerli

Ladebrücke, *die; -, -n:* offene Ladefläche eines Fahrzeugs

lädelen <*sw. V.*> *(mundartnah):* gemütlich von Geschäft zu Geschäft gehen und da und dort etwas kaufen; shoppen

Lädeli, *das; -s, -:* kleines Geschäft, in dem Lebensmittel und Gegenstände des täglichen Bedarfs verkauft werden; Quartierladen; dtl. Tante-Emma-Laden

Lädelisterben, *das; -s, ohne Pl.:* das Verdrängtwerden von [kleinen] Detailgeschäften durch Grossverteiler

lafern <*sw. V.*> *(mundartnah):* schwafeln

Laffe, *die; -, -n:* Schulterstück vom Rind, Schwein, Reh usw.; dtl. Bug

Lagerhaus, *das; -es, ...häuser:* auch svw. Unterkunft für Personen, die an einem [Klassen]lager teilnehmen

Lämpen, *die; nur Pl. (mundartnah):* Auseinandersetzungen, Streitereien

lancieren <*sw. V., frz.*>*:* auch svw. (ein politisches Vorhaben, insbes. eine Volksinitiative) in die Wege leiten

Landabtausch, *der; -[e]s, ohne Pl.:* Tausch von Grundstücken

Landammann, *der; -[e]s, ...ammänner:* 1. (in manchen Kantonen) Präsident der Kantonsregierung; svw. Regierungspräsident 2. (im Kt. Graubünden) Präsident des Kreisrates

Landeshymne, *die; -, -n:* Nationalhymne

Landesindex. **Landesindex der Konsumentenpreise:* Preisindex

Landeskanzlei, *die; -, ohne Pl.:* (im Kt. Basel-Landschaft) zentrale Stabsstelle von Regierung und Parlament

Landeskarte, *die; -, -n:* offizielles Landkartenwerk der Schweiz

Landesstatthalter Landesstatthalterin, *der; -s, - bzw. die; -, -nen:* (in einigen Kantonen) Stellvertreter(in) des Landammanns bzw. der Frau Landammann

Landgericht, *das; -[e]s, -e:* (im Kt. Uri) erstinstanzliches Gericht

Landi, *die; -, -:* 1. von den Bauern gegründete Verkaufsorganisation 2. Landesausstellung (insbes. die Landesausstellung von 1939)

Landkanton, *der; -[e]s, -e:* ländlich geprägter Kanton

Ländler, *der; -s, -:* volkstümliches [Instrumental]musikstück

Ländlerkapelle, *die; -, -n:* Volksmusikgruppe

Ländlermusik, *die; -, ohne Pl.:* volkstümliche [Instrumental]musik

Landrat, *der; -[e]s, ...räte:* (in einigen Kantonen) 1. Parlament, Legislative des Kantons 2. **Landrat** *bzw.* **Landrätin;** *der, -[e]s, ...räte bzw. die; -, -nen:* Mitglied des Parlaments (dtl. in anderer Bed.)

Landrecht, *das; -[e]s, ohne Pl.:* (in beiden Appenzell) Kantonsbürgerrecht

Landschaden, *der; -s, ...schäden:* Flurschaden

Landschäftler Landschäftlerin, *der; -s, - bzw. die; -, -nen:* Person, die im Kanton Basel-Landschaft wohnt oder aus diesem Kanton stammt

Landschreiber Landschreiberin, *der; -s, - bzw. die; -, -nen:* (in einigen Kantonen) Leiter(in) der zentralen Stabsstelle von Regierung und Parlament

Landsgemeinde, *die; -, -n:* (in den Kt. Appenzell Innerrhoden und Glarus) Versammlung der Stimmberechtigten des Kantons, um Gesetze zu erlassen und (in Appenzell Innerhoden) Wahlen vorzunehmen

Landsgemeindemandat, *das; -s, -e:* (im Kt. Appenzell Innerrhoden) Traktandenliste und Abstimmungsbotschaft zuhanden der Landsgemeinde

Landstatthalter Landstatthalterin, *der; -s, - bzw. die; -, -nen:* (in einzelnen Kantonen) svw. Landesstatthalter(in)

Landumlegung, *die; -, -en:* Tausch von gleichwertigen Grundstücken

Landweibel Landweibelin, *der; -s, - bzw. die; -, -nen:* (in einigen Kantonen) Amtsdiener(in) von Regierung und Parlament

langfädig: weitschweifig, langatmig

large *<frz.>:* grosszügig, freizügig

lärmig: laut, lärmend

Lastenzug, *der; -[e]s, ...züge:* Lastzug

Lattich, *der; -s, -e:* auch svw. Salatsorte mit dunkelgrünen länglichen Blättern mit saftigem Stiel, svw. dtl. Bindesalat

Lättlirost, *der; -[e]s, -e (mundartnah):* Lattenrost

Laubflecken, *die; nur Pl. (mundartnah):* Sommersprossen

Laufmeter, *der; -s, -:* Meter an einem Stück; dtl. laufender Meter

Lavabo, *das; -s, -s:* auch svw. Waschbecken

Leader, *der; -s, -:* im Sport auch svw. Tabellenführer

Lebensmittelinspektor Lebensmittelinspektorin, *der; -s, -en bzw. die; -, -nen:* Mitarbeiter(in) der Lebensmittelpolizei bzw. des kantonalen Labors

Lebensmittelinspektorat, *das; -[e]s, -e:* kantonale Behörde, die für Lebensmittelkontrollen zuständig ist

Lebensmittelpolizei, *die; -, ohne Pl.:* Behörde, die für Märkte und Lebensmittelkontrollen zuständig ist

Leberli, *die; nur Pl. (mundartnah):* Leber (als Speise)

Lebhag, *der; -[e]s, ...häge:* Hecke

Lebware, *die; -, ohne Pl.:* svw. Viehhabe

Leckerli Läckerli, *das; -s, -:* kleines, rechteckiges Lebkuchen- (Basel, Appenzell, Toggenburg) oder Marzipangebäck (Zürich)

Ledig[en]name, *der; -s, -n:* Familienname einer Person vor ihrer Verheiratung

Ledischiff, *das; -[e]s, -e:* flaches Lastschiff (auf dem Bodensee und Zürichsee)

Leermond, *der; -[e]s, Pl. ungebr.:* Neumond

Leerschlag, *der; -[e]s, ...schläge:* Abstand, der sich (bei Schreibmaschine, Computer u. Ä.) durch Betätigung der Leertaste ergibt; dtl. Leerschritt

Legi, *die; -, -s (Kurzwort):* Legitimationsausweis; insbes. Schüler-, Studentenausweis

legiferieren *<sw. V.>:* Gesetze erlassen

Legitimationsausweis, *der; -[e]s, -e:* Personalausweis

Lehrabgänger Lehrabgängerin, *der; -s, - bzw. die; -, -nen:* Person, die kürzlich eine Berufslehre abgeschlossen hat

Lehrabschluss, *der; -es, ...schlüsse:* abgeschlossene Ausbildung in einem Handwerk oder Gewerbe

Lehrabschlussprüfung, *die; -, -en:* Prüfung als Abschluss einer Berufsausbildung

Lehrabschlusszeugnis, *das; -ses, -se:* amtliche Bescheinigung über eine abgeschlossene Lehre

Lehrblätz Lehrplätz, *der; -es, -e (mundartnah):* Erlebnis, Erfahrung, woraus man lernt

Lehrdiplom, *das; -s, -e:* svw. Lehrerpatent

Lehrerdiplom Lehrerinnendiplom, *das; -s, -e bzw., das; -s, -e:* svw. Lehrerpatent

Lehrerkonvent, *der; -[e]s, -e:* Gesamtheit der an einer Schule unterrichtenden Lehrer(innen) bzw. deren Konferenz

Lehrerpatent, *das; -[e]s, -e:* staatliche Bewilligung zur Ausübung des Berufs eines Lehrers bzw. einer Lehrerin

Lehrlingslohn, *der; -[e]s, ...löhne:* Lohn eines Lehrlings

Lehrpatent, *das; -[e]s, -e:* svw. Lehrerpatent

Lehrplätz s. Lehrblätz

Lehrtochter, *die; -, ...töchter:* weiblicher Lehrling

Leibblatt, *das; -[e]s, ...blätter:* bevorzugte Zeitung (einer Person)

Leibchen, *das; -s, -:* 1. [ärmelloses] Hemd, das unter der Kleidung getragen wird; Unterhemd 2. T-Shirt 3. Trikot der Sportler

Leichenmahl, *das; -[e]s, ...mahle/...mähler:* svw. Leidmahl

Leidkarte, *die; -, -n:* Trauerkarte

Leidmahl, *das; -[e]s, ...mähler:* Essen nach einem Begräbnis im Gedenken an den Verstorbenen bzw. die Verstorbene; Leichenschmaus

Leidzirkular, *das; -s, -e:* (mit der Post verschickte) gedruckte Todesanzeige

Leintuch, *das; -[e]s, ...tücher:* svw. dtl. Betttuch, [Bett]laken

Leist, *der; -s, -e:* (in der Stadt Bern) svw. Quartierverein

Leistungsauftrag, *der; -[e]s, ...aufträge:* Auftrag von einer Behörde, bestimmte Dienstleistungen zu erbringen

Leistungsausweis, *der; -es, -e:* informeller oder formeller Nachweis, dass jmd. etw. geleistet hat; dtl. Leistungsnachweis

Leiterkurs, *der; -es, -e:* Lehrgang für angehende Leiter und Leiterinnen von Sportgruppen

Leiterteam, *das; -s, -s:* Gruppe leitender Personen

Leitschranke, *die; -, -n:* Leitplanke

Lenker Lenkerin, *der; -s, - bzw. die; -, -nen:* auch svw. Person, die ein motorbetriebenes Fahrzeug steuert; dtl. Fahrer(in)

Lernfahrausweis, *der; -es, -e:* Ausweis, der dazu berechtigt, das Autofahren zu erlernen

Lernfahrer Lernfahrerin, *der; -s, - bzw. die; -, -nen:* Fahrschüler(in)

letztklassiert: letztplatziert in einem Wettkampf

liefern <*sw. V.*>. **liefern statt lafern (salopp):* etw. leisten statt nur daherreden

Liegenschaftssteuer, *die; -, -n:* (in manchen Kantonen) Abgabe, die auf Grundbesitz, Gebäude und Wohnungen erhoben wird

Ligaerhalt, *der; -[e]s, ohne Pl. (Sport):* Verbleib in der Spielklasse; Nichtabstieg

Limite, *die; -, -n:* Limit

lindengrün: lindgrün

Lingerie, *die; -, -n:* auch svw. Wäschekammer, -zimmer

Lismer, *der; -s, - (mundartnah):* Strickjacke

Littering, *das; -/-s, ohne Pl.:* Wegwerfen und Liegenlassen von Müll im öffentlichen Raum

lobbyieren <*sw. V.*>*:* Lobbyismus betreiben

Logiernacht, *die; -, ...nächte:* Hotelübernachtung

Lohnausweis, *der; -es, -e:* vom Arbeitgeber bzw. von der Arbeitgeberin auszustellende Bescheinigung als Grundlage zur Berechnung der Einkommenssteuer

Lohnklasse, *die; -, -n:* Gehaltsklasse; dtl. Besoldungsgruppe

Lohnprozent, *das; -[e]s, -e:* Prozent des Bruttolohnes, das für gesetzliche Sozialversicherungen vor der Auszahlung abgezogen wird

lohnrelevant: massgeblich für die Bemessung bzw. Höhe des Gehalts

Lokalgespräch, *das; -s, -e:* Ortsgespräch

Lokaltarif, *der; -s, -e:* Ortstarif

Lokalwährung, *die; -, -en:* Währung des Staates, in dem eine Niederlassung eines international tätigen Unternehmens tätig ist

lottern <*sw. V.*>*:* lose sein, aus den Fugen gehen (dtl. in anderer Bed.)

Lottomatch, *der; -[e]s, -e[s]:* öffentliche Spielveranstaltung (meist in einem Restaurant), bei dem mit dem Gesellschaftsspiel Lotto Preise gewonnen werden können

Luftibus, *der; -/-ses, -se:* leichtlebiger, unzuverlässiger Mensch; dtl. Luftikus

Lukarne, *die; -, -n:* Dachgaube

lüpfig *(mundartnah):* beschwingt

M

Mädchenriege, *die; -, -n:* Mädchenabteilung eines Turnvereins

Magaziner Magazinerin, *der; -s, - bzw. die; -, -nen:* Magazinarbeiter(in)

Magenbrennen, *das; -s, ohne Pl.:* Sodbrennen

Magenbrot, *das; -[e]s, ohne Pl.:* in kleine Stücke geschnittenes, mit einer Zucker- und Kakaoglasur überzogenes Lebkuchengebäck

Magistrat Magistratin, *der; -en, -en bzw. die; -, -nen:* svw. Magistratsperson

Magistratsperson, *die ; -, -en:* Inhaber(in) eines der höchsten Ämter in Bund und Kanton

Mahd, *die; -, -en:* 1. das Mähen 2. das gemähte Gras, Zeile gemähten Grases

Mahnfinger, *der; -s, -:* zur Mahnung erhobener Zeigefinger. **den Mahnfinger erheben:* mahnen, warnen

Maibummel, *der; -s, -:* Frühlingsausflug im Mai (von Schulklassen und Vereinen)

Maien, *der; -s, - (mundartnah):* Blumenstrauss, bes. von Feldblumen

Maienriesli, *das; -s, - (mundartnah):* Maiglöckchen

Maiensäss, *das; -es, -e:* 1. Bergweide, auf der das Vieh im Frühling weidet 2. Wohngebäude und Stall auf einer solchen Bergweide

Maiglöcklein, das; *-s, -:* Maiglöckchen

Maikäfer. **strahlen wie ein Maikäfer:* sich sichtlich freuen

Mailänderli, *das; -, -:* mit Ei bestrichenes Weihnachtsgebäck aus Mehl, Zucker und Butter

Majorz, *der; -es, ohne Pl.:* Mehrheitswahlsystem

Manchester, *der; -s, ohne Pl.:* geripptes Baumwollgewebe

Mange, *die; -, -n:* [grössere] Bügelmaschine; Mangel

mangen *<sw. V.>:* [grössere] Wäschestücke mit einer Mange glattpressen

Manifestant Manifestantin, *der; -en, -en bzw. die; -, -nen:* Demonstrant(in); Teilnehmer(in) an einer Kundgebung

Manifestation, *die; -, -en:* auch svw. politische Kundgebung

manifestieren *<sw. V.>:* auch svw. demonstrieren; an einer Kundgebung teilnehmen

Männerriege, *die; -, -n:* Abteilung eines Turnvereins, bestehend aus Männern ab ca. 35 Jahren

männiglich: jedermann

Manus, *das; -, - (Kurzwort):* Manuskript

Marchstein, *der; -[e]s, -e:* Markstein

Marchzins, *der; -es, -en:* Zins, der seit dem letzten Zinstermin bis zum Kauf- bzw. Verkaufsdatum fällig ist; dtl. Stückzins

Marktfahrer Marktfahrerin, *der; -s, - bzw. die; -, -nen:* Person, die auf Märkten Waren verkauft; Marktverkäufer(in)

Marktleader Marktleaderin, *der; -s, - bzw. die; -, -nen:* Marktführer(in)

Märli, *das; -s, - (mundartnah):* Märchen

Marroni, *die; -, - (meist Pl.):* [geröstete] Kastanie

Marschhalt, *der; -[e]s, -e:* 1. Rast auf langen Märschen 2. [Denk]pause

Marschzeit, *die; -, -en:* Zeit, die für einen Fussmarsch oder eine Wanderung gebraucht wird

Märzenflecken, *der; -s, - (meist Pl.; mundartnah):* Sommersprosse

Märzenglöckchen, *das; -s, -:* Frühlingsknotenblume; dtl. Märzenbecher

Masche, *die; -, -n:* auch svw. 1. Haarband 2. Verknotung zweier Bänder mit zwei Schlingen (bei Schuhen, Verpackungen usw., im Ggs. zum festen Knoten); dtl. je Schleife

Maschinenmechaniker Maschinenmechanikerin, *der; -s, - bzw. die; -, -nen:* Mechaniker(in), der bzw. die Maschinen aller Art wartet und repariert

Massenlager, *das; -s, -:* einfacher Schlafraum für mehrere Personen; Matratzenlager

Massnahmenvollzug, *der; -s, ohne Pl.:* Vollzug einer vom Richter angeordneten Massnahme in einer geeigneten Einrichtung

mastig: 1. schwer verdaulich 2. feucht und üppig; fett (von Pflanzen, Wiesen)

Matchuhr, *die; -, -en:* Uhr zur Anzeige der gespielten Zeit eines sportlichen Wettkampfes

Matte, *die; -, -n (mundartnah):* Wiese

Matur, *die; -, -en:* svw. Matura

Matura, *die; -, ohne Pl.:* Prüfung bzw. Schulabschluss zur Erlangung der Hochschulreife; dtl. Abitur

Maturand Maturandin, *der; -en, -en bzw.*

die; -, -nen: Person, die die Matur ablegt oder kürzlich abgelegt hat; dtl. Abiturient(in)

Maturazeugnis, *das; -ses, -se:* svw. Maturitätszeugnis

Maturität, *die; -, -en (formell):* svw. Matura

Maturitätsschule, *die; -, -n:* Schule, die auf erstem oder zweitem Bildungsweg zur Hochschulreife führt

Maturitätszeugnis, *das; -ses, -se:* Zeugnis über die bestandene Maturität

Maturzeugnis, *das; -ses, -se:* svw. Maturitätszeugnis

Mausmatte, *die; -, -n:* Unterlage, auf der die Computermaus bewegt wird; Mousepad

mausarm: sehr arm; arm wie eine Kirchenmaus

Maximalnote, *die; -, -n:* Höchstnote

Medienkonferenz, *die; -, -en:* Pressekonferenz

Medienmitteilung, *die; -, -en:* Pressemitteilung

Medienorientierung, *die; -, -en:* Pressekonferenz

Meerrettichschaum, *der; -[e]s, ohne Pl.:* mit [geschlagenem] Süssrahm vermischter geriebener Meerrettich

Mehr, *das; -s, ohne Pl.:* auch svw. Stimmenmehrheit

mehrbesser *(iron.):* besser als andere(s). Substantiviert **Mehrbessere,** *der bzw. die; -n, -n (iron.):* Angehörige(r) der Oberschicht oder des Geldadels

Meitli oder **Meitschi,** *das; -s, - (mundartnah):* Mädchen

Memorial, *das; -s, -e:* (im Kt. Glarus) Traktandenliste und Abstimmungsbotschaft zuhanden der Landsgemeinde

Menu, *das; -s, -s <frz.>:* Speisenfolge; Menü

Menukarte, *die; -, -n:* Speisekarte

Mercerie, *die; -, ohne Pl. <frz.>:* 1. Nähzubehör; dtl. Kurzwaren 2. Geschäft für Nähzubehör; dtl. Kurzwarenhandlung

merci *(mundartnah) <frz.>:* danke

Meringue, *die/das; -/-s, -s <frz.>:* Gebäck aus Eischnee und Zucker

Meringueschale, *die; -, -n:* schalenförmig gebackene[s] Meringue

Mesmer Mesmerin, *der; -s, - bzw. die; -, -nen (Ostschweiz):* Betreuer(in) des Gottesdienstes und Hauswart(in) der kirchlichen Liegenschaften

Metzg, *die; -, -en (mundartnah):* Metzgerei

metzgen *<sw. V.>:* 1. schlachten 2. *(mundartnah; reflexiv)* eine Situation oder Aufgabe trotz schwieriger Voraussetzungen meistern

Metzger Metzgerin, *der; -s, - bzw. die; -, -nen:* Person, die Vieh schlachtet, zu Fleisch- und Wurstwaren verarbeitet und verkauft; dtl. amtlich Fleischer(in)

Metzgete, *die; -, -n:* 1. traditionelles Schlachten auf dem eigenen Hof mit anschliessendem Essen 2. Schlachtplatte

MFK, *die; -, -(s):* Abk. für Motorfahrzeugkontrolle

Milchbüchleinrechnung, *die; -, -en:* Milchmädchenrechnung

Milchkasten, *der; -s, ...kästen:* Kasten unter dem Briefkasten, in dem Gegenstände [die abgeholt oder mitgebracht werden] deponiert werden können

Milchzentrale, *die; -, -n:* 1. Molkerei, Käserei 2. industrieller Milchverarbeitungsbetrieb

Milieu, *das; -s, -s:* auch svw. Lebensbereich der Prostituierten und Zuhälter

Militärinstruktor Militärinstruktorin, *der; -s, -en bzw. die; -, -nen:* Führungs- und Lehrperson in der Schweizer Armee

Militärpflichtersatz, *der; -es, ohne Pl.:* jährliche Abgabe, die bei allen militärdienstpflichtigen Schweizer Männern erhoben wird, die ihrer Militärdienstpflicht nicht nachkommen können

Milizsystem, *das; -s, -e:* politisches System der Schweiz, in dem öffentliche Ämter und der Dienst in der Armee in der Regel neben einem privaten Beruf ausgeübt werden

Milke, *die; -, -n:* Gericht aus der Thymusdrüse des Kalbes; Bries

Mineral, *das; -s, ohne Pl.:* auch kurz für Mineralwasser

Minergie®: schweizerischer Energiestandard für Niedrigenergiehäuser

minim: minimal

Minne. **in Minne:* in gegenseitigem Einvernehmen, ohne Streit, in Frieden

mischeln *<sw. V.>:* 1. [Karten] mischen

2. *(mundartnah)* etw. mit unlauteren Mitteln arrangieren, bewerkstelligen

Misstritt, *der; -[e]s, -e:* Fehltritt

Mist. **der Mist ist geführt:* etw. ist gelaufen, erledigt

Mistkratzerli, *das; -s, - (mundartnah):* gebratenes junges Huhn

Miststock, *der; -[e]s, ...stöcke:* Misthaufen

Mitgliederbeitrag, *der; -[e]s, ...beiträge:* Beitrag, der für die Mitgliedschaft in einem Verein oder einer Partei zu bezahlen ist; dtl. Mitgliedsbeitrag

Mitgliedland, *das; -[e]s, ...länder:* svw. Mitgliedsland

mitmischeln *<sw. V.> (mundartnah):* mitmischen

Mitrailleur, *der; -s, -e:* Maschinengewehrschütze

Mittagslunch, *der; -[e]s, -s:* Lunch

Mitte. **Mitte Jahr:* in der Mitte des Kalenderjahres

Mittelland, *das; -[e]s, ohne Pl.:* der vergleichsweise flache Teil der Schweiz zwischen Jura und Voralpen

Mittelschule, *die; -, -n:* Gymnasium (dtl. in anderer Bed.)

Mocken, *der; -s, -/Möcken (mundartnah):* Brocken, dickes Stück

Modeschau, *die; -, -en:* svw. dtl. Modenschau

Mofalenker Mofalenkerin, *der; -s, - bzw. die; -, -nen:* Mofafahrer(in)

Moos, *das; -es, -e/Möser:* Moor, Sumpf

Morgenessen, *das; -s, -:* Frühstück

Most, *der; -[e]s, -e (salopp):* auch svw. Treibstoff, Sprit

Mostbröckli, *das; -s, -:* gewürztes, luftgetrocknetes [Rind]fleisch

mosten *<sw. V.>:* Äpfel od. Birnen zu Saft pressen

Motion, *die; -, -en:* auch svw. parlamentarischer Auftrag an die Regierung (des Bundes, eines Kantons oder einer Gemeinde), einen Erlassentwurf vorzulegen oder eine Massnahme zu treffen

Motionär Motionärin, *der; -s, -e bzw. die; -, -nen:* Person, die eine Motion einreicht

Moto, *das; -s, -s (Kurzwort):* Motor(fahr)rad

Motorfahrzeug, *das; -[e]s, -e:* motorbetriebenes Fahrzeug

Motorfahrzeugkontrolle, *die; -, -n:* Amt, in dem Motorfahrzeuge auf ihre Verkehrstauglichkeit geprüft werden

Motorfahrzeugsteuer, *die; -, -n:* für das Halten und Benutzen eines Motorfahrzeugs erhobene Steuer

Mottbrand, *der; -[e]s, ...brände:* Schwelbrand

motten *<sw. V.>:* schwelen, glimmen

Mousseline, *die; -, ohne Pl.:* feines Baumwoll- oder Wollgewebe

Müesli, *das; -s, -:* Speise aus rohem Obst, Milch oder Joghurt und Getreideflocken; dtl. Müsli

muff *(mundartnah):* schlecht gelaunt; mürrisch

Muni, *der; -s, - (mundartnah):* Zuchtstier

Münz, *das; -es, ohne Pl.:* Kleingeld

Murgang, *der; -[e]s, ...gänge:* Schlamm- und Schuttlawine

Murks, *der; -es, ohne Pl. (abwertend):* Kraftakt (dtl. in anderer Bed.)

murksen *<sw. V.> (abwertend):* mit Gewalt bearbeiten (dtl. in anderer Bed.)

Musikdose, *die; -, -n:* Spieldose

Musikgehör. **kein Musikgehör für etw. haben:* für etw. nicht empfänglich sein, etw. nicht hören bzw. wissen wollen

Musikgesellschaft, *die; -, -en:* Blaskapelle

Müsterchen, *das; -s, -:* 1. Beispiel 2. bezeichnende Begebenheit; Anekdote

Mutation, *die; -, -en:* auch svw. Änderung im Mannschafts-, Personal- oder Mitgliederbestand

Mutschli, *das; -s, - (mundartnah):* kleines, rundes Milchgebäck

N

Nachachtung. **Nachachtung finden:* befolgt werden, von einem Beschluss, einer Regel o. Ä. **etw. Nachachtung verschaffen:* dafür sorgen, dass ein Beschluss, eine Regel o. Ä. befolgt wird

Nachdiplomkurs, *der; -es, -e:* Weiterbildung für Personen, die schon ein [Berufs]diplom besitzen

Nachdiplomstudium, *das; -s, ...studien:* zusätzliches Studium; Aufbaustudium

nachdoppeln *<sw. V.>:* erneut versuchen; wiederholen; dasselbe betonen

nachführen *<sw. V.>:* Verzeichnisse, [Gesetzes]-sammlungen und Nachschlagwerke auf den neuesten Stand bringen; aktualisieren

Nachlassstundung, *die; -, -en:* Frist, die einem in finanziellen Schwierigkeiten stehenden Schuldner gewährt wird, um einen Nachlassvertrag mit den Gläubigern auszuhandeln

Nachlassverfahren, *das; -s, -:* Verfahren, das bei drohender Zahlungsunfähigkeit eines Schuldners den Nachlass zwischen Schuldner und Gläubigern regelt, um einen Konkurs zu vermeiden (dtl. in anderer Bed.)

Nachlassvertrag, *der; -[e]s, ...träge:* unter richterlicher Mitwirkung entstandener Vertrag zwischen Schuldner und Gläubigern, durch den die wirtschaftliche Existenz des Schuldners saniert wird

Nachsteuer, *die; -, -n:* bei zu niedrig angesetzter Verfügung durch die Steuerbehörde nachträglich erhobene Steuern

Nacht. **zu Nacht essen:* zu Abend essen

Nachtbuben, *die; nur Pl. (mundartnah):* Gruppe männlicher Jugendlicher, die in der Nacht Streiche spielt

nachtessen *(nur im Infinitiv und im 2. Partizip):* zu Abend essen

Nachtessen, *das; -s, -:* Abendessen

Nachthafen, *der; -s, ...häfen:* Nachttopf

Nachtragskredit, *der; -[e]s, -e (Politik):* Kredit, der aufgrund von Mehrausgaben zusätzlich zum bestehenden Budget benötigt wird

Narrenbein, *das; -[e]s, -e:* Stelle am Ellbogen, die bei Stössen einen heftigen, rasch abklingenden Schmerz verursacht; dtl. Musikknochen

Nasenvelo, *das; -s, -s (scherzh.):* Brille

Nastuch, *das; -[e]s, ...tücher:* Taschentuch

Natel, *das; -s, -s:* Mobiltelefon, Handy

Nati, *die; -, -s (Kurzwort):* Nationalmannschaft

Nationalbank, *die; -, ohne Pl.:* zentrale Notenbank der Schweiz

Nationalcoach, *der; -[e]s, -s:* Trainer der Nationalmannschaft

Nationalrat, *der; -[e]s, ...räte:* 1. die proportional zur Bevölkerung der Kantone zusammengesetzte Kammer der Bundesversammlung 2. **Nationalrat Nationalrätin,** *der; -[e]s, ...räte bzw. die; -, -nen:* Mitglied des Nationalrates

nationalrätlich: zum Nationalrat gehörend, ihn betreffend

Nationalratspräsident Nationalratspräsidentin, *der; -en, -en bzw. die; -, -nen:* Präsident(in) des Nationalrats

Nationalstrasse, *die; -, -n:* Strasse (meist Autobahn), für deren Bau und Unterhalt der Bund zuständig ist

Nationaltrainer Nationaltrainerin, *der; -s, - bzw. die; -, -nen:* Trainer(in) der Nationalmannschaft

Naturalgabe, *die; -, -n:* svw. Naturalpreis

Naturalpreis, *der; -es, -e:* Preis, der nicht in Form von Geld ausbezahlt wird

Naturstrasse, *die; -, -n:* nicht asphaltierte Strasse

Nauen, *der; -s, -:* grosses, flaches Lastschiff

Necessaire, *das; -s, -s:* Toilettentasche

Nell, *das; -s, -e:* zweithöchste Trumpfkarte beim Jass

Netzli, *das; -s, -:* Verpackung aus einem Netz (für Früchte und Gemüse)

Neubaute, *die; -, -n (formell):* neu errichtetes Gebäude; Neubau

Neulenker Neulenkerin, *der; -s, - bzw. die; -, -nen:* Person, die erst kurze Zeit im Besitz des Führerausweises ist

Neuzuzüger Neuzuzügerin, *der; -s, - bzw. die; -, -nen:* Person, die sich neu in einer Gemeinde niedergelassen hat

Nichtbauzone, *die; -, -n:* Landreserve einer Gemeinde, die nicht bebaut werden darf

Nichteintreten, *das; -s, ohne Pl.:* auch svw. Nichtbehandlung eines Erlassentwurfs durch das Parlament

Nidel, *der/die; -s/-, ohne Pl. (mundartnah):* 1. Süssrahm in flüssiger Form 2. Süssrahm in steif geschlagener Form

niedergelassen: auch svw. in einer Gemeinde seinen/ihren festen Wohnsitz habend

Niedergelassene, *der/die; -n, -n:* 1. Schweizer(in)oder Ausländer(in), der bzw. die in einer Gemeinde seinen/ihren festen Wohnsitz hat

Niederlassungsausweis, *der; -es, -e:* Meldebestätigung über den aktuellen Wohnsitz
Niederlassungsbewilligung, *die; -, -en:* amtliche Erlaubnis für Ausländer(innen), in der Schweiz zu wohnen
Niederlassungsgemeinde, *die; -, -n:* [bei mehreren Wohnsitzen] Wohnort, an dem jmd. seine Papiere hinterlegt hat und Steuern bezahlen muss
Niederwasser, *das; -s, ohne Pl.:* geringer Wasserstand eines Gewässers; Niedrigwasser
nigelnagelneu: funkelnagelneu
Niveauübergang, *der; -[e]s, ...gänge:* Bahnübergang, bei dem die Gleise überfahren bzw. überschritten werden (ohne Brücke oder Unterführung)
Nomination, *die; -, -en:* Ernennung, Nominierung
Notbatzen, *der; -s, -:* für Notzeiten gesparte Geldreserve
Note, *die; -, -n:* auch svw. Banknote
Notfallarzt Notfallärztin, *der; -es, ...ärzte bzw. die; -, -nen:* Notarzt bzw. -ärztin
Notfallstation, *die; -, -en:* Teil eines Spitals, in dem Notfälle behandelt werden
Nothelferkurs, *der; -es, -e:* svw. Nothilfekurs
Nothilfekurs, *der; -es, -e:* Erste-Hilfe-Kurs
Notstromgruppe, *die; -, -n:* Notstromaggregat
Nouss, *der; -/es, -e bzw. die; -, -en:* Holz- oder Hartgummischeibe, die beim Hornussen ins Spielfeld geschlagen wird
Novilon®, *der; -s, ohne Pl.:* glatter Bodenbelag aus Kunststoff; hochwertiges Linoleum
Nudel, *die; -, -n (meist Pl.):* bandförmige Teigware; Tagliatelle (dtl. in anderer Bed.)
nudelfertig *(salopp):* erschöpft, erledigt
Nüdeli, *das; -s, - (mundartnah):* sehr schmale und eher kurze, bandförmige Teigware
Nuggi, *der; -s, - (mundartnah):* Schnuller
Nullentscheid, *der; -[e]s, -e:* Entscheidung, die alles beim Alten lässt
Nussgipfel, *der; -s, -:* Hefegebäck mit Haselnussfüllung
Nüssler, *der; -s, ohne Pl.:* svw. Nüsslisalat
Nüsslisalat, *der; -[e]s, ohne Pl.:* eine Salatsorte mit in Rosetten wachsenden Blättern; dtl. Feldsalat

O

Oberamtmann, *der; -[e]s, -männer oder -leute* bzw. **Oberamtfrau,** *die; -, -en:* (im Kt. Freiburg) svw. Regierungsstatthalter
Oberauditor, *der; -s, -en:* Vorsteher der Militärjustiz
Obergericht, *das; -[e]s, -e:* (in manchen Kantonen) zweitinstanzliches bzw. oberstes kantonales Gericht
oberkant: von der Oberkante gemessen
Oberschule, *die; -, -n:* (in einigen Kantonen) eine der an die Primarschule anschliessenden Schulen bzw. Gebäude, in dem diese Schule untergebracht ist
obgenannt *(formell):* oben genannt
Oblicht, *das; -[e]s, -er:* an der Decke eines Raums angebrachtes Fenster
Obligation, *die; -, -en:* festverzinsliches Wertpapier
Obligationenrecht, *das; -[e]s, ohne Pl., abgekürzt OR:* gesetzliche Regelung des Schuldrechts, der Vertragsverhältnisse, des Gesellschaftsrechts und des Wertpapierrechts
obligatorisch. **obligatorische Schulzeit:* Dauer der gesetzlichen Schulpflicht
Obligatorische, *das; -n, ohne Pl.:* kurz für das Obligatorische Schiessen, jährliche Pflichtschiessübung für Wehrpflichtige
Obligatorium, *das; -s, ...orien:* [gesetzliche] Verpflichtung; Pflichtleistung
Obmann, *der; -[e]s, ...männer/...leute:* [Vereins-, Verbands-, Kommissions]präsident
obschon: obwohl (dtl. nur gehoben)
Occasion, *die; -, -en:* Auto oder sonstiger [Gebrauchs]gegenstand aus zweiter Hand
Ochs, *der; -en, -en:* 1. kastriertes männliches Rind; Ochse 2. Dummkopf, Hornochse
Ofenbauer Ofenbauerin, *der; -s, - bzw. die; -, -nen:* Person, die berufsmässig [Kachel]öfen und Rauchabzugsschächte baut
Offenausschank, *der; -[e]s, ohne Pl.:* portionenweise Ausgabe (von Getränken aus Flaschen oder Fässern)
Offenverkauf, *der; -[e]s, ...käufe:* Verkauf von frischen, unverpackten Lebensmitteln
Office, *das; -, -s:* auch svw. Anrichteraum (im Gasthaus, in herrschaftlichen Wohnungen)

Offiziersmesser, *das; -s, -:* Taschenmesser, das neben einer Klinge noch zahlreiche weitere Werkzeuge enthält

offside *(Sport):* abseits

Offside, *das; -s, -s (Sport):* 1. Abseits 2. durch eigenes Verhalten provozierte Isolation

Ohrenwurm, *der; -s, ...würmer:* sehr eingängiges Musikstück; Ohrwurm

Omelette, *die; -, -n:* 1. Pfannkuchen 2. svw. dtl. Omelett, Eierkuchen

OR, *das; -, ohne Pl.:* Abk. für Obligationenrecht

Orangenjus, *der; -, -:* Orangensaft

Ordnungsantrag, *der; -[e]s, ...träge:* Antrag während einer [parlamentarischen] Sitzung, der sich auf die Behandlung des in Beratung stehenden Gegenstands oder die Traktandenliste bezieht und der vor der Weiterberatung behandelt werden muss

Ordnungsbusse, *die; -, -n:* Ordnungsstrafe

Ort, *der; -[e]s, -e:* historisch auch svw. Kanton. **zugewandter Ort:* 1. *(früher)* mit der Schweizerischen Eidgenossenschaft verbündete Stadt oder Landschaft 2. *(übertr.)* dem weiteren Interessenkreis (einer Vereinigung usw.) angehörend

Ortsbürger Ortsbürgerin, *der; -s, - bzw. die; -, -nen:* (in einigen Kantonen) Person, die das Bürgerrecht einer Gemeinde besitzt

Ortsbürgergemeinde, *die; -, -n:* (in den Kt. Aargau, Thurgau und Uri) svw. Bürgergemeinde

Ortsgemeinde, *die; -, -n:* (im Kt. St. Gallen) svw. Bürgergemeinde

out *(Sport) <engl.>:* auch svw. ausserhalb des Spielfeldes

Ovo, *die; -, -s (Kurzwort):* Ovomaltine

P

Päckli, *das; -s, - (mundartnah):* 1. [Post]paket, Päckchen, Schachtel 2. [kleine] Packung 3. geheime, verdächtige Abmachung; Pakt

Päcklipolitik, *die; -, ohne Pl. (mundartnah):* inoffizielle Absprache über eine bevorstehende Entscheidung

Päcklisuppe, *die; -, -n (mundartnah):* Fertigsuppe

Palett, *das; -[e]s, -e:* Palette für den Transport von Gütern

Panaché Panache, *das; -s, -s:* Getränk aus hellem Bier und Limonade

panaschieren *<sw. V.>:* Kandidatennamen verschiedener Parteien auf einem Wahlzettel mischen

Pannenstreifen, *der; -s, -:* Standstreifen (auf Autobahnen)

Papeterie, *die; -, -n:* Schreibwarengeschäft

Papiersammlung, *die; -, -en:* Altpapiersammlung

Parcours, *der; -, -:* auch svw. Laufstrecke

Pariserbrot, *das; -[e]s, -e:* stangenförmiges Weissbrot; Baguette

parkieren *<sw. V.>:* (ein Fahrzeug) vorübergehend abstellen; dtl. parken

Parking, *das; -s, -s:* Parkhaus

Parkingmeter, *der; -s, -:* Parkuhr

Parlamentsmitglied, *das; -[e]s, -er:* Parlamentarier(in)

Parole, *die; -, -n:* auch svw. Abstimmungsempfehlung

Parteipräsident Parteipräsidentin, *der; -en, -en bzw. die; -, -nen:* Person, die einer politischen Partei vorsteht; dtl. Parteivorsitzende(r)

Partialrevision, *die; -, -en:* Überarbeitung von Teilen eines Gesetzes oder Vertrags; Teilrevision

Passantenlage, *die; -, -n:* Standort (für ein Geschäft) im Hinblick auf Laufkundschaft

Passbüro, *das; -s, -s:* kantonale Behörde, die Reisepässe ausstellt und verlängert

Passepartout, *der; -s, -s:* auch svw. 1. Dauerkarte 2. Hauptschlüssel

Passerelle, *die; -, -n:* Fussgängerüberführung

Passevite, *das; -s, -s:* Küchengerät mit Lochsieb und Drehkurbel zum Passieren von Früchten und Gemüse

Passivmitglied, *das; -[e]s, -er:* 1. Mitglied eines Vereins, das nicht [mehr] an den Vereinsaktivitäten teilnimmt 2. Gönnermitglied

Pastetli, *das; -s, - (mundartnah):* Pastetchen

Pastmilch, *die; -, ohne Pl. (Kurzwort):* pasteurisierte Milch

Patent, *das; -[e]s, -e:* auch svw. staatliche Bewilligung zur Ausübung einer [beruflichen] Tätigkeit, z. B. *Alkohol-, Anwalts-, Fischerei-, Fürsprecher-, Jagd-, Lehrer-, Wirtepatent*

patentieren *<sw. V.>:* auch svw. jmdm. die Bewilligung zur Ausübung eines Berufs erteilen

Patentjagd, *die; -, ohne Pl.:* (in den Kantonen der westlichen und alpinen Schweiz) Jagdsystem, wonach die Jagd nach dem Erwerb eines staatlichen Jagdpatents im ganzen Kantonsgebiet erlaubt ist

Patron Patronne, *der; -s, -s bzw. die; -, -s <frz.>:* auch svw. Inhaber(in) eines Geschäfts oder einer (kleineren) Firma

Patronat, *das; -[e]s, -e:* [finanzielle] Förderung und Betreuung (einer Veranstaltung durch eine [prominente] Person bzw. Institution oder Firma)

Pauschalabzug, *der; -[e]s, ...züge:* Geldbetrag, der ohne nähere Spezifizierung abgezogen werden kann

Pauschenpferd, *das; -[e]s, -e:* dem Rumpf eines Pferdes nachgebildetes Turngerät

Pausenplatz, *der; -es, ...plätze:* zur Schule gehörender Platz, auf dem sich die Schüler(innen) während der Pause aufhalten; dtl. Schulhof

Pavatex®, *das; -, ohne Pl.:* plattenförmiges Baumaterial aus gepresstem Holzschliff; Spanplatte

PC-Konto, *das; -s, ...Konti/...Konten:* svw. Postcheckkonto

pedalen *<sw. V.> (salopp):* in die Fahrradpedale treten; Fahrrad fahren

Pedalo, *das; -s, -s:* svw. dtl. Tretboot

Pelati, *die; nur Pl.:* gekochte und geschälte Tomaten aus der Konservendose

pendent: noch nicht erledigt; noch nicht entschieden

Pendenz, *die; -, -en:* unerledigte Aufgabe

Pensionierte, *der/die; -n, -n:* Pensionär(in), Rentner(in)

Pensionskasse, *die; -, -n:* berufliche Vorsorgeeinrichtung für Alter, Invalidität und Tod

Peperoncino, *der; -s, ...ni:* [in Essig eingelegte] kleine, sehr scharfe Paprikaschote

Peperoni, *die; -, -s:* Frucht der Paprikapflanze (dtl. in anderer Bed.)

perfid: hinterhältig, tückisch

Perimeter, *der; -s, -:* Begrenzung, Umfang eines Areals

Perron, *das/der; -s, -s:* (in Bahnhöfen) erhöhter Weg an bzw. zwischen den Gleisen; dtl. Bahnsteig

Personalrestaurant, *das; -s, -s:* Betriebskantine

Personalverleih, *der; -[e]s, -e:* Verleih von Arbeitskräften

Petarde, *die; -, -n:* auch svw. Knallkörper

Peterli, *der; -s, ohne Pl. (mundartnah):* Petersilie

pfaden *<sw. V.>:* den Schnee von einem Weg oder einer Strasse räumen

Pfader Pfaderin, *der; -s, - bzw. die; -, -nen (mundartnah):* Angehörige(r) der Pfadfinder(innen)

Pfadi *(mundartnah, Kurzwort):* 1. *die; -, ohne Pl.:* Institution der Pfadfinder(innen) 2. *die; -, -/-s:* lokaler/regionaler Verband von Pfadfinderinnen und Pfadfindern 3. *der/die; -, -/-s:* Angehörige(r) der Pfadfinder(innen)

Pfanne, *die; -, n:* auch svw. Kochgeschirr [aus Metall] mit hohem Rand [und Stiel]

pfannenfertig: 1. bereit für die Zubereitung (von Speisezutaten) 2. bereit für die Anwendung; ausgereift

Pferdpauschen, *der; -, -:* svw. Pauschenpferd

Pflanzplätz Pflanzblätz, *der; -es, -e (mundartnah):* Stück Land zum Anbau von Gemüse und Blumen

Pflästerli, *das; -s, - (mundartnah):* 1. Schnellverband, Heftpflaster 2. notdürftige [Schein]lösung

Pflästerlipolitik, *die; -, ohne Pl.:* Politik ohne Gesamtkonzept

pflästern *<sw. V.>:* pflastern

Pflästerung, *die; -, -en:* 1. das Pflastern 2. Pflaster (als Strassenbelag)

Pflichtenheft, *das; -[e]s, -e:* auch svw. Gesamtheit der mit einem Amt oder einer Stellung verbundenen Aufgaben

Pflock, *der; -s, Pflöcke:* 1. *(salopp)* auch svw. unsensibler Mensch 2. **einen [ersten] Pflock einschlagen:* einen wichtigen [ersten] Schritt machen; einen Meilenstein setzen

Pflotsch, *der; -[e]s, ohne Pl. (mundartnah):* Matsch

pflotschig: matschig

pflotschnass *(mundartnah):* durchnässt, platschnass

Pflümli, *der; -s, - (mundartnah):* Schnaps aus Pflaumen

Pfulmen, *der/das; -s, -:* breites Kopfkissen

Pfupf, *der; -[e]s,ohne Pl. (salopp, mundartnah):* Energie, Kraft, Mumm

pickelhart: 1. steinhart 2. unerbittlich, unnachgiebig

Pièce de Résistance, *die/das; -, ohne Pl. <frz.>:* harter Brocken; schwer zu lösendes Problem

Pikett, *das; -[e]s, -s:* Dienst auf Abruf für [handwerkliche, medizinische, polizeiliche] Notfälle

Pikettdienst, *der; -[e]s, -e:* svw. Pikett

Pintenkehr, *der; -s, -en (mundartnah):* Zechtour

Pistache, *das; -, ohne Pl. <frz.>:* 1. [Eiscreme]geschmacksrichtung Pistazie 2. pastellgrün

Pizzakurier, *der; -s, -e:* Person oder Firma, die Pizzen und andere einfache Mahlzeiten und Getränke ausliefert

Plache, *die; -, -n:* Plane

Plafond, *der; -s, -s <frz.>:* 1. [verputzte] Zimmerdecke 2. Obergrenze (von Geldbeträgen)

plafonieren *<sw. V.>:* nach oben begrenzen

Plafonierung, *die; -, -en:* obere Begrenzung

Plaggeist, *der; -es, -er:* Quälgeist

plagieren *<sw. V.> (mundartnah):* angeben, aufschneiden, prahlen

Planauflage, *die; -, -n:* öffentliches Zugänglichmachen von Plänen grösserer öffentlicher oder die Öffentlichkeit betreffender Bauvorhaben

Planungsleiche, *die; -, -n:* Bauvorhaben, das nicht über die Planungsphase hinausgekommen ist

plätteln *<sw. V.> (mundartnah):* (Böden oder Wände) mit Keramikplatten belegen

Plättli, *das; -s, - (mundartnah):* 1. Keramikplatte zur Auskleidung von Böden oder Wänden; dtl. Fliese 2. [auf einem Holzbrett angerichtete kalte] Zwischenverpflegung, bestehend aus Käse, Trockenfleisch u. Ä.

Plätzli, *das; -s, - (mundartnah):* Schnitzel

Plausch, *der; -[e]s, Pläusche:* Vergnügen, Spass

Plauschturnier, *das; -[e]s, -e:* sportlicher Wettkampf zum reinen Vergnügen

Pneu, *der; -s, -s <frz.>:* mit Luft gefüllter Reifen; Luftreifen

Pneuhaus, *das; -es, ...häuser:* Geschäft, das Autoreifen verkauft und wechselt

Pneukran, *der; -[e]s, ...kräne:* (schwerer) Kranwagen mit Luftreifen; Autokran

Pneulader, *der; -s, -:* mit breiter Schaufel ausgestatteter Bagger mit Luftreifen

Pochette, *die; -, -n <frz.>:* kleines Tuch, das als Accessoire in der äusseren Brusttasche von Jacken getragen wird

Podestplatz, *der; -es, ...plätze (Sport):* Platzierung unter den ersten drei

Politlandschaft, *die; -, -en:* Politszene

Polizeibusse, *die; -, -n:* Ordnungsstrafe

Polizeidepartement, *das; -[e]s, -e:* (in manchen Kantonen) frühere Bezeichnung für das Sicherheitsdepartement

Polizeikorps, *das; -, -:* Gesamtheit der Polizist(inn)en einer Kantons-, Stadt- oder Gemeindepolizei

polysportiv: mehrere Sportarten umfassend bzw. betreibend

Pommes-Chips, *die; nur Pl.:* Kartoffelchips

Pontonier, *der; -s, -e:* Soldat(in) einer Truppe, die schwimmende Brücken baut und für das Übersetzen auf Gewässern zuständig ist

portieren *<sw. V.>:* auch svw. für eine Wahl vorschlagen und unterstützen

portionenweise: in Portionen

Post. **Das ist dicke Post:* das ist eine gesalzene Überraschung, ein starkes Stück, eine Zumutung

Postauto, *das; -s, -s:* 1. Linienbus der Post 2. kleiner Personenwagen der Post für Briefträger

Postbüro, *das; -s, -s:* [kleine] Dienststelle der Post

Postcard, *die; -, -s:* Chipkarte der Post für den bargeldlosen Zahlungsverkehr und den Bezug von Bargeld

Postcheck, *der; -s, -s:* 1. Check, mit dem man auf der Post im In- und Ausland Bargeld beziehen kann 2. kurz für Post[s]checkkonto

Postcheckkonto Postscheckkonto, *das, -s, ...konti/ ...konten:* Konto bei der Post

posten *<sw. V.> (mundartnah):* [ein]kaufen

Posthalter Posthalterin, *der; -s, - bzw. die; -, -nen:* Leiter(in) einer kleineren Poststelle

Postkonto, *das; -s, ...konti/...konten:* svw. Postcheckkonto

Pöstler Pöstlerin, *der; -s, - bzw. die; -, -nen (mundartnah):* Briefträger(in), Postbote bzw. Postbotin

Postomat, *der; -[e]s, -en:* von der Post betriebener Automat zum Bezug von Bargeld

Postscheckkonto s. Postcheckkonto

Poststelle, *die; -, -n:* auch svw. Dienststelle der Post

Postulant Postulantin, *der; -en, -en bzw. die; -, -nen:* auch svw. Person, die ein Postulat einreicht

Postulat, *das; -[e]s, -e:* auch svw. Anregung des Parlaments zuhanden der Regierung (des Bundes, eines Kantons oder einer Gemeinde), zu prüfen, ob ein Erlass vorzulegen oder eine Massnahme zu ergreifen sei, und darüber Bericht zu erstatten

Postur, *die; -, -en:* Körperbau, Statur

Poulet, *das; -s, -s:* als Gericht zubereitetes, gebratenes Huhn; dtl. [Brat]hähnchen

Präfekt Präfektin, *der; -en, -en bzw. die; -, -nen:* (in einzelnen Westschweizer Kantonen) auch svw. Vorsteher(in) der Bezirksbehörde

Praliné, *das; -s, -s:* Praline

präsentieren *<sw. V.>:* auch svw. Eindruck machen, etw. vorstellen

Präsenzliste, *die; -, -n:* Anwesenheitsliste

prästieren *<sw. V.> (mundartnah):* zu leisten vermögen, bewältigen

präzis: präzise

Preisüberwacher Preisüberwacherin, *der; -s, - bzw. die; -, -nen:* Person, die im Auftrag des Bundes die Preise marktmächtiger Organisationen kontrolliert und notfalls herabsetzt

Preiszerfall, *der; -s, ohne Pl.:* anhaltender Rückgang der Preise

pressant *(mundartnah):* eilig

Presse. **frisch ab Presse:* 1. frisch aus der Saftpresse 2. druckfrisch 3. direkt aus der Produktion 4. *(scherzh.)* direkt aus der Ausbildung

Presseorientierung, *die; -, -en:* [kleine] Pressekonferenz

pressieren *<sw. V.>:* 1. dringend sein 2. sich beeilen

pressiert: in Eile

Primarlehrer Primarlehrerin, *der; -s, - bzw. die; -, -nen:* Lehrer(in) an einer Primarschule

Primarschule, *die; -, -n:* meist sechs Jahre dauernde Schule zur Vermittlung von elementarer Bildung; dtl. Grundschule; bzw. Gebäude, in dem diese Schule untergebracht ist

Privatverkehr, *der; -s, ohne Pl.:* Individualverkehr

Probe, *die; -, -n:* auch svw. schriftliche Prüfung während des Schulunterrichts

pröbeln *<sw. V.> (mundartnah):* tüfteln

Programmation, *die; -, -en:* Zusammenstellen eines Programms für eine (kulturelle) Veranstaltung, ein Kino oder elektronische Medien

Progymnasium, *das; -s, ...gymnasien:* (in einigen Kantonen) an die Primarschule anschliessende Schule, die auf das Gymnasium vorbereitet

Projektierungskredit, *der; -s, -e:* Kredit zur Planung eines Vorhabens

Prokischreiber, *der; -s, -:* svw. Hellraumprojektor

Promotion, *die; -, -en (formell):* auch svw. Versetzung in die nächsthöhere Schulklasse

promovieren *<sw. V.> (formell):* auch svw. (einen Schüler oder eine Schülerin) aufgrund der schulischen Leistungen für die nächsthöhere Klasse zulassen

Proporz, *der; -es, ohne Pl.:* auch kurz für Proporzwahlsystem

Proporzwahl, *die; -, -en:* Wahlen nach dem Verhältniswahlsystem; Verhältniswahl

Providurium, *das; -s, ...ien (scherzh.):* Übergangslösung, die sich allmählich zu einer definitiven Lösung entwickelt

provisorisch. **provisorisch werden:* wegen ungenügender schulischer Leistung nur unter Vorbehalt in die nächsthöhere Klasse promoviert werden

Provisorium, *das; -s, ...rien:* auch svw. wegen ungenügender schulischer Leistung nur unter Vorbehalt stattfindende Promotion in die nächsthöhere Schulklasse

Prüfungsreglement, *das; -s, -e:* Prüfungsvorschriften

Prüfungssession, *die; -, -en:* Prüfungsperiode an Schulen und Universitäten

Puff, *das; -[e]s, ohne Pl. (salopp):* auch svw. Unordnung, Durcheinander; Zoff

punkto *<Präp. mit Gen. oder Akk.>:* betreffend, betreffs

Pünt, *die; -, -en:* (in Winterthur) Familiengarten, Schrebergarten

purlimunter *(mundartnah):* gesund und frisch

Putschauto, *das; -s, -s (mundartnah):* Fahrzeug einer Autoscooteranlage

Putschautobahn, *die; -, -en (mundartnah):* Autoscooteranlage

Putzete, *die; -, -n (mundartnah):* Reinigen aller Räume des Hauses/der Wohnung oder eines Geländes

Putzinstitut, *das; -[e]s, -e:* Reinigungsfirma

PW, *der; -s, -s:* Abk. für Personenwagen; Auto-[mobil]

Pyro, *die; -, -s (Kurzwort):* Pyro-Fackel

Pyro-Fackel Pyrofackel, *die; -, -n:* bengalisches Feuer

Q

Quai, *der/das; -s, -s:* Uferstrasse

Quartier, *das; -s, -e:* auch svw. Stadtteil

Quartierladen, *der; -s, ...läden:* kleines Geschäft, in dem Lebensmittel und Gegenstände des täglichen Bedarfs verkauft werden

Quartierverein, *der; -s, -e:* Verein zur Förderung des sozialen Lebens in einem Wohnviertel und zur Wahrnehmung der Interessen des Stadtteils

Quartierzentrum, *das; -s, ...zentren:* Treffpunkt zur Förderung des sozialen Lebens in einem Wohnviertel

Quästor Quästorin, *der; -s, -en bzw. die; -, -nen:* Person, die für die Finanzen eines Vereins zuständig ist; Kassier(in)

Quorum, *das; -s, ...ren:* für die Beschlussfassung erforderliche Mindestzahl anwesender Mitglieder

R

Räbe, *die; -, -n:* weisse Rübe; dtl. Herbstrübe

Räbeliechtli, *das; -s, - (mundartnah):* ausgehöhlte und geschnitzte weisse Rübe mit einer Kerze im Innern

Radarkasten, *der; -s, ...kästen:* Gerät zur automatischen Geschwindigkeitskontrolle im Strassenverkehr

Räf, *das; -s, -e (mundartnah):* 1. hölzernes Rückentraggestell 2. grobe, böse Frau

Raffel, *die; -, -n:* Küchengerät zum Zerkleinern von Gemüse u. Ä. in stiftförmige Stückchen; dtl. Reibe, Raspel

raffeln *<sw. V.>:* (Obst, Gemüse und Käse) mithilfe einer Raffel in kleine Stückchen zerkleinern; raspeln

Rahm, *der; -[e]s, ohne Pl.:* auch svw. steif geschlagener Süssrahm

Rahmhäubchen, *das; -s, -n:* svw. dtl. Sahnehäubchen

Rahmquark, *der; -s, ohne Pl.:* unter Zugabe von Rahm hergestellter Quark

Rampenverkauf, *der; -[e]s, ...käufe:* Verkauf von Waren im (oder beim) Warenlager

Rande, *die; -, -n (meist Pl.):* Gemüsepflanze mit runder Wurzel und rotem Fleisch; dtl. Rote Bete

Rangierung, *die; -, -en:* Positionierung, Platzierung in einer Rangordnung

Rangverkündigung, *die; -, -en:* Bekanntgabe der Rangliste nach einem Wettkampf

Rangverlesen, *das; -s, -:* svw. Rangverkündigung

Rank, *der; -[e]s, Ränke (mundartnah):* Wegbiegung, Kurve

Rappen, *der; -s, -:* kleinste Währungseinheit in der Schweiz

Rappenspalter Rappenspalterin, *der; -s, - bzw. die; -, -nen:* Geizhals

Räppler, *der; -s, - (mundartnah):* Rappenstück (auch in Zus. wie *Fünfräppler:* Fünfrappenstück)

Raschentschlossene, *der; -n, -n bzw. die; -n, -n (meist Pl.):* Kurzentschlossene

raschestens: svw. raschestmöglich

raschestmöglich: so schnell wie möglich; unverzüglich

räss: scharf, würzig (von Speisen)

Rat, *der; -[e]s, Räte:* 1. **die eidgenössischen Räte:* National- und Ständerat 2. **Grosser Rat:* (in manchen Kantonen) Kantonsparlament

Ratrac®, *der; -s, -s:* Fahrzeug zur Präparierung von Skipisten

Rätsche, *die; -, -n:* Rassel

rätschen *<sw. V.>:* mit einer Rassel ein Geräusch erzeugen

Ratschlag, *der; -[e]s, ...schläge:* (im Kt. Basel-Stadt) auch svw. dem Parlament unterbreitete regierungsrätliche Vorlage, enthaltend Gesetzesentwurf und zugehörigen Bericht

Ratskanzlei, *die; -, ohne Pl.:* 1. (im Kt. Appenzell Innerrhoden) zentrale Stabsstelle von Regierung und Parlament 2. (im Kt. St. Gallen) svw. Gemeinderatskanzlei

Raucherwaren, *die; nur Pl.:* Tabakwaren

Rauchlachs, *der; -es, -e:* geräucherter Lachs

Rayon, *das; -s, -s:* 1. [Dienst]bereich, [Dienst]bezirk, für den eine Person zuständig ist bzw. in dem sich eine Person bewegt 2. Abteilung in einem Warenhaus

Rayonchef Rayonchefin, *der; -s, -s bzw. die; -, -nen:* Abteilungsleiter(in) [im Warenhaus]

Realersatz, *der; -es, ohne Pl.:* Entschädigung durch etw. Gleichwertiges

realisieren *<sw. V.> (Sport):* auch svw. schiessen (von Toren im Sport); erringen

Rebbau, *der; -[e]s, ohne Pl.:* Weinbau

Rebbauer Rebbäuerin, *der; -s, -n bzw. die; -, -nen:* Winzer(in)

Rebberg, *der; -[e]s, -e:* Weinberg

Rebgebiet, *das; -[e]s, -e:* Weinbaugebiet

Rebgut, *das; -[e]s, ...güter:* Weingut

Rebhang, *der; -[e]s, ...hänge:* Weinberg

Rebleute, *die; nur Pl.:* Winzer(innen)

Rebstecken, *der; -s, -:* svw. Rebstickel

Rebstickel, *der; -s, -:* Pfahl als Stütze für Weinreben

Reception, *die; -, -en <frz.>:* Empfangsbüro [eines Hotels]; Empfang

Receptionist Receptionistin, *der; -en, -en bzw. die; -, -nen:* Person, die im Empfangsbüro [eines Hotels] arbeitet

Rechaud, *das; -s, -s <frz.>:* 1. kleiner Gas- oder Spirituskocher (für Camping usw.) 2. Gerät mit offener Flamme zum Warmhalten von Speisen und Getränken während des Essens

Rechaudkerze, *die; -, -n:* Teelicht

rechen *<sw. V.>:* (ein Beet, einen Kiesweg) mit dem Rechen glätten; (Laub, Gras, Heu) mit dem Rechen anhäufen oder entfernen; dtl. harken

Rechen, *der; -s, -:* ein Gartengerät; dtl. Harke

Rechnungs-: in Zus. svw. *Rechen-,* z. B. *Rechnungsaufgabe, Rechnungsstunde*

Rechnungsrevisor Rechnungsrevisorin, *der; -s, -en bzw. die; -, -nen:* (ausgebildete[r] oder Laien-)Wirtschaftsprüfer(in); dtl. Buchprüfer(in)

recht: auch svw. ordentlich, tüchtig, gut

Rechtserlass, *der; -es, -e:* (Sammelbegriff für) Gesetz und Verordnung

rechtsgenügend: den gesetzlichen Vorschriften hinreichend entsprechend

rechtsgenüglich: svw. rechtsgenügend

Rechtskraft. **in Rechtskraft erwachsen (formell):* rechtskräftig werden

Rechtsöffnung, *die; -, -en:* Aufheben des Rechtsvorschlages durch eine(n) Richter(in)

rechtsumkehrt. **rechtsumkehrt machen:* eine Kehrtwende machen

Rechtsvorschlag, *der; -[e]s, ...vorschläge:* Einspruch gegen einen Zahlungsbefehl

Rechtsvortritt, *der; -[e]s, -e:* Recht, an einer Kreuzung oder Einmündung vor einem links herankommenden Fahrzeug durchzufahren

Red. **Red und Antwort stehen:* Rede und Antwort stehen

Redaktor Redaktorin, *der; -s, -en bzw. die; -, -nen:* auch svw. Person, die berufsmässig für Massenmedien oder für wissenschaftliche Sammelwerke schreibt; dtl. Redakteur(in)

reden. **zu reden geben:* zu Diskussionen führen

redimensionieren *<sw. V.>:* in der Grösse einschränken, kleiner machen, kleiner planen

Reduit Réduit, *das; -s, -s <frz.>:* 1. Abstellraum 2. Rückzugsbefestigung im Alpenmassiv im Zweiten Weltkrieg

Ref, *der; -s, -s (Sport, Kurzwort):* Schiedsrichter

Referendum. **das Referendum ergreifen:* mittels einer Unterschriftensammlung eine Volksabstimmung über ein vom Parlament erlassenes Gesetz herbeiführen [wollen]

REGA®, *die; -, ohne Pl.:* Luftrettung

Regierungspräsident Regierungspräsidentin, *der; -en, -en bzw. die; -, -nen:* Präsident(in) des Regierungsrates (dtl. in anderer Bed.)

Regierungsrat, *der; -[e]s, ...räte:* 1. Regierung, Exekutive eines Kantons 2. **Regierungsrat Regierungsrätin,** *der; -[e]s, ...räte bzw. die; -,*

-nen: Mitglied der Kantonsregierung (dtl. in anderer Bed.)

regierungsrätlich: dem Regierungsrat angehörend, ihn betreffend

Regierungsstatthalter Regierungsstatthalterin, *der; -s, - bzw. die; -, -nen:* (in einigen Kantonen) Vertreter(in) der Kantonsregierung in den Bezirken/Regionen bzw. Vorsteher(in) der Bezirks-/Regionalbehörde

Regionalgericht, *das; -[e]s, -e:* (in einigen Kantonen) erstinstanzliches Gericht

reich. **reich befrachtet:* voll (von Programmen, Sitzungen usw.)

Reinheft, *das; -[e]s, -e: (früher)* Schulheft für Reinschriften. **Fleck[en]/Klecks/Tolggen im Reinheft:* Makel, Schandfleck

Reinigungsinstitut, *das; -[e]s, -e:* Reinigungsfirma

Reitschule, *die; -, -n (mundartnah):* auch svw. Karussell

rekognoszieren <*sw. V.*>*:* erkunden, auskundschaften

Rekrut Rekrutin, *der; -en, -en bzw. die; -, -nen:* Soldat(in) während der militärischen Ausbildungszeit sowie dessen bzw. deren Dienstgrad

Rekrutenschule, *die; -, -n:* militärische Grundausbildung

Rekurrent Rekurrentin, *der; -en, -en bzw. die; -, -nen:* Beschwerdeführer(in)

rekurrieren <*sw. V.*>*:* 1. Berufung einlegen 2. auf etw. zurückgehen; Bezug auf etw. nehmen

Rekurs, *der; -es, -e:* Berufung (gegen einen Entscheid oder ein Urteil). **Rekurs einlegen/einreichen:* Berufung einlegen

Rendement, *das; -s, -s* <*frz.*>*:* Form, Leistung [eines Sportlers]

Renovation, *die; -, -en:* Erneuerung und Instandsetzung; Restaurierung, Sanierung

Repetent Repetentin, *der; -en, -en bzw. die; -, -nen:* Schüler(in), der bzw. die eine Klasse wiederholt

Reservation, *die; -, -en:* auch svw. Vorbestellung eines Zimmers, eines Platzes; dtl. Reservierung

resp.: Abk. für respektive

respektive: beziehungsweise

Restanz, *die; -, -en:* unerledigter Teil (von Aufgaben, Schulden usw.)

Restaurateur Restaurateurin, *der; -s, -e bzw. die; -, -nen:* Gastwirt(in)

Resultatkosmetik, *die; -, ohne Pl.:* Verbesserung eines Zahlenverhältnisses (z. B. Tore im Sport oder Stimmen bei Wahlen) ohne Auswirkungen auf das Endergebnis

retablieren <*sw. V.*>*:* wiederherstellen; in Ordnung bringen (von einer Ausrüstung)

retour: zurück

Retourbillett, *das; -s, -s/-e:* svw. dtl. Rückfahrkarte

Retourgang, *der; -[e]s, ...gänge:* Rückwärtsgang

Retourgeld, *das; -[e]s, ohne Pl.:* Wechselgeld

retournieren <*sw. V.*>*:* zurückgeben, zurückschicken

Rettungshelikopter, *der; -s, -:* Helikopter für Rettungseinsätze bei Unfällen

Revierjagd, *die; -, ohne Pl.:* (in den meisten Kantonen des deutschsprachigen Mittellands) Jagdsystem, wonach der Kanton die Jagdrechte jeweils für ein bestimmtes Jagdrevier verpachtet

Revisor Revisorin, *der; -s, -en bzw. die; -, -nen:* auch svw. Kassenprüfer(in) eines Vereins u. Ä.

Revisorenbericht, *der; -[e]s, -e:* Rechnungsbericht

rezent: auch svw. pikant, kräftig im Geschmack

rezyklieren <*sw. V.*>*:* wiederaufbereiten, recyceln

Richtplan, *der; -[e]s, ...pläne:* planungsrechtliches Instrument zur Steuerung der angestrebten räumlichen Entwicklung eines Kantons

Richtungsanzeiger, *der; -s, -:* auch svw. Richtungsblinker

Richtungsblinker, *der; -s, -:* Blinker (an Motorfahrzeugen)

Riegelhaus, *das; -es, ...häuser:* Fachwerkhaus

Riemenboden, *der; -s, ...böden:* Fussboden aus parallel gelegten Brettern

Riemenparkett, *das; -[e]s, -e/-s:* svw. Riemenboden

Rind, *das; -[e]s, -es:* auch svw. weibliches, erwachsenes Hausrind, das noch nicht gekalbt hat

Rindsbraten, *der; -s, -:* svw. dtl. Rinderbraten
ring *(mundartnah):* leicht, mühelos
ringhörig: schalldurchlässig (von Räumen, Wohnungen, Gebäuden)
Rippli, *das; -s, - (meist Pl.):* 1. geräuchertes Rippenstück vom Schwein 2. Strickmuster, das abwechslungsweise aus rechts und links gestrickten Maschenzeilen besteht
Robidog®, *der; -s, -s:* Behälter im öffentlichen Raum für die Entsorgung von Hundekot
Robotbild, *das; -es, -er:* Phantombild
Rochade, *die; -, -n:* auch svw. [Ämter]tausch
Rock, *der; -[e]s, Röcke:* 1. [ganzes Frauen]kleid (dtl. dagegen svw. Jupe) 2. *(früher)* Jacke, Jackett [des Mannes]
Rodel, *der; -s, Rödel:* Verzeichnis, Liste, z. B. *Burgerrodel, Zunftrodel*
Rollgerste, *die; -, ohne Pl.:* geschälte Gerstenkörner; dtl. Graupe
Rollmaterial, *das; -s, ohne Pl.:* Gesamtheit der Schienenfahrzeuge
rollstuhlgängig: (in der Bauweise) für Rollstuhlfahrer(innen) geeignet
Romand Romande, *der; -s, -s bzw. die; -, -s <frz.>:* französischsprachige(r) Schweizer(in)
Romandie, *die; -, ohne Pl. <frz.>:* französischsprachige Schweiz; Welschland
romanisch: auch svw. rätoromanisch
Rondelle, *die; -, -[n]:* 1. Rondell 2. kreisrunde Scheibe
Ross, *das; -es, Rosse/Rösser:* Pferd (dtl. gehoben)
Rösslispiel, *das; -[e]s, -e (mundartnah):* Karussell
Rossschwanz, *der; -es, ...schwänze:* Pferdeschwanz (auch als Teil der Frisur)
Rosthaufen, *der; -s, - (scherzh.):* minderwertiges, altes Fahrzeug, bes. Auto
Rösti, *die; -, ohne Pl.:* mit einer Raffel zerkleinerte, gebratene Kartoffeln mit zusammenhängender Kruste
Röstigraben, *der; -s, ohne Pl.:* das gegenseitige Verständnis erschwerende Kluft zwischen der deutsch- und der französischsprachigen Schweiz
Rötel, *der; -s, -:* [See]saibling
Röteli, *das; -s, -:* auf Kirschensaft basierender Bündner Likör
Rotkabis, *der; -, ohne Pl.:* Rotkraut
RS, *die; -, ohne Pl.:* Abk. für Rekrutenschule
Ruchbrot, *das; -[e]s, -e:* Schwarzbrot
Ruchmehl, *das; -[e]s, ohne Pl.:* [Weizen]mehl, das noch einen Teil der äusseren Schalenschichten enthält
Rückkommen, *das; -s, -:* [parlamentarisches] Wiederaufnehmen eines bereits entschiedenen Verhandlungsgegenstandes
Rückweisung, *die; -, -en:* 1. Ablehnung einer Vorlage mit dem Auftrag, sie zu überarbeiten 2. Zurückschicken von Akten durch das Gericht an die Untersuchungsbehörde zur Behebung eines Fehlers oder Mangels 3. Ausweisung eines Ausländers aus einem Staat
rückzonen *<sw. V.>:* [einen Teil des Gemeindegebietes] aus einer Bauzone herauslösen und wieder einer Landwirtschaftszone zuweisen
Rüebli, *das; -s, - (mundartnah):* Karotte
Rüfe, *die; -, -n (mundartnah):* Schutt- und Schlammlawine
Rugel, *der; -s, - (mundartnah):* Stück Rundholz
Rumpf, *der; -[e]s, Rümpfe:* auch svw. [Knitter]falte
Runde, *die; -, -n (Sport):* Tag(e) bzw. Wochenende, an dem die Spiele in einer Meisterschaft stattfinden
Runkel, *die; -, -n:* Runkelrübe
Runse, *die; -, -n:* steile, steinige Rinne [mit Bach] an Gebirgshängen
rüsten *<sw. V.>:* auch svw. (bei Gemüse und Früchten) nicht zum Verzehr geeignete Teile entfernen
Rustico, *das/der; -s, Rustici:* in ein Ferienhaus umgebautes, im italienischsprachigen Gebiet gelegenes einfaches Bauernhäuschen aus Bruchsteinmauerwerk
Rüstmesser, *das; -s, -:* Küchenmesser

S

Saaltochter, *die; -, ...töchter (veraltend):* Kellnerin
SAC, *der; -s, ohne Pl.:* Abk. für Schweizer Alpenclub; Verein, der die Interessen der Bergstei-

ger(innen) wahrnimmt und Berghütten für Hochtouren in den Alpen unterhält

Sack. **die Faust im Sack machen:* wütend werden; die Wut verbergen

Säckel, *der; -s, -:* Beutel, Tasche zur Aufbewahrung von Geld und Wertsachen

Säckelmeister Säckelmeisterin, *der; -s, - bzw. die; -, -nen:* 1. (im Kt. Appenzell Innerrhoden) kantonale(r) Finanzminister(in) 2. (im Kt. Schwyz) Mitglied der Gemeindeexekutive, das für das Finanzwesen zuständig ist 3. Person, die die Finanzen eines Vereins o. Ä. verwaltet; Kassier(in), Quästor(in)

Sackgebühr, *die; -, -en:* Entsorgungsgebühr, die pro Abfallsack erhoben wird

Sackgeld, *das; -[e]s, -er:* Taschengeld

Sackhegel, *der; -s, - (mundartnah):* svw. Sackmesser

Sackkarren, *der; -s, -:* zweirädriges Transportgerät mit zwei Griffen und einer kleinen Ladefläche, auf die Kisten, Säcke usw. geladen und in gekippter Lage leicht bewegt werden können

Sackmesser, *das; -s, -:* Taschenmesser

sackstark *(salopp):* sehr gut

Sägerei, *die; -, -en:* Sägewerk

Sagex®, *das; -es, ohne Pl.:* Styropor

Saisonnier, *der; -s, -s:* Saisonarbeiter

Salär, *das; -s, -e:* Lohn, Gehalt

salarieren *<sw. V.>:* besolden

Salarierung, *die; -, -en:* Lohnzahlung

Säli, *das; -s, -:* kleiner, abgetrennter Saal in einem Restaurant

Salsiz, *der/das; -es, -e:* Dauerwurst aus Graubünden

salü *(mundartnah):* 1. hallo 2. tschüss

Salzstängeli, *das; -s, -:* mit Salzkörnern bestreutes Knabbergebäck in Form kleiner dünner Stangen

Samichlaus, *der; -es, ...chläuse (mundartnah):* St. Nikolaus

sändeln *<sw. V.> (mundartnah):* im Sand[kasten] spielen

sanden *<sw. V.>:* (Strassen, Wege) mit Sand rutschfest machen

sanitarisch: die Gesundheitspflege betreffend

Sanität, *die; -, ohne Pl.:* 1. Ambulanzdienst 2. *(in Zus.)* für das Gesundheitswesen zuständige Behörde, Einrichtung

Sanitätsdepartement, *das; -[e]s, -e:* (in einigen Kantonen) svw. Gesundheitsdepartement

Sanitätsdirektion, *die; -, -en:* (in einigen Kantonen) svw. Gesundheitsdirektion

Sanitätsdirektor Sanitätsdirektorin, *der; -s, -en bzw. die; -, -nen:* svw. Gesundheitsdirektor

Sappeur, *der; -s, -e:* Soldat der Genietruppe

Saubannerzug, *der; -s, ...züge:* 1. (hist.) Freischar während der Burgunderkriege 2. von Vandalismus und Ausschreitungen begleiteter Marsch einer Gruppe 3. (am Zürcher Sechseläuten) nach dem offiziellen Teil stattfindender ‚Auszug' einer Zünftergruppe

Sauglattismus, *der; -, ohne Pl. (abwertend):* Spasskultur; oberflächliches Auftreten

Saugoof, *der; -s, -en (derb, mundartnah):* ungezogenes, freches Kind

Sauser, *der; -s, -:* in Gärung übergegangener Traubensaft; dtl. Federweisser, -roter

SBB, *die <Pl.>:* Abk. für Schweizerische Bundesbahnen

Sbrinz, *der; -, ohne Pl.:* ein halb- bis vollfetter, sehr harter Reibkäse

Schabziger, *der; -s, -:* Glarner Kräuterkäse

schadenfreudig: Schadenfreude empfindend

schaffen *<sw. V.>:* auch svw. arbeiten

schaffig *(mundartnah):* arbeitsam, fleissig

Schaft, *der; -[e]s, Schäfte (regional):* Schrank, Regal

Schale, *die; -, -n:* auch svw. Tasse Milchkaffee

Schalenkartoffel, *die; -, -n:* in der Schale gekochte Kartoffel als Speise

schattenhalb: svw. schattseitig

Schattseite, *die; -, -n:* Schattenseite

schattseitig: schattenseitig

Schatzung, *die; -, -en:* [amtliche] Schätzung des [Gebäude]werts

scheibeln *<sw. V.>:* in Scheiben schneiden

Scheininvalide, *der bzw. die; -n, -n (abwertend):* jmd., der bzw. die Invalidität vortäuscht, um Versicherungsleistungen zu erschleichen

scheiten *<sw. V.>:* Holz spalten

Scheiterbeige, *die; -, -n:* aufgeschichtetes Brennholz; Holzstoss

Scheitstock, *der; -[e]s, ...stöcke:* Holzklotz als Unterlage zum Spalten von Brennholz

scherbeln <*sw. V.*>: unrein, dünn klingen

Schermaus, *die; -, ...mäuse (mundartnah):* auch svw. Maulwurf

Schermen, *der; -s, ohne Pl. (mundartnah):* Schutzdach, Unterstand. **am Schermen:* im Trockenen

schieben <*st. V.*>: auch svw. beim Jassen dem Partner bzw. der Partnerin die Bestimmung des Trumpfes überlassen

Schieber, *der; -s, -:* auch svw. Standard-Spielart des Jasses, bei der zwei gegen zwei spielen

Schiesspflicht, *die; -, ohne Pl.:* Pflicht für alle waffentragenden Angehörigen der Armee, jährlich eine ausserdienstliche Schiessübung zu absolvieren

Schifflände, in den Kt. Bern und Solothurn **Schiffländte,** *die; -, -n:* Anlegestelle für Schiffe

Schiffsteg Schiffssteg, *der; -[e]s, -e:* ins Wasser gebauter Steg, an dem Schiffe anlegen

Schiller, *der; -s, ohne Pl.:* aus Weiss- und Rotweinen verschnittener Roséwein

Schinkli, *das; -s, -:* geräuchertes Schulterstück vom Schwein, ohne Knochen

schitter *(mundartnah):* schlecht, schwach

Schlafmanko, *das; -s, -s:* Schlafmangel

Schlagrahm, *der; -[e]s, ohne Pl.:* Süssrahm in steif geschlagener Form

Schlangenbrot, *das; -[e]s, -e:* schlangenförmig um einen Stab gewickeltes Brot, das über dem offenen Feuer gebacken wird

Schlangenfängerei, *die; -, ohne Pl.:* Bauernfängerei

Schlarpe, *die; -, -n (meist Pl.; mundartnah):* bequemer [Haus]schuh; Pantoffel

Schleck. **etw. ist kein Schleck:* etw. ist kein Vergnügen; etw. ist eine schwierige Angelegenheit

Schleckerei, *die; -, -en:* Süssigkeit, Nascherei

Schleckmaul, *das; -[e]s, ...mäuler:* jmd., der bzw. die gern nascht

Schleckstängel, *der; -s, -:* Süssigkeit am Stiel zum Lutschen; dtl. Lutscher, Lolli

Schleckwaren, *die; nur Pl.:* Süssigkeiten [zum Schlecken]

Schleckzeug, *das; -[e]s, ohne Pl.:* svw. Schleckwaren

Schlegel, *der; -s, -:* Hinterschenkel von geschlachtetem Wild, von Schaf und Ziege; dtl. Keule

Schlegelsitzung, *die; -, -en:* (im Kt. Appenzell Ausserrhoden) konstituierende Sitzung des Regierungs- und Gemeinderates, an der die Ressorts verteilt werden

Schlegelwahl, *die; -, -en:* (im Kt. Appenzell Ausserrhoden) Ressortverteilung im Regierungs- und Gemeinderat

schletzen <*sw. V.*> *(mundartnah):* 1. (eine Tür) [zu]schlagen 2. *(derb)* (Essen) herunterschlingen

Schlichtungsbehörde, *die; -, -n:* kantonale, regionale oder kommunale Behörde, die bei Streitigkeiten aus Miete und Pacht von Wohn- und Geschäftsräumen die Parteien berät, in Streitfällen vermittelt und die als Schiedsgericht amten kann

Schlichtungsstelle, *die; -, -n:* svw. Schlichtungsbehörde

Schlipf, *der; -[e]s, -e:* Berg-, Fels-, Erdrutsch

Schlips, *der; -es, -e:* zur Querschleife gebundene Krawatte; Fliege (dtl. in anderer Bed.)

schlitteln <*sw. V.*>: Schlitten fahren; dtl. rodeln

schloten <*sw. V.*> *(mundartnah):* (Tabakwaren) rauchen; rauchen (vom Kamin)

Schlötterling, *der; -s, -e (mundartnah):* Schimpfwort, Beleidigung. **jmdm. einen Schlötterling anhängen:* jmdn. beschimpfen

schlucken <*sw. V.*>. **leer schlucken:* (einen kurzen Moment) sprachlos sein

Schlufi, *der; -s, -s (abwertend, mundartnah):* liederliche Person

Schlummerbecher, *der; -s, -:* Schlummertrunk

Schlummermutter, *die; -, ...mütter:* Frau, die in ihrem Haus oder in ihrer Wohnung ein [möbliertes] Zimmer vermietet

Schlussbouquet, *das; -s, -s:* 1. letztes, bes. eindrucksvolles Bild eines Feuerwerks 2. fulminanter Schlusspunkt (einer Veranstaltung)

Schlüsselservice, *der; -s, -s:* Firma, die [Zweit]schlüssel, Schlösser usw. fertigt und verkauft und in Notfällen verschlossene

Türen auf private oder behördliche Anordnung öffnet

Schlussklassement, *das; -[e]s, -e:* Gesamtergebnis, Endergebnis eines [sportlichen] Wettkampfes

Schlussrang, *der; -[e]s, ...ränge:* Rang nach Beendigung eines [sportlichen] Wettkampfes

Schlussresultat, *das; -[e]s, -e:* Endergebnis

Schlüttli, *das; -s, - (mundartnah):* Babyjäckchen

schmutzig. **schmutziger Donnerstag:* Donnerstag vor Aschermittwoch, Beginn der Fasnacht

Schmutzli, *der; -s, -:* [strafender] Begleiter des St. Nikolaus

schnapsen *<sw. V.>:* 1. Schnaps brennen 2. Schnaps trinken

Schnauf, *der; -[e]s, ohne Pl. (mundartnah):* Atem. **jmdm./etw. geht der Schnauf aus:* jmd. kann nicht mehr weitermachen, etw. kann nicht mehr weitergehen

Schnauz, *der; -es, Schnäuze:* Schnurrbart

Schneehäschen, *das; -s, - (abwertend):* Frau, die in Wintersportorten Bekanntschaften [mit Skilehrern] anknüpfen möchte

Schnellbleiche, *die; -, -n:* Schnellkurs

Schnellzugstempo. **im Schnellzugstempo:* sehr schnell

schnetzeln *<sw. V.>:* mit dem Messer fein zerschneiden

Schnitz, *der; -es, -e:* keilförmiges Stück (von Obst oder Zitrusfrüchten)

Schnitzelbank, *der/die; -[e]s/-, ...bänke:* Bänkelsängervers, der zur Fasnacht dargeboten wird

schnöden *<sw. V.>:* schnöde, in abfälliger Weise, schlecht reden; lästern

Schnorre, *die; -, -n (derb, mundartnah):* Mund

Schnuderbub Schnuderbueb, *der; -s/-en, -en (abwertend, mundartnah):* Rotzbengel

Schnudernase, *die; -, -n (mundartnah):* Rotznase

Schnügel, *der; -s, - (mundartnah):* Schnuckel

Schnupperlehre, *die; -, -n:* Probetage für Jugendliche in einem Betrieb

Schnürlischrift Schnüerlischrift, *die; -, ohne Pl. (informell, mundartnah):* Schweizer Schulschrift; Kursive, in der die einzelnen Buchstaben verbunden werden

Schnurri, *der; -s, -s (derb, mundartnah):* Schwätzer, Grossmaul, Plappermaul

Schoggi, *die; -, ohne Pl. (mundartnah):* 1. Schokolade (in fester Form) 2. Getränk aus Milch und Schokoladenpulver

Schopf, *der; -[e]s, Schöpfe:* Schuppen

schöppeln *<sw. V.> (mundartnah):* (einem Säugling) Nahrung aus der Flasche geben

Schoppen, *der; -s, -:* Trinkflasche mit Sauggummivorrichtung für Kleinkinder

Schotte, *die; -, -n:* Molke

Schragen, *der; -s, -:* Liege, bes. Untersuchungsliege des Arztes; Operationstisch

Schranz, *der; -es, Schränze (mundartnah):* Riss

Schreiber Schreiberin, *der; -s, - bzw. die; -, -nen:* auch svw. Protokollführer(in)

Schreiner Schreinerin, *der; -s, - bzw. die; -, -nen:* Handwerker(in), der bzw. die Möbel herstellt; dtl. Tischler(in)

Schriften, *die; nur Pl.:* auch svw. Heimatschein oder -ausweis **die Schriften deponieren/hinterlegen:* den Heimatschein oder ein anderes Dokument bei den Einwohnerdiensten einer Gemeinde zwecks Niederlassung hinterlegen

Schriftenempfangsschein, *der; -[e]s, -e:* Quittung für den hinterlegten Heimatschein; Meldebestätigung der Einwohnerkontrolle einer Gemeinde

Schriftenkontrolle, *die; -, -n:* (in einigen Kantonen) svw. Einwohnerkontrolle

Schriftenwechsel, *der; -s, -:* 1. Austausch von Dokumenten im Zusammenhang mit einer Gerichtsverhandlung oder eines Behördenverfahrens 2. Schriftwechsel, Briefwechsel

Schrund, *der; -[e]s, Schründe:* Fels-, Gletscherspalte

schubladisieren *<sw. V.>:* 1. (ein Vorhaben) nicht weiter verfolgen 2. etw. oder jmdn. in Kategorien einteilen

Schüblig, *der; -s, -e:* geräucherte Wurst aus Rindfleisch, Schweinefleisch, Schwarten und Speck

Schüfeli, *das; -s, -:* geräuchertes Schulterstück vom Schwein

Schuh. **neben den Schuhen sein/stehen:* 1. ver-

wirrt sein 2. falsch liegen. **jmdm. den Schuh geben (salopp):* eine Beziehung aufkündigen
Schuhbändel, *der; -s, -:* Band, um die Schuhe zu schnüren; dtl. Schnürsenkel
Schuhgestell, *das; -[e]s, -e:* Schuhregal
Schulanlage, *die; -, -n:* Grundstück mit Schulgebäude(n) und zugehöriger Freifläche
Schulareal, *das; -s, -e:* svw. Schulanlage
Schulbesuch, *der; -[e]s, -e:* auch svw. vorübergehende Anwesenheit einer oder mehrerer schulexternen Personen (z. B. Eltern, Mitglieder der Schulpflege) während der Schulstunden
Schulbub, *der; -en, -en:* männliches Schulkind
Schuldanerkennung, *die; -, -en:* Bestätigung des Schuldners, dass eine Forderung gegen ihn zu Recht besteht; dtl. Schuldanerkenntnis
Schuldbrief, *der; -[e]s, -e:* als Wertpapier ausgestelltes Grundpfand, durch das eine persönliche Forderung grundpfändlich sichergestellt wird
Schuldenruf, *der; -[e]s, -e:* öffentlicher Aufruf zur fristgerechten Anmeldung von finanziellen Forderungen
Schulgemeinde, *die; -, -n:* (in einigen Kantonen) autonome kommunale Körperschaft für die Betreuung des obligatorischen Schulwesens
Schulhausabwart Schulhausabwartin, *der; -[e]s, -e bzw. die; -, -nen:* für Unterhalt und Reinigung einer Schule zuständige Person
Schulhausplatz, *der; -es, ...plätze:* zur Schule gehörender Platz, auf dem sich die Schüler während der Pause aufhalten; Pausenplatz
Schulinspektor Schulinspektorin, *der; -s, -en bzw. die; -, -nen:* Aufsichtsbeamter bzw. Aufsichtsbeamtin des Schulinspektorats
Schulinspektorat, *das; -[e]s, -e:* (in einigen Kantonen und Gemeinden) behördliches Aufsichts- und Kontrollorgan über alle Schulen
Schulkommission, *die; -, -en:* (in einigen Kantonen) svw. Schulpflege
Schullager, *das; -s, -:* mehrtägiger auswärtiger Aufenthalt von Schulklassen
Schulobligatorium, *das; -s, ...ien:* gesetzlich vorgeschriebener Schulbesuch
Schulpflege, *die; -, -n:* (in einigen Kantonen) Aufsichtsorgan über die Schulen einer Schulgemeinde bzw. eines Schulkreises
Schulrat, *der; -[e]s, ...räte:* (in einigen Kantonen) svw. Schulpflege
Schulreise, *die; -, -n:* einmal im Jahr stattfindender, eintägiger Ausflug einer Schulklasse
Schulsack, *der; -[e]s, ...säcke:* 1. *(regional)* svw. Schulthek 2. *(übertr.)* Schulbildung
Schulterpatte, *die; -, -n:* Schulterklappe
Schulterspitz, *der; -es, ohne Pl.:* oberster Teil von der Schulter des Rindes
Schulthek, *der; -s, -e (regional):* rucksackartige Tasche für Schulutensilien; dtl. Schultasche
Schulzimmer, *das; -s, -:* Klassenzimmer
Schupf, *der; -[e]s, Schüpfe (Pl. ungebr.; mundartnah):* Schubs, leichter Stoss. **sich einen Schupf geben:* sich überwinden (etw. zu tun)
Schürfung, *die; -, -en:* auch svw. Schürfwunde
Schütteler, schutten s. Tschütteler, tschutten
Schüttstein, *der; -[e]s, -e:* fest installiertes Becken zum Reinigen von schmutzigem Geschirr; Spültrog
Schwab, *der; -en, -en (abwertend):* Deutsche(r)
Schwabenkäfer, *der; -s, -:* Küchenschabe; Kakerlake
Schwarzbelag, *der; -[e]s, ...beläge:* Teerbelag (einer Strasse)
Schwatz, *der; -es, -e:* gemütliche Unterhaltung
Schweinige, *das; -n, ohne Pl.:* Schweinefleisch
Schweinsbraten, der; -s, -: svw. dtl. Schweinebraten
Schweinshals, *der; -es, ...hälse:* Fleisch vom Halsstück des Schweins
Schweizerfahne, *die; -, -n:* Nationalflagge der Schweiz (weisses Kreuz auf quadratischem rotem Grund)
Schweizerkarte, *die; -, -n:* Karte der Schweiz
Schweizerkreuz, *das -es, -e:* weisses Kreuz im roten Feld des Schweizerwappens
Schweizerland, *das; -[e]s, ohne Pl. (gemütlich, feierlich, scherzh. oder selbstkritisch):* Schweiz
Schweizermeister Schweizermeisterin, *der; -s, - bzw. die; -, -nen:* Athlet(in) oder Mannschaft, der bzw. die in einem Wettkampf als Bester bzw. Beste des Landes in einer Sportart ermittelt wurde
Schweizerpsalm, *der; -[e]s, ohne Pl.:* Nationalhymne der Schweiz

Schweizerschule, *die; -, -n:* Auslandschule, die nach schweizerischen Grundsätzen geführt wird

Schweizervolk, *das; -[e]s, ohne Pl.:* 1. stimm- und wahlberechtigte Bevölkerung der Schweiz 2. Einwohner(innen) der Schweiz

Schwerpunktfach, *das; -[e]s, ...fächer:* auch svw. Schulunterricht in der Oberstufe des Gymnasiums, der vertiefte Kenntnisse in einem Fach vermitteln soll

Schwerverkehrsabgabe, *die; -, -n:* auf Lastwagen für die Benutzung von öffentlichen Strassen in der Schweiz erhobene Abgabe

Schwingbesen, *der; -s, -:* Küchengerät zum Verrühren von Flüssigkeiten und Schlagen von Süssrahm u. Ä.; dtl. Schneebesen

schwingen *<st. V.>:* auch svw. 1. mit einem Schwingbesen schaumig schlagen 2. ringen, indem man den Gegner mit der rechten Hand am Gürtel, mit der linken am aufgerollten Hosenbein fasst und versucht, ihn auf den Rücken zu werfen. **obenaus schwingen,* seltener *obenauf schwingen:* die Oberhand gewinnen, an der Spitze liegen

Schwinger Schwingerin, *der; -s, - bzw. die; -, -nen:* Person, die Schwingen als Wettkampfsport ausübt

Schwingerkönig Schwingerkönigin, *der; -s, -e bzw. die; -, -nen:* Sieger(in) einer Wettkampfveranstaltung im Schwingen

Schwinget, *der; -s, -e:* Wettkampfveranstaltung im Schwingen

Schwingfest, *das; -[e]s, -e:* festlicher Anlass rund um eine Wettkampfveranstaltung im Schwingen

Schwumm, *der; -s, ohne Pl.:* Schwimmen; Schwimmgang

Schwyzerörgeli, *das; -s, -:* bestimmter Typus Handharmonika, Variante des diatonischen Akkordeons

sec: auch svw. trocken (von Äusserungen)

Sechseläuten, *das; -s, ohne Pl.:* am dritten Montag im April gefeiertes Zürcher Frühlingsfest

Sechser, *der; -s, -:* auch svw. 1. Verkehrslinie 6 bzw. Tram, Bus der Linie 6 2. Schulnote 6 3. Augenzahl 6 auf dem Spielwürfel 4. Jahrgang [19/20]06

Secondo Seconda, *der; -s, -s bzw. die; -, -s:* Ausländer(in) zweiter Generation

Seegfrörni, *die; -, ...gförnen:* Zufrieren eines grösseren Sees (im schweizerischen Mittelland)

Seelenschmetter, *der; -s, ohne Pl. (salopp):* Niedergeschlagenheit; traurige Stimmung

Seil. **jmdn. am Seil herunterlassen/herablassen:* jmdn. zum Narren halten

Seilziehen, *das; -s, ohne Pl.:* auch svw. (langwierige politische) Auseinandersetzung

Sektionschef Sektionschefin, *der; -s, -s bzw. die; -, -nen:* 1. ein Dienstgrad in der Bundesverwaltung und in einigen kantonalen Verwaltungen 2. Person, die für die Adressverwaltung und die Kontrolle der in einer Gemeinde wohnenden militärdienstpflichtigen Personen zuständig ist

Sekundarlehrer Sekundarlehrerin, *der; -s, - bzw. die; -, -nen:* Lehrer(in) an einer Sekundarschule

Sekundarschule, *die; -, -n:* eine der an die Primarschule anschliessenden Schulen der obligatorischen Schulzeit

Selbständigerwerbende, *der/die; -n, -n:* selbständig Erwerbstätige(r), Freiberufler(in)

Selbstdeklaration, *die; -, -en:* 1. selbständig gemachte Angaben [über zu leistende Abgaben] 2. Selbsteinschätzung

Selbstkocher Selbstkocherin, *der; -s, - bzw. die; -, -nen:* Person, die in einer Reiseunterkunft oder Ferienwohnung selbst kocht

selbsttragend: selbstfinanzierend

Selbstunfall, *der; -[e]s, ...fälle:* Unfall, bei dem ausser dem bzw. der Unfallverursachenden kein(e) weitere(r) Verkehrsteilnehmer(in) beteiligt ist

Selbstverlad, *der; -[e]s, ohne Pl.:* eigenhändiges Verladen (eines Fahrrades) in ein öffentliches Verkehrsmittel

Sendegefäss, *das; -es, -e:* Radio- oder Fernsehreihe, die sich immer demselben Themenbereich widmet oder dieselbe Form hat

Senkel. **jmdn. in den Senkel stellen:* jmdn. zurechtweisen

senkrecht: auch svw. rechtschaffen

Senn Sennin, *der; -en/-s, -en bzw. die; -, -nen:* Person, die eine Alp bewirtschaftet

sennen *<sw. V.>:* eine Alp bewirtschaften, bes. Käse herstellen

serbeln *<sw. V.>:* langsam [ab]sterben

Serie[n]feuer, *das; -s, ohne Pl.:* svw. Schnellfeuer

Servelat s. Cervelat

Service public, *der; -, ohne Pl.:* vom Staat erbrachte Dienstleistung

Serviceangestellte, *der/die; -n, -n:* Kellner(in)

Servicemonteur Servicemonteurin, *der; -s, -e bzw. die; -, -nen:* Servicetechniker(in)

Servierpersonal, *das; -s, ohne Pl.:* Servicepersonal

Serviertochter, *die; -, ...töchter:* Kellnerin

Servitut, *die/das; -/[e]s, -en/-e <lat.> (Recht):* dingliches Recht zur beschränkten Nutzung eines fremden Grundstücks; Dienstbarkeit

Sesselkleber Sesselkleberin, *der; -s, - bzw. die; -, -nen:* Person, die an ihrem [politischen] Amt festhält und nicht bereit ist, jüngeren Kräften zu weichen

Sesselrücken, *das; -s, ohne Pl.:* Wechsel einer Führungsposition (in Politik und Wirtschaft)

Sesseltanz, *der; -es, ...tänze (abwertend):* [Abstimmungs]kampf um einen Sitz (in einem Parlament, einer Behörde oder auch in der Spitze eines Unternehmens)

Sexgrüsel, *der; -s, - (salopp, mundartnah):* Person, die andere sexuell belästigt

Sexsalon, *der; -s, -s:* Massagesalon, Bordell

Sicherheitsdepartement, *das; -[e]s, -e:* (in einigen Kantonen) kantonales Ministerium für Polizei und Bevölkerungsschutz und manchmal auch Soziales, oft als ‚Justiz- und Sicherheitsdepartement' auch für Justiz

Sicherheitsdirektion, *die; -, -en:* (in einigen Kantonen) svw. Sicherheitsdepartement

Sicherheitsdirektor Sicherheitsdirektorin, *der; -s, -en bzw. die; -, -nen:* (in vielen Kantonen) für Polizei und Bevölkerungsschutz, manchmal auch Soziales oder Justiz zuständige(r) kantonale(r) Minister(in)

Sicherheitslinie, *die; -, -n:* auch svw. Linie, die Fahrspuren voneinander trennt und nicht überfahren werden darf

Siedfleisch, *das; -[e]s, ohne Pl.:* gekochtes Rindfleisch; Suppenfleisch

Signalement, *das; -[e]s, -e:* auch svw. Personenbeschreibung [zum Zweck der Fahndung]

Signalisation, *die; -, -en:* Beschilderung

signalisieren *<sw. V.>:* auch svw. (im Strassenverkehr) ausschildern

Signalisierung, *die; -, -en:* Beschilderung

Sigrist Sigristin, *der; -en, -en bzw. die; -, -nen:* Betreuer(in) des Gottesdienstes und Hauswart(in) der kirchlichen Liegenschaften

Silserli, *das; -s, -:* Laugengebäck

Singsaal, *der; -[e]s, ...säle:* Unterrichtsraum für Musik und Singen in Schulen

Singzimmer, *das; -s, -:* svw. Singsaal

Sinn. **in zustimmendem/ablehnendem Sinn[e] (formell):* zustimmend bzw. ablehnend

Situationsplan, *der; -[e]s, ...pläne:* Lageplan

situiert sein *<sw. V.>:* auch svw. liegen (von Gebäuden, Räumen)

Sitzleder, *das; -s, (Pl. ungebräuchl.; ugs.): [mit geistiger Trägheit verbundene] Ausdauer bei einer sitzenden Tätigkeit*

Sitzofen, *der; -s, ...öfen:* mit Holz beheizter Kachelofen mit Ofenbank

Skore, *das; -s, -s (Sport):* Spielstand, Score

skoren *<sw. V.> (Sport):* einen Punkt, einen Treffer oder ein Tor erzielen; scoren

snöben *<sw. V.> (mundartnah):* snowboarden

Snöber Snöberin, *der; -s, - bzw. die; -, -nen (mundartnah):* Snowboarder(in)

Sodbrunnen, *der; -s, -:* Ziehbrunnen

solid: svw. dtl. solide

Solidarhaftung, *die; -, -en:* gemeinsame Haftung mehrerer Schuldner(innen)

sömmern *<sw. V.>:* (Vieh) in den Sommermonaten auf einer Alp weiden lassen

Sonderbewilligung, *die; -, -en:* Ausnahmegenehmigung

Sonderzüglein, *das; -s, -:* Ausscheren vom sonst Üblichen; Sonderweg, Extrawurst. **ein Sonderzüglein fahren:* ausscheren; einen Sonderweg gehen

Sonnenstore, *die; -, -n* oder **Sonnenstoren,** *der; -s, -:* svw. Store (in Bed. 2)

Sonnseite, *die; -, -n:* Sonnenseite

sonnseitig: auf der Sonnenseite

soso. **soso lala:* einigermassen [gut]; so lala

Souplesse, *die; -, ohne Pl. <frz.>:* Geschmeidigkeit, Eleganz, Gewandtheit

Souschef Souschefin, *der; -s, -s bzw. die; -, -nen:* zweiter Mann bzw. zweite Frau in einem Betrieb

Soussol, *das; -s -s:* Souterrain, Untergeschoss

Souverän, *der; -s, ohne Pl.:* auch svw. die Gesamtheit der Stimm- und Wahlberechtigten

Sozialabzug, *der; -[e]s, ...züge:* 1. *(meist Sg.)* Abzug, der in der Steuererklärung für bestimmte soziale Belange geltend gemacht werden kann 2. *(meist Pl.)* Sozialversicherungsbeiträge für Löhne

Sozialversicherungsgericht, *das; -[e]s, -e:* (in einigen Kantonen) Gericht, das bei Streitfällen über Sozialversicherungsleistungen entscheidet

Spälte, *die; -, -n:* der Länge nach halbiertes oder geviertelte (gespaltenes), 1 Meter langes Stück Rundholz

Spaltstock, *der; -[e]s, ...stöcke:* Holzklotz als Unterlage zum Hacken von Brennholz

Spannteppich, *der; -[e]s, -e:* durchgehender textiler Bodenbelag; dtl. Teppichboden

Sparbatzen, *der; -s, -:* kleinere Summe gesparten Geldes; dtl. Spargroschen

Sparbüchlein, *das; -s, - (veraltet):* svw. Sparheft

Sparheft, *das; -[e]s, -e (veraltet):* kleines Heft, in dem ein Geldinstitut ein- oder ausbezahlte Sparbeträge und Zinsguthaben für den Kunden verzeichnet

Sparringpartner, *der; -s, -:* svw. dtl. Sparringspartner

Spatz, *der; -en/-es, -en (Soldatensprache):* auch svw. ein Stück Suppenfleisch

Spätzli, *die; nur Pl.:* in Wasser gekochte, kleine, ovale Stücke aus einem Mehl-Wasser-Eier-Teig

Spatzung, *die; -, ohne Pl. (mundartnah):* Spielraum

Speckgugelhopf, *der; -[e]s, -e:* in einer ringförmigen, gewellten Backform gebackener, salziger Kuchen aus Rührteig oder einem Hefeteig, versetzt mit Speckstücken

speditiv: effizient, zügig

Spengler Spenglerin, *der; -s, - bzw. die; -, -nen:* Person, die berufsmässig Blechteile für verschiedene Verwendungszwecke verfertigt; dtl. Klempner(in)

Spenglerei, *die; -, -en:* 1. Handwerksbetrieb, in dem Blechteile für verschiedene Verwendungszwecke verfertigt werden; dtl. Klempnerei 2. kurz für Autospenglerei

sperbern *<sw. V.>:* spähen; scharf blicken

Sperrgut, *das; -[e]s, ohne Pl.:* auch svw. grosses Stück Abfall, das gesondert entsorgt wird; dtl. Sperrmüll

spetten *<sw. V.>:* (im Haushalt) aushelfen

Spetterin, *die; -, -nen:* Haushaltshilfe

Spettfrau, *die; -, -en:* svw. Spetterin

Spezialarzt Spezialärztin, *der; -[e]s, ...ärzte bzw. die; -, -nen:* Facharzt bzw. Fachärztin

Spezialbewilligung, *die; -, -en:* Ausnahmegenehmigung

Spick, *der; -[e]s, -e (Kurzwort):* Spickzettel

Spickel, *der; -s, -:* 1. keilförmiger Stoffeinsatz 2. [kleines] eingekeiltes Grundstück

Spiel, *das; -[e]s, -e:* auch svw. militärischer Zug von Musikern, der bei festlichen Gelegenheiten der Armee aufspielt

Spiess. **gleich lange Spiesse:* gleiche Rechte; gleiche Voraussetzungen

Spiessli, *das; -s, - (mundartnah):* kleiner Spiess mit Fleisch- und Gemüsestücken zum Braten

Spital, *das/der; -s, Spitäler:* Krankenhaus

spitalreif: krankenhausreif

Spitex, *die; -, ohne Pl. (Kurzwort):* Pflege von Kranken und Alten in ihrer eigenen Wohnung durch medizinisches Personal

Spitz, *der; -es, -e:* spitz zulaufender oberster Teil von etw.; Spitze

Spitzbub, *der; -en, -en:* auch svw. süsses Sablé-teig-Gebäck aus zwei mit Konfitüre zusammengeklebten runden Teilen, in deren oberem ein Loch ausgestochen ist

Spitzer, *der; -s, -:* 1. Gerät zum Spitzen von Bleistiften und Buntstiften 2. Spitz (kleine Hunderasse)

Spontanbewerbung, *die; -, -en:* svw. dtl. Initiativbewerbung

Sportbahnen, *die; nur Pl.:* Bergbahnen

Sportferien, *die; nur Pl.:* Schulferien in den Monaten Februar oder März

Sprachaufenthalt, *der; -[e]s, -e:* Besuch eines Sprachkurses in einem anderssprachigen Gebiet

sprechen *<st. V.> (mit Akk.):* (einen Geldbetrag) bewilligen

Sprenzel, *der; -s, - (mundartnah):* feingliedrige, magere Person

Spritzkanne, *die; -, -n:* Giesskanne

Spritzsack, *der; -[e]s, ...säcke:* svw. Dressiersack

Sprutz, *der; -es, ohne Pl. (mundartnah):* Spritzer

Spültrog, *der; -[e]s, ...tröge:* fest installiertes Becken zum Reinigen von schmutzigem Geschirr

Spunten, *der; -, -:* 1. *(mundartnah)* Kneipe, Schenke 2. hölzerner Verschluss für Fässer; Spund

SRF, *das; -, ohne Pl.:* Abk. für Schweizer Radio und Fernsehen

SRG, *die; -, ohne Pl.:* Abk. für Schweizerische Radio- und Fernsehgesellschaft

Staat, *der; -[e]s, -en:* auch svw. Kanton

Staatsbeitrag, *der; -[e]s, ...träge:* kantonale Subvention

Staatskalender, *der; -s, -:* amtliches Verzeichnis der Behörden eines Kantons oder des Bundes

Staatskanzlei, *die; -, -en:* (in den meisten Kantonen) zentrale Stabsstelle von Regierung meist auch Parlament, vom Staatsschreiber geleitet (dtl. in anderer Bed.)

Staatskunde, *die; -, ohne Pl.:* Schulfach, in dem Kenntnisse über den Aufbau des Staates und des Gemeinwesens vermittelt werden

Staatspersonal, *das; -s, ohne Pl.:* Gesamtheit der Angestellten eines Kantons

Staatsrat, *der; -[e]s, ...räte:* (in den West- und Südschweizer Kantonen) 1. Regierung, Exekutive eines Kantons 2. **Staatsrat Staatsrätin,** *der; -[e]s, ...räte bzw. die; -, -nen:* Mitglied der Kantonsregierung (dtl. in anderer Bed.)

Staatsrechnung, *die; -, -en:* Aufstellung der Einnahmen und Ausgaben des Bundes oder eines Kantons [im abgelaufenen Jahr]

Staatsschreiber Staatsschreiberin, *der; -s, - bzw. die; -, -nen:* (in den meisten Kantonen) Leiter(in) der Staatskanzlei

Staatssteuer, *die; -, -n:* von den Kantonen erhobene und (im Ggs. zur Gemeindesteuer) an den Kanton zu entrichtende Steuer

Staatsstrasse, *die; -, -n:* Strasse, für deren Bau und Unterhalt der Kanton zuständig ist

Staatsverfassung, *die; -, -en:* auch svw. grundlegende Rechtsnorm eines Kantons

Staatsweibel Staatsweibelin, *der; -s, - bzw. die; -, -nen:* (in einigen Kantonen) Amtsdiener(in) von Regierung und Parlament

Stabelle, *die -, -n:* Holzstuhl, dessen Beine [und Lehne] einzeln in die Sitzfläche eingelassen sind

Stachel, *der; -s, -:* auch svw. lange Stange aus Holz, die man zum Abstossen eines Bootes verwendet

stacheln *<sw. V.>:* auch svw. ein Boot o. Ä. durch Abstossen mit einer Stange fortbewegen

Stadel, *der; -s, -:* Teil des Bauernhauses oder freistehendes Gebäude, in dem Heu und Stroh, oft auch Gerätschaften, aufbewahrt werden

Stadtammann, *der; -[e]s, ...männer:* 1. (im Kt. Aargau) svw. Stadtpräsident 2. (in der Stadt Zürich) Organ der Rechtspflege für spezielle Aufgaben, insbes. für die zivilrechtliche Vollstreckung

Stadtkanton, *der; -s, -e:* traditionell städtischer oder auf eine Stadt ausgerichteter Kanton

Stadtkanzlei, *die; -, -en:* zentrale Stabsstelle von städtischer Exekutive und Legislative

Stadtkreis, *der; -es, -e:* auch svw. Verwaltungseinheit einer grösseren Stadt

Stadtpolizei, *die; -, -en:* kommunale Polizeibehörde einer Stadt

Stadtpräsident Stadtpräsidentin, *der; -en, -en bzw. die; -, -nen:* (in einigen Kt.) direkt gewählte Person, die eine Stadt politisch repräsentiert und die Verwaltung leitet; Vorsitzende(r) des Stadtrates; dtl. (Ober-) Bürgermeister(in)

Stage, *der/die; -, -s <frz.>:* Praktikum

Stagiaire, *der/die; -, -s:* Praktikant(in)

Stamm, *der; -[e]s, Stämme:* auch svw. regelmässige Zusammenkunft von Vereinsmitgliedern u. Ä. in einem Gasthaus

Stammbeiz, *die; -, en:* svw. dtl. Stammkneipe

Stand, *der; -[e]s, Stände (formell):* auch svw. Kanton

Ständeherr, *der; -s, -en (informell):* svw. Ständerat

Ständemehr, *das; -[e]s, ohne Pl.:* Mehrheit zustimmender Kantone bei Volksabstimmungen über eine Revision der Bundesverfassung

Ständerat, *der; -[e]s, ...räte:* 1. Kammer der Bundesversammlung, in welche die Stimmbevölkerung jedes [Voll]kantons zwei Vertreter(innen) entsendet 2. **Ständerat Ständerätin,** *der; -[e]s, ...räte bzw. die; -, -nen:* Mitglied des Ständerats

ständerätlich: dem Ständerat angehörend, ihn betreffend

Ständeratspräsident Ständeratspräsidentin, *der; -en, -en bzw. die; -, -nen:* Präsident(in) des Ständerats

Ständerlampe, *die; -, -n:* Stehlampe

Standesinitiative, *die; -, -n:* Begehren eines Kantons zuhanden der Bundesversammlung

Standeskanzlei, *die; -, ohne Pl.:* (in einzelnen Kantonen) zentrale Stabsstelle von Regierung und Parlament

Standeskommission, *die; -, ohne Pl.:* (im Kt. Appenzell Innerrhoden) Kantonsregierung

Standesweibel Standesweibelin, *der; -s, - bzw. die; -, -nen:* (in manchen Kantonen) Amtsdiener(in) von Regierung und Parlament

Stange, *die; -, -n:* kleines Bier im Glas

Stängeli, *das; -s, - (Sport, mundartnah):* hohe Niederlage mit 10 oder mehr Gegentoren; Debakel

Stapo, *die; -, ohne Pl. (Kurzwort):* Stadtpolizei

Startliste, *die; -, -n (Sport):* Verzeichnis der Teilnehmenden an einem Wettkampf

Statthalter Statthalterin, *der; -s, - bzw. die; -, -nen, weibl. Form auch Frau Statthalter:* (in einigen Kantonen) auch svw. 1. Vertreter(in) der Kantonsregierung in den Bezirken/Regionen bzw. Vorsteher(in) der Bezirks-/Regionalbehörde 2. Vizepräsident(in) der Kantonsregierung oder des Kantonsparlaments

Stecken, *der; -s, -:* Stock

steckengerade: aufrecht, kerzengerade

Stehrampe, *die; -, -n:* Stehplätze in einem Sportstadion

Steigerung, *die; -, -en:* auch svw. Versteigerung

Steinmandli Steinmannli, *das; -s, - (mundartnah):* aus aufeinandergeschichteten Steinen errichtetes Wegzeichen im Hochgebirge

Steinschrift, *die; -, ohne Pl. (selten):* auch svw. Blockschrift

stellen <*sw. V.*>. **instand stellen:* instand setzen

Stellenantritt, *der; -[e]s, -e:* Aufnahme einer neuen beruflichen Tätigkeit; Arbeitsantritt

Stellenanzeiger, *der; -s, -:* Teil einer grösseren Tages- oder Wochenzeitung mit Angeboten freier Arbeitsstellen

Stellenprozent, *das; -[e]s, -e:* svw. Beschäftigungsgrad

Stellmesser, *das; -s, -:* Messer, dessen verborgene Klinge erst bei Betätigung eines Knopfes herausspringt

Stellungspflicht, *die; -, ohne Pl. (formell):* Pflicht, sich in einem bestimmten Alter einer Prüfung der Wehrdiensttauglichkeit zu unterziehen

stellungspflichtig *(formell):* in einem bestimmten Alter zur Prüfung der Wehrdiensttauglichkeit verpflichtet

Stempelsteuer, *die; -, -n:* auf Wertpapieren und Versicherungsprämien erhobene Abgabe

Steueramt, *das; -[e]s, ...ämter:* für die Einziehung und die Verwaltung der Steuern zuständiges Amt; dtl. Finanzamt

Steuerausscheidung, *die; -, -en:* Aufteilung von Steuerleistungen auf mehrere Gemeinden, Kantone oder Staaten

Steuerbehörde, *die; -, -n:* für alle steuerlichen Belange verantwortliches Amt; dtl. Steueramt

Steuerdomizil, *das; -s, -e:* (bei mehreren Wohn- oder Geschäftssitzen) Ort, an dem die Steuern bezahlt werden

Steuerertrag, *der; -[e]s, ...träge:* Bruttoertrag, den das öffentliche Gemeinwesen durch die Steuereinziehung erwirtschaftet

Steuerfranken, *der; -s, -:* [von der Bevölkerung erarbeiteter] Ertrag aus Steuern; Steuergelder

Steuerfuss, *der; -es, ohne Pl.:* von den Gemeinden und vom Kanton jährlich festgelegter

Steuersatz, bezogen auf den im kantonalen Steuergesetz festgelegten Grundtarif

Steuerkommissär Steuerkommissärin, *der; -s, -e bzw. die; -, -nen:* (in manchen Kantonen) kantonal angestellte Person, die Steuererklärungen prüft und Veranlagungen vornimmt

Steuerkommission, *die; -, -en:* (in manchen Kantonen) kommunale Vollzugsbehörde in Steuersachen

steuern *<sw. V.>:* auch svw. Steuern zahlen

Steuerperiode, *die; -, -n:* Zeitraum, der zur Bemessung der Steuerschuld herangezogen wird

Steuersubstrat, *das; -[e]s, -e:* besteuerbares Einkommen und Kapital aller Steuerpflichtigen

Steuerveranlagung, *die; -, -en:* Verfügung der Steuerbehörde über die Höhe der Steuerschuld

Steuerverwaltung, *die; -, -en:* für alle steuerlichen Belange verantwortliche Behörde; dtl. Finanzverwaltung

Steuervogt, *der; -[e]s, ...vögte (abwertend):* Fiskus

Steuerwohnsitz, *der; -es, -e:* Gemeinde, in der eine Person ihre Steuern bezahlt

Stewi®, *der; -, -s:* zusammenklappbare, mobile Vorrichtung zum Aufhängen von Wäsche

Stichdatum, *das; -s, ...daten:* Stichtag

Stichentscheid, *der; -[e]s, -e:* Entscheidung durch den Präsidenten bzw. die Präsidentin bei Stimmengleichheit

Stickel, *der; -s, -:* Stützstange für Erbsen, Reben usw.

Stifti, *die; -, ohne Pl. (mundartnah):* nichtakademische Berufsausbildung; Lehre

still. **stille Wahl:* ohne eigentlichen Wahlgang stattfindende Wahl, die (je nach Gesetzesbestimmung) eintreten kann, wenn sich nicht mehr Personen um ein Amt bewerben, als gewählt werden müssen

Stillgeld, *das; -[e]s, -er:* von einigen Krankenkassen ausbezahlte Unterstützung für stillende Mütter

Stimmabstinenz, *die; -, ohne Pl.:* Stimmenthaltung

Stimmalter, *das; -s, ohne Pl.:* Alter, in dem man stimm- und wahlberechtigt wird

Stimmausweis, *der; -es, -e:* svw. Stimmrechtsausweis

Stimmberechtigte, *der/die; -n, -n:* auch svw. Person, die an Wahlen und politischen Abstimmungen teilnehmen darf

Stimmberechtigung, *die; -, ohne Pl.:* auch svw. Berechtigung, an Wahlen und politischen Abstimmungen teilzunehmen

Stimmbevölkerung, *die; -, ohne Pl.:* stimm- und wahlberechtigte Bevölkerung

Stimmbürger Stimmbürgerin, *der; -s, - bzw. die; -, -nen:* stimm- und wahlberechtigte Person; Wähler(in)

Stimmcouvert, *das; -s, -s:* Briefumschlag für die briefliche Stimmabgabe

stimmen *<sw. V.>:* auch svw. seine Stimme abgeben; abstimmen

Stimmenmehr, *das; -[e]s, -e:* Stimmenmehrheit

Stimmenzähler Stimmenzählerin, *der; -s, - bzw. die; -, -nen:* mit der Auszählung der Stimmen bei Wahlen und Abstimmungen betraute Person

stimmfähig: stimm- und wahlberechtigt

Stimmfreigabe, *die; -, -n, ohne Pl.:* Verzicht auf eine Empfehlung an die Bevölkerung (durch eine Partei oder einen Verband), wie abzustimmen sei

Stimmlokal, *das; -[e]s, -e:* Ort, an dem bei Abstimmungen und Wahlen die Stimme abgegeben werden kann; Wahllokal

Stimmrecht bzw. deutlicher **Stimm- und Wahlrecht:* auch svw. Recht, an Volksabstimmungen und an periodischen Wahlen von Regierungs-, Parlaments-, Behördenmitgliedern und Richtern teilzunehmen

Stimmrechtsausweis, *der; -es, -e:* Ausweis, der zur Teilnahme an Abstimmungen und Wahlen berechtigt

Stimmregister, *das; -s, -:* Liste der stimmberechtigten Bürger(innen) einer Gemeinde

Stimmvolk, *das; -[e]s, ohne Pl.:* stimm- und wahlberechtigte Bevölkerung; Wähler(innen)

Stimmzwang, *der; -[e]s, ohne Pl.:* (gesetzliche) Verpflichtung, zu wählen und abzustimmen

Stocki®, *der; -s, ohne Pl.:* Brei aus industriell hergestellten Kartoffelflocken und Milch

Stöckli, *das; -s, -:* 1. kleineres Wohnhaus neben einem [Berner] Bauernhaus, in das sich die Eltern des Bauern zurückziehen oder wo andere Angehörige wohnen 2. *(informell)* Ständerat

Stockwerkeigentum, *das; -s, ohne Pl.:* Sonderform des Miteigentums; dtl. Wohnungseigentum

Stockzahn, *der; -[e]s, ...zähne:* Backenzahn

Stöpsel, *der; -s, -:* auch svw. Saugglocke

Store, *die; -, -n (oft Pl.):* 1. Rollladen 2. aufrollbares, schräges Sonnendach vor einem Fenster, über einem Balkon o. Ä.; dtl. Markise

Storen, *der; -s, -:* svw. Store

stossen *<st. V.>:* auch svw. 1. eine Tür aufdrücken 2. (ein Fahrzeug) schieben 3. **gestossen voll:* sehr voll

stossend: Anstoss erregend; ungerecht

Stosskarren, *der; -s, -:* svw. dtl. Schubkarren

Stotzen, *der; -s, -:* Hinterschenkel des geschlachteten Schweins, Kalbs oder Rinds

stotzig: steil

Strafaufgabe, *die; -, -n:* Bestrafung von Schüler(inne)n durch eine zusätzliche Aufgabe

Strafregisterauszug, *der; -[e]s, ...züge:* von Ämtern oder der Polizei angefordertes polizeiliches Zeugnis, das über alle von einem Bürger oder einer Bürgerin eventuell begangenen, im Strafregister eingetragenen Straftaten unabhängig vom Strafausmass Auskunft gibt

Strafuntersuchung, *die; -, -en:* Voruntersuchung einer Straftat

Strafverfügung, *die; -, -en:* ohne vorangehenden Strafprozess gefälltes Urteil bei kleineren Vergehen

strahlen, auch **strahlnen** *<sw. V.>:* auch svw. Bergkristalle suchen

Strahler Strahlerin, auch **Strahlner Strahlnerin,** *der; -s, - bzw. die; -, -nen:* auch svw. Bergkristallsucher

Strange, *die; -, -n:* zu einem Büschel zusammengebundener Garn-, Wollfaden; dtl. Strang

Strassenbord, *das; -[e]s, -e/...börder:* Strassenrand, Strassenböschung

Strasseninspektorat, *das; -[e]s, -e:* Behörde, die für den Unterhalt und die Reinigung von Strassen zuständig ist

Strassenputzer Strassenputzerin, *der; -s, - bzw. die; -, -nen:* svw. Strassenwischer(in)

Strassenwischer Strassenwischerin, *der; -s, - bzw. die; -, -nen:* Strassenreiniger(in), Strassenkehrer(in)

Streckeisen, *das; -s, -:* Haarglätter, Glätteisen

Streifkollision, *die; -, -en:* Verkehrsunfall, bei dem sich zwei Fahrzeuge seitlich berühren

Streifung, *die; -, -en:* leichter Schlaganfall, transitorische ischämische Attacke (TIA)

streng: auch svw. anstrengend

Streue, *die; -, ohne Pl.:* svw. dtl. Streu

Strichkampf, *der; -[e]s, ...kämpfe (Sport):* Abstiegskampf

Strolchenfahrt, *die; -, -en:* Fahrt mit einem entwendeten Fahrzeug

strub: schlimm, schwierig; wild, hektisch

Stube, *die; -, -n:* Wohnzimmer

Stubete, *die; -, -n:* gemütliche abendliche Zusammenkunft bei Volksmusik

Stübli, *das; -s, -:* 1. wohnlich eingerichtetes Zimmer 2. kleinerer, gemütlicher [Neben]raum (in einem Gasthaus)

Studiofilm, *das; -s, -e:* Film für ein kleineres, anspruchsvolles Publikum

Stuhl. **zwischen Stuhl und Bank fallen:* leer ausgehen, weder hierhin noch dorthin gehören

Stumpengleis, *das; -es, -e:* Abstellgleis

Stündeler, *der; -s, - (abwertend; mundartnah):* Angehöriger einer christlichen Sondergemeinschaft; Sektierer

Stundenansatz, *der; -es, ...sätze:* Stundensatz

Stundenhalt, *der; -[e]s, -e:* stündliche Marschpause

stupfen *<sw. V.> (mundartnah):* leicht stossen, stechen

sturm *(mundartnah):* benommen, schwindlig

Stürmi, *der; -s, - (mundartnah):* ungeduldiger Mensch; Hitzkopf

[1]**Stutz,** *der; -[e]s, Stütze (mundartnah):* steiler Berghang, Abhang

[2]**Stutz,** *der; -[e]s, Stutz/Stütz[e] (salopp, mundartnah):* 1. Einfrankenstück 2. Geld

Subsidium, *das; -s, Subsidien:* organisierte [finanzielle] Hilfe zum Lebensunterhalt und in besonderen Lebenslagen; Unterstützung

Subtotal, *das; -s, -e:* Zwischensumme

Sudel, *der; -s, -:* Entwurf (auf Papier)

Sukkurs, *der; -es, -e (Pl. ungebr.):* Unterstützung

Sulz: 1. *(die/das; -/-es, -en/-e)* durch das Auskochen von Knochen und Fleisch gewonnene durchsichtige Gallertmasse; dtl. Aspik 2. *(die/das; -/-es, -en/-e)* in Scheiben geschnittene Speise aus Fleisch- und Gemüsestücken in Gelee; dtl. Sülze 3. (*der; -es, ohne Pl.)* breiiger Altschnee, Sulzschnee

Summton, *der; -[e]s, ...töne:* svw. dtl. Freizeichen

Suppleant Suppleantin, *der; -en, -en bzw. die; -, -nen:* Ersatzperson [in einer Behörde]

Supplement Supplément, *das; -s, -s:* auch svw. zusätzliche Essensportion; dtl. Nachschlag

Supporter Supporterin, *der; -s, - bzw. die; -, -nen:* Anhänger(in) einer Sportmannschaft; Fan

Süssgetränk, *das; -[e]s, -e (formell):* kaltes Getränk, das Zucker enthält

SUVA, *die; -, ohne Pl.:* Abk. für Schweizerische Unfallversicherungsanstalt; Trägerin der obligatorischen Unfallversicherung in der Schweiz

Synodalrat, *der; -[e]s, ...räte:* (in einigen Kantonen) 1. Exekutive der evangelisch-reformierten Landeskirche 2. **Synodalrat Synodalrätin,** *der; -[e]s, ...räte bzw. die; -, -nen:* Mitglied der landeskirchlichen Exekutive

T

Tablar, *das; -s, -e/-s:* 1. [Ablage]brett, das horizontal in ein Regal eingelegt wird; dtl. Gestellbrett 2. einzelnes, an der Wand befestigtes Brett, auf dem Bücher abgestellt werden; dtl. Bücherbrett

Taburettli, *das; -s, - (mundartnah):* Stuhl ohne Lehne; Hocker

Täfeli, *das; -s, - (mundartnah):* Bonbon

Täfer, *das; -s, -:* Holzverkleidung (für Zimmerwände und -decken); dtl. Täfelung

täfern *<sw. V.>:* mit ineinandergefügten Holzbrettern (sog. Paneelen) verkleiden; dtl. täfeln

Täferung, *die; -, -en:* svw. Täfer

Tagbau, *der; -[e]s, ohne Pl.:* svw. dtl. Tagebau, bes. im Sinne von oberirdischem Erstellen eines unterirdischen Bauwerks, z.B. eines Tunnels

Tagblatt, *das; -[e]s, ...blätter:* Tageszeitung (nur in Zeitungsnamen); dtl. Tageblatt

Tagesteller, *der; -s, -:* nur aus dem Hauptgang bestehendes Tagesmenü

Taggeld, *das; -[e]s, -er:* svw. dtl. Tagegeld, d.h. 1. Vergütung des zeitlichen und materiellen Aufwandes für eine bestimmte Arbeitstätigkeit an einem Tag 2. von einer Versicherung bezahlter Betrag pro Tag bei Krankheit, Unfall, Arbeitslosigkeit

Tagliste, *die; -, -n:* (in den Gemeinden des Kt. Zürich) Programm[punkte] einer Sitzung; Traktandenliste

Tagwache, *die; -, -n (bes. Militär):* morgendliche Weck- und Aufstehzeit (einer Personengruppe)

Tagwacht, *die; -, -en:* svw. Tagwache

Take-away, *der; -s, -s <engl.>:* Lokal, in dem Getränke und Imbisse in kurzer Zeit konsumiert oder zum Mitnehmen verkauft werden

Talon, *der; -s, -s <frz.>:* auch svw. abtrennbarer Teil eines Formulars, der ausgefüllt und an den Absender zurückgeschickt wird; Coupon

Talschaft, *die; -, -en:* auch svw. Land und Leute eines Tales

Tannast, *der; -[e]s, ...äste:* Tannenast

Tannzapfen, *der; -s, -:* Tannenzapfen

Tanse, *die; -, -n (regional):* Rückentraggefäss für Trauben, Milch u.Ä.

Ta[r]tarsauce, *die; -, -n:* dickflüssige, kalte Sauce aus Mayonnaise, vermischt mit Gewürzgurken, Schalotten, Petersilie und Kapern

Tat. **in Tat und Wahrheit:* in Wirklichkeit

Tatbeweis, *der; -es, -e:* Beweis durch konkrete Taten

Täterschaft, *die; -, -en (formell):* Urheber einer Straftat; Gesamtheit der an einer Straftat beteiligten Täter

Tätschmeister Tätschmeisterin, *der; -s, - bzw. die; -, -nen (mundartnah):* Leiter(in), tonangebende Person, Organisator(in) eines Fests

Taxichauffeur Taxichauffeurin Taxichauffeuse, *der; -s, -e bzw. die; -, -n bzw. die; -, -nen:* Taxifahrer(in)

Tea-Room, *das; -s, -s:* Café, in dem keine alkoholischen Getränke serviert werden

Teamstütze, *die; -, -n:* wichtiges Mitglied einer Mannschaft; Leistungsträger
Teekrug, *der; -[e]s, ...krüge:* Teekanne
Teilamt, *das; -[e]s, ...ämter:* (bei einer öffentlich-rechtlichen Anstellung) nur einen Teil der Normalarbeitszeit beanspruchendes Anstellungsverhältnis; Teilpensum
teilamtlich: für einen Teil der Normalarbeitszeit angestellt
Teilete, *die; -, -n (mundartnah):* gemeinsames Mahl, zu dem die Beteiligten Speisen und Getränke mitbringen und untereinander aufteilen
Teilpensum, *das; -s, ...pensen:* (bei einer öffentlich-rechtlichen Anstellung) Arbeitspensum, das nur einen Teil der Normalarbeitszeit umfasst
Teilrevision, *die; -, -en:* Überarbeitung von Teilen eines Gesetzes oder Vertrags; Partialrevision
Teilsame, *die; -, -n:* svw. Korporation
Teilzeiter Teilzeiterin, *der; -s, - bzw. die; -, -nen:* Teilzeitbeschäftigte(r)
teilzeitlich: einen Prozentsatz der gesamten Arbeitszeit umfassend
Teilzeitpensum, *das; -s, ...pensen:* Teilzeitarbeit
Telefon, *das; -s, -e:* auch svw. 1. Telefongespräch 2. Telefonanruf
Telefonbeantworter, *der; -s, -:* Anrufbeantworter
Telefonkabine, *die; -, -n:* svw. dtl. Telefonzelle
Telefonlinie, *die; -, -n:* Telefonleitung
Tellerservice, *der; -, ohne Pl.:* Angebot von Gerichten, die direkt auf dem Teller serviert werden
***tel quel:** so wie es eben ist; unverändert
Temporärarbeit, *die; -, -en:* befristete Arbeit
Temporärarbeiter Temporärarbeiterin, *der; -s, - bzw. die; -, -nen:* Person, die auf Vermittlung durch ein Temporärbüro jeweils für begrenzte Zeit in verschiedenen Betrieben arbeitet
Temporärbüro, *das; -s, -s:* Firma, die Arbeitskräfte für eine bestimmte Zeitdauer verleiht
Tenn, *das; -s, -e:* Tenne
Tenue Tenü, *das; -s, -s:* [vorgeschriebene] Art, sich zu kleiden
Teuerung, *die; -, -en:* Preisanstieg
Teuerungsausgleich, *der; -[e]s, -e:* Angleichung von Löhnen und Renten an die Inflation
Teuerungszulage, *die; -, -n:* infolge der Inflation bezahlte Lohnzulage
Thé. **Thé citron, der:* Schwarztee mit Zitrone; **Thé crème, der:* Schwarztee mit Milch
Theaterdirektor Theaterdirektorin, *der; -s, -en bzw. die; -, -nen:* künstlerische(r) und kaufmännische(r) Leiter(in) eines Theaters
Thek, *der; -s, -e (regional):* rucksackartige Tasche für Schulutensilien; dtl. Schultasche
Thermoskrug, *der; -[e]s, ...krüge:* Thermoskanne
Thon, *der; -[e]s, ohne Pl.:* Fleisch des Thunfisches
Tiefkühler, *der; -s, -:* Tiefkühltruhe, -schrank
Tiefparterre, *das; -s, -s:* Souterrain
Tirggel, *der; -s, -:* zürcherisches Advents- und Weihnachtsgebäck aus Honig und Mehl
Tischblatt, *das; -[e]s, ...blätter:* Tischfläche; [Material der] Tischplatte
Tischbombe, *die; -, -n:* svw. dtl. Tischfeuerwerk
tischen *<sw. V.>:* den Tisch decken; aufdecken
Tobel, *das; -s, -:* enge Schlucht
Todesschein, *der; -[e]s, -e:* Totenschein
Töff, *der; -s, -/-s (mundartnah):* Motorrad
Töffli, *das; -s, - (mundartnah):* Mofa, Moped
töggelen *<sw. V.> (mundartnah):* 1. (auf einer [Computer]tastatur) tippen 2. an einem Töggelikasten spielen
Töggelikasten, *der; -s, ...kästen (mundartnah):* svw. dtl. Tischfussball
Tolggen, *der; -s, - (mundartnah):* [Tinten]tropfen, [Tinten]fleck. **Tolggen im Reinheft:* Makel, Schandfleck
Tomatenpüree, *das; -s, -s:* püriertes und eingedicktes Fruchtfleisch von Tomaten
tönen *<sw. V.>:* auch svw. klingen
Torkel, *der; -s, - (regional):* Kelter, [historische] Weinpresse
total: auch svw. im Gesamten, insgesamt
Total, *das; -s, -e:* Gesamtheit, Gesamtsumme
Totalbetrag, *der; -[e]s, ...beträge:* Gesamtbetrag
Totalrevision, *die; -, -en:* 1. vollständige Überarbeitung eines Gesetzes oder Vertrags 2. umfassende Überholung (eines technischen Geräts, eines Motorfahrzeugs usw.)

Totenfrieden, *der; -s, ohne Pl. (Recht):* Totenruhe

Touristenlager, *das; -s, -:* einfacher Schlafraum für mehrere Personen; Matratzenlager

tout. **tout Bâle, *tout Zurich (ironisch, mit Bezug auf die Einwohnerschaft):* ganz Basel, Zürich

träf: treffend, schlagfertig

Tragtasche, *die; -, -n:* [grössere] Tasche für den Transport gekaufter Waren; dtl. Tragetasche

Trainer, *der; -s, - (Kurzwort):* auch svw. Sportanzug, Trainingsanzug

Traiteur, *der; -s, -e:* 1. Person, die Fertiggerichte, insbes. kalte Fleischgerichte wie Pasteten und Wurstwaren, herstellt und verkauft 2. Verkaufsstand oder -abteilung, in der die Angebote des Traiteurs verkauft werden

Traktandenliste, *die; -, -n:* Programm[punkte] einer Sitzung; dtl. Tagesordnung

traktandieren *<sw. V.> (häufig im 2. Partizip):* [im Voraus] als Verhandlungsgegenstand einer Sitzung bestimmen; auf die Traktandenliste setzen

Traktandum, *das; -s, ...den:* Verhandlungsgegenstand an einer Sitzung

Tram, *das; -s, -s:* Strassenbahn

Trambillett, *das; -s, -s/-e:* Fahrkarte für eine Strassenbahn

Trämel, *der; -s, -:* Rundholz (dtl. in anderer Bed.)

Trämler Trämlerin, *der; -s, - bzw. die; -, -nen (mundartnah):* Person, die bei einem Trambetrieb arbeitet

Tranksame, *die; -, ohne Pl.:* Getränk (in kollektivem Sinn)

Träsch, *der; -s, ohne Pl.:* Schnaps aus Pressrückständen von Äpfeln und Birnen

Trassee, *das; -s, -s:* Verlauf eines Verkehrskörpers; Bahnkörper, Bahn-, Strassendamm; dtl. Trasse (auch schweiz. fachspr.)

Traueressen, *das; -s, -:* festliches Essen nach einem Begräbnis; Leichenschmaus

Trauerfamilie, *die; -, -n:* Hinterbliebene bei einem Todesfall

Trauerzirkular, *das; -s, -e:* mit der Post verschickte, gedruckte Todesanzeige

Trax, *der; -[es], -e:* [Raupen]fahrzeug zum Planieren, Umschichten und Aufladen von Aushubmaterial; dtl. Schaufellader

Treffnis, *das; -ses, -se:* Anteil, Quote, Rate

Treibstoffzoll, *der; -[e]s, ...zölle:* Steuer, die auf die Einfuhr von Treibstoffen erhoben wird

Treichel, *die; -, -n:* bauchige, geschmiedete Kuhglocke

Treue. **in guten Treuen:* 1. *(Recht)* im guten Glauben 2. gewissenhaft, aufrichtig

Treuhandbüro, *das; -s, -s:* mit der Verwaltung von Geld- und Sachwerten beauftragte Firma

Treuhandfirma, *die; -, ...firmen:* svw. Treuhandbüro

Triage, *die; -, -n:* auch svw. Sonderung (dtl. nur fachspr.)

Tricot, *das; -s, -s:* Trikot

Triopack, *das; -[e]s, -:* Packung mit drei Stück

Trockenfleisch, *das; -[e]s, ohne Pl.:* luftgetrocknetes [Rind]fleisch

Trocknungsraum, *der; -[e]s, ...räume:* zum Trocknen von Wäsche bestimmter Raum; Trockenraum

trölen *<sw. V.>:* 1. langsam arbeiten 2. *(Recht)* den Gerichtsgang leichtfertig oder mutwillig verzögern

Trölerei, *die; -, -en:* 1. Bummelei 2. *(Recht)* leichtfertige oder mutwillige Verzögerung des Gerichtsganges

trölerisch *(Recht):* den Gerichtsgang ungehörig verzögernd

Trolleybus, *der; -ses, -se:* Bus im öffentlichen Verkehr, der mit Strom einer Oberleitung angetrieben wird; dtl. Oberleitungsbus

Trotte, *die; -, -n:* Presse zur Gewinnung von Trauben- und Obstsaft

Trotti, *das; -s, -/-s (mundartnah):* svw. Trottinett

Trottinett, *das; -s, -e/-s:* ein Fortbewegungsmittel, svw. dtl. Tretroller

Trottoir, *das; -s, -s:* einer Strasse entlangführender erhöhter Weg für Fussgänger(innen); dtl. Gehsteig

trötzeln *<sw. V.>:* trotzig reagieren; sich trotzig benehmen

Truffe, *das; -s, -s (meist Pl.):* 1. kugelförmiges Konfekt aus Schokolade; dtl. Trüffel 2. wertvoller Speise- und Gewürzpilz; Trüffel

Trüsche, *die; -, -n:* Quappe (Fischart)

Trute, *die; -, -n:* Truthenne

tschau *(mundartnah):* 1. hallo 2. tschüss

Tschinelle, *die; -, -n:* Musikinstrument aus zwei tellerförmigen Messingscheiben, die gegeneinandergeschlagen werden

Tschingg, *der; -en/-s, -en (derb, mundartnah):* Italiener(in)

Tschugger Tschuggerin, *der; -s, - bzw. die; -, -nen (abwertend, mundartnah):* Polizist(in)

Tschütteler Tschüteler Schütteler, *der; -s, - (mundartnah):* Fussballspieler

tschutten tschuten schutten *<sw. V.> (mundartnah):* Fussball spielen

Tuch. **ins [gute] Tuch gehen:* ins Gewicht fallen; teuer zu stehen kommen

Tumbler, *der; -s, -:* Wäschetrockner

Tun. **etw. ist im Tun:* etw. tut sich; etw. geschieht derzeit

Tupf, *der; -[e]s, -e:* Tupfen

Türfalle, *die; -, -n:* Türgriff; dtl. Türklinke

Türvorlage, *die; -, -n:* Fussmatte

Typenschein, *der; -[e]s, -e:* Herstellungsurkunde eines technischen Gerätes mit Betriebserlaubnis (bes. bei Autos)

U

überbauen *<sw. V., mit Betonung auf dem Grundwort>:* auch svw. (ein leeres Grundstück) bebauen

Überbauung, *die; -, -en <mit Betonung auf dem Grundwort>:* auch svw. 1. Erstellen von Gebäuden nach einem Gesamtplan 2. mehrere nach einem Gesamtplan erstellte Bauten

überbinden *<st. V.>:* auch svw. auferlegen, übertragen (von Verpflichtungen, Aufgaben oder Kosten)

überborden *<sw. V.>:* auch svw. das übliche und erwünschte Mass überschreiten

Übergewand, *das; -[e]s, ...gewänder:* svw. Überkleid

Überkleid, *das; -[e]s, -er:* Arbeitskleidung, Overall

übermarchen *<sw. V.>:* die Grenze des Normalen überschreiten; übertreiben

Übername, *der; -ns, -n:* Spitzname

überrissen: zu hoch (angesetzt), übertrieben (teuer); überhöht

übersetzt: auch svw. zu hoch; überhöht

überstellen *<sw. V.>:* auch svw. (einen Raum mit sperrigen Gegenständen) vollstopfen

übertreten *<st. V.>:* auch svw. (den Knöchel oder Fuss) verstauchen

übervertreten: überdurchschnittlich vertreten; überrepräsentiert

Übervertretung, *die; -, -en:* überdurchschnittliche, zu starke Vertretung

überwirten *<sw. V.>:* über die gesetzliche Zeit hinaus Gäste in einem Wirtshaus bedienen

Überzeit, *die; -, -en:* Überstunden

UHT-Milch, *die; -, ohne Pl.:* durch schnelles, hohes Erhitzen für einen längeren Zeitraum haltbar gemachte Milch

Umfahrung, *die; -, -en:* svw. Umfahrungsstrasse

Umfahrungsstrasse, *die; -, -n:* um ein Siedlungsgebiet herumführende [Fernverkehrs-]strasse

Umgelände, *das; -s, -:* Umgebung (eines Bauwerks)

Umlad, *der; -[e]s, -e:* Umladen (von Waren)

umnutzen *<sw. V.>:* einer anderen Nutzung zuweisen (von Grundstücken, Gebäuden usw.)

Umschwung, *der; -[e]s, ohne Pl.:* auch svw. (zu einem Gebäude) dazugehöriges Land

umteilen *<sw. V.>:* anders zuordnen; neu zuordnen

Umteilung, *die; -, -en:* Zuordnung zu einem anderen Bereich; Neuzuordnung

Umtrieb, *der; -[e]s, -e (oft Pl.):* auch svw. Aufwand, Unannehmlichkeit

umzonen *<sw. V.>:* (Land) einer anderen Nutzung zuweisen

unbedingt *(Recht):* auch svw. ohne Bewährung

unbewilligt *<Adj.> (nicht steigerbar):* nicht bewilligt

ungefreut: unerfreulich

Ungeschlagenheit, *die; -, ohne Pl.:* das Ungeschlagen-Sein, Nichtverlieren (bei sportlichen Wettkämpfen)

Unihockey, *das; -s, ohne Pl.:* Hallenhockey

Universitätsspital, *das; -s, ...spitäler:* Universitätsklinik

unpräzis: ungenau, unscharf; unpräzise

Unselbständigerwerbende, *der/die; -n, -n:* unselbständig Erwerbstätige(r)

Unservater, *das; -s, ohne Pl. (ref. Kirche):* Gebet des Herrn; Vaterunser

Unterakkordant, *der; -en, -en:* Subunternehmer

Unterarmgriff, *der; -[e]s, -e (selten):* Rettungsgriff, bei dem eine verletzte Person mit beiden Händen, unter ihren beiden Achseln hindurch, an einem abgewinkelten Unterarm festgehalten wird

Unterbruch, *der; -[e]s, ...brüche:* Unterbrechung

Unterhaltsarbeiten, *die; nur Pl.:* Wartungsarbeiten

unterkant: von der Unterkante gemessen

Unterlagsboden, *der; -s, ...böden:* Untergrund für Fussbodenbeläge; dtl. Estrich

Unterleibchen, *das; -s, -:* Unterhemd

Unterschriftenbogen, *der; -s, -:* gedruckte Liste für eine Unterschriftensammlung

Untersuch, *der; -[e]s, -e:* medizinische Untersuchung

Untersuchungskommission, *die; -, -en:* Gruppe von Experten, die mit der Untersuchung von unvorhergesehenen Ereignissen und von Verfehlungen in Politik und Verwaltung beauftragt ist

Untersuchungsrichter Untersuchungsrichterin, *der; -s, - bzw. die, -, nen:* im Militärstrafprozess bzw. bis 2010 auch in vielen Kantonen diejenige Person, welche die Strafuntersuchung leitete

Untersuchungsrichteramt, *das; -[e]s, ...ämter:* bis 2010 in einigen Kantonen diejenige Behörde, welche die Strafuntersuchung führte

untertags: tagsüber

untervertreten: unterrepräsentiert

Untervertretung, *die; -, -en:* unterdurchschnittliche, zu schwache Vertretung

unzensuriert: keiner Zensur unterworfen

Unzukömmlichkeit, *die; -, -en:* Unzulänglichkeit

urchig: bodenständig, urtümlich

Urkanton, *der; -[e]s, -e (meist Pl.):* einer der (bzw. im Pl. die) Kantone Uri, Schwyz, Obwalden und Nidwalden

Urnengang, *der; -[e]s, ...gänge:* Wahl an der Urne (und nicht mit Handmehr); Volksabstimmung

Urnengemeinde, *die; -, -n:* (in den Kt. Bern und Graubünden) Gesamtheit der stimm- und wahlberechtigten Einwohner(innen) einer politischen Gemeinde, die zu Abstimmungen und Wahlen an die Urne gerufen wird (im Ggs. zur Gemeindeversammlung, wo Abstimmungen und Wahlen per Handmehr durchgeführt werden)

Urschweiz, *die; -, ohne Pl.:* die Kantone Uri, Schwyz, Obwalden und Nidwalden

urteilsunfähig: nicht urteilsfähig

Urversammlung, *die; -, -en:* (im Kt. Wallis) svw. Gemeindeversammlung

Usanz, *die; -, -en:* Brauch, Gepflogenheit; Usus

V

valabel: annehmbar, brauchbar

Vanillestängel, *der; -s, -:* Vanilleschote

Varia, *die; nur Pl.:* Verschiedenes; üblicherweise letzter Punkt einer Traktandenlisten

Variantenfahren, *das; -s, ohne Pl.:* Skifahren oder Snowboarden abseits der markierten Pisten

Velo, *das; -s, -s:* Fahrrad

Velofahren, *das; -s, ohne Pl.:* das Fahrradfahren

Velofahrer Velofahrerin, *der; -s, - bzw. die; -, -nen:* Fahrradfahrer(in)

Velokurier Velokurierin, *der; -s, -e bzw. die; -, -nen:* 1. Person, die berufsmässig Botengänge mit dem Velo erledigt 2. Firma, die Botengänge mit dem Velo anbietet

Velomech, *der; -s, -s (salopp, Kurzwort):* Velomechaniker

Velomechaniker Velomechanikerin, *der; -s, - bzw. die; -, -nen:* Fahrradmechaniker(in)

Velopumpe, *die; -, -n:* Fahrradpumpe

Velotour, *die; -, -en:* Fahrradtour

Velounterstand, *der; -[e]s, ...stände:* überdachter Platz zum Unterstellen von Velos

verbeiständen *<sw. V.>:* eine Beistandschaft einrichten

verdanken *<sw. V.>:* auch svw. für etw. danken

verdankenswert: Dank verdienend

Verdankung, *die; -, -en:* Ausdruck des Dankes

Verdingbub, *der; -en/-s, -en (früher):* svw. männliches Verdingkind

verdingen *<sw. V.> (früher):* ein Kind bei einer

Bauernfamilie gegen geringes Kostgeld unterbringen

Verdingkind, *das; -[e]s, -er (früher):* Kind, das von der Waisenbehörde bei einer Pflegefamilie gegen geringes Kostgeld untergebracht wird

Verdingmädchen, *das; -s, - (früher):* weibliches Verdingkind

verfuhrwerken *<sw. V.>:* verpfuschen, verpatzen

verfuhrwerkt: auch svw. verfahren (von einer Situation)

vergaben *<sw. V.>:* (gemeinnützigen Institutionen Geld) vermachen; schenken

Vergabung, *die; -, -en:* Schenkung (an gemeinnützige Institutionen); Vermächtnis

verganden *<sw. V.>:* verwildern (von Kulturland)

verganten *<sw. V.>:* (auf einer Gant) versteigern

vergelstern *<sw. V.> (mundartnah):* erschrecken; verwirren

Verhöramt, *das; -[e]s, ...ämter:* bis 2010 in einigen Kantonen diejenige Behörde, welche die Strafuntersuchung führte

Verhörrichter Verhörrichterin, *der; -s, - bzw. die, -, nen:* bis 2010 in einigen Kantonen die Person, welche die Strafuntersuchung leitete

verhühnern *<sw. V.> (salopp):* 1. in Unordnung bringen 2. verlegen, verlieren, vergessen

Verkaufspunkt, *der; -[e]s, -e:* Verkaufsstelle

Verkehrsinstruktor Verkehrsinstruktorin, *der; -s, -en bzw. die; -, -nen:* Person, die Kindern und Jugendlichen Verkehrsunterricht erteilt

verklopfen *<sw. V.>:* 1. (ein Ei) schlagen, verquirlen 2. *(derb)* jmdn. verprügeln, verdreschen

verknorzt: 1. kompliziert, unflexibel 2. missgestaltet, verkrüppelt

verknurren *<sw. V.>:* 1. jmdn. dazu bringen, eine bestimmte [unangenehme] Handlung auszuführen 2. *(salopp)* (zu einer Strafe) verurteilen

Verlad, *der; -[e]s, ohne Pl.:* Verladen (von Waren)

verlauern *<sw. V.> (mundartnah):* durch Nachlässigkeit versäumen, verpassen; nachlässig vertun, verspielen

Verleider, *der; -s, ohne Pl. (mundartnah):* Überdruss. **den Verleider haben/bekommen:* einer Sache überdrüssig sein/werden

verletzungshalber: verletzungsbedingt

verlochen *<sw. V.>:* 1. vergraben, verscharren 2. *(salopp)* Geld ohne Gewinn investieren; verschwenden

verlumpen *<sw. V.> (salopp, mundartnah):* mittellos werden; verarmen

Verlustschein, *der; -e/es, -e:* nach einer Pfändung den Gläubigern zustehende schriftliche Bescheinigung über den ungedeckt gebliebenen Betrag ihrer Forderung

Vermicelle, *das; -s, -s :* Püree aus gekochten Kastanien, Zucker und Butter, das durch eine Presse gedrückt und so in eine spaghettiähnliche Form gebracht wird (Singular, wenn einzelne Dessertportion, Plural, wenn das Püree als solches gemeint ist)

Vermisstanzeige, *die; -, -n:* Meldung bei der Polizei, dass eine Person vermisst wird

Vermisstmeldung, *die; -, -en:* Meldung in der Presse über eine vermisste Person

Vermittler Vermittlerin, *der; -s, - bzw. die; -, -nen:* (in einigen Kantonen) auch svw. (dem erstinstanzlichen Gericht vorgeschaltete[r]) Schlichter(in); Friedensrichter(in)

Vermittleramt, *das; -[e]s, ...ämter:* (in einigen Kantonen; dem erstinstanzlichen Gericht vorgeschaltete) Schlichtungsbehörde; Friedensrichteramt

vermögen *<unregelm. V.> (mundartnah):* auch svw. die notwendigen Geldmittel zu etw. haben

vermöglich: vermögend, wohlhabend

Vernehmlassung, *die; -, -en:* 1. Stellungnahme von Kantonen (bei Bundesvorlagen), Gemeinden (bei kantonalen Vorlagen), Parteien sowie wirtschaftlichen und gesellschaftlichen Interessengruppen zu einem Gesetzesentwurf 2. kurz für Vernehmlassungsverfahren. **in die Vernehmlassung schicken:* den Kantonen bzw. Gemeinden, Parteien usw. zur Stellungnahme unterbreiten

Vernehmlassungsverfahren, *das; -s, -:* Aufforderung an die Kantone (bei Bundesvorlagen), Gemeinden (bei kantonalen Vorlagen), Parteien sowie wirtschaftlichen und gesellschaftlichen Interessengruppen zur Stellungnahme zu einem Gesetzesentwurf

Verpolitisierung, *die; -, -en (abwertend):* [unerwünschtes] Hineinziehen eines primär sachlichen Themas in den politischen Diskurs

verquanten <*sw. V.*> *(mundartnah):* verscherbeln, verkaufen

verrechnen <*sw. V.*>*:* in Rechnung stellen

Verrechnungssteuer, *die; -, -n:* Quellensteuer auf bestimmte Kapitalerträge, die mit der regulären Steuerschuld verrechnet wird

versäubern <*sw. V.*>*:* auch svw. die Notdurft im Freien verrichten (von Hunden)

Verschiebedatum, *das; -s, ...daten:* festgelegter Zeitpunkt, an dem Veranstaltungen [wegen schlechter Witterung] ersatzweise stattfinden können

Verschrieb, *der; -[e]s, -e:* Fehlschreibung

verschupft *(mundartnah):* stiefmütterlich behandelt

Versicherungsgericht, *das; -[e]s, -e:* (im Bund und in manchen Kantonen) Gericht, das bei Streitfällen über Sozialversicherungsleistungen entscheidet

versorgen <*sw. V.*>*:* auch svw. 1. wegräumen 2. *(salopp)* zwangsweise in einer Anstalt unterbringen

versprayen <*sw. V.*>*:* (mit Graffiti) besprühen

verstäten <*sw. V.*>*:* festmachen (bes. das Fadenende)

Versteckis, *das; -, ohne Pl. (mundartnah):* Versteckspiel

vertäuben <*sw. V.*> *(mundartnah):* auch svw. erzürnen

vertragen <*st. V.*>*:* auch svw. (Zeitungen, Post) austragen

Verträger Verträgerin, *der; -s, - bzw. die; -, -nen:* Person, die etw. austrägt

vertrampeln <*sw. V.*> *(mundartnah):* zertrampeln; zertreten

vertrampen <*sw. V.*> *(mundartnah):* 1. sich (den Knöchel oder Fuss) verstauchen, vertreten 2. zertrampeln; zertreten 3. sich die Füsse vertreten

Vertrauensarzt Vertrauensärztin, *der; -[e]s, ...ärzte bzw. die; -, -nen:* Arzt oder Ärztin, der bzw. die im Auftrag einer Behörde, Krankenkasse usw. Überprüfungen und Kontrollen durchführt

verunfallen <*sw. V.*>*:* verunglücken

verunmöglichen <*sw. V.*>*:* unmöglich machen

Verwaltungsrat, *der; -[e]s, ...räte:* 1. auch svw. Gremium, das die Geschäftsführung einer Aktiengesellschaft überwacht; dtl. Aufsichtsrat 2. **Verwaltungsrat Verwaltungsrätin,** *der; -[e]s, ...räte bzw. die; -, -nen:* Mitglied eines Verwaltungsrates

verwedeln <*sw. V.*>*:* Spuren verwischen, vertuschen

verwerfen <*st. V.*>*:* auch svw. 1. (eine Spielkarte) ausspielen, ohne damit etw. zu stechen 2. (die Arme) heftig gestikulierend bewegen

Verweser Verweserin, *der; -s, - bzw. die; -, -nen:* Stellvertreter(in) für einen ordentlich gewählten Pfarrer oder Lehrer

verwirrlich: verwirrend

verzeigen <*sw. V.*>*:* anzeigen; gegen jmdn. Strafanzeige erstatten

Verzeigung, *die; -, -en:* [Straf]anzeige

Verzweigung, *die; -, -en:* auch svw. Abzweigung (etwa einer Strasse)

Veston, *der; -s, -s:* Sakko

Vetterliwirtschaft, *die; -, ohne Pl.:* Günstlingswirtschaft

Viehhabe, *die; -, ohne Pl.:* Viehbestand (eines Hofes)

Viehware, *die; -, ohne Pl.:* svw. Viehhabe

vielenorts: vielerorts

Vierer, *der; -s, -:* auch svw. 1. Verkehrslinie 4 bzw. Tram, Bus der Linie 4 2. Schulnote 4 3. Augenzahl 4 auf dem Spielwürfel 4. Jahrgang [19/20]04

Vierplätzer, *der; -s, -:* vier Plätze aufweisendes Fahrzeug; dtl. Viersitzer

Viertelsgemeinde, *die; -, -n:* (im Kt. Bern) einzeln gelegener Ortsteil (einer ländlichen Gemeinde)

vif: von schneller Auffassungsgabe, lebhaft, aufgeweckt

Vikar Vikarin, *der; -s, -e bzw. die; -, -nen:* : (in einigen Kantonen) auch svw. Stellvertreter(in) für eine(n) abwesende(n) Lehrer(in)

visieren <*sw. V.*>*:* auch svw. 1. beglaubigen 2. [unter]zeichnen

Visum, *das; -s, Visa (formell):* auch svw. Namenskürzel oder Unterschrift, womit die

Kenntnisnahme eines Schriftstückes dokumentiert wird

Vita-Parcours Vitaparcours, *der; -, -:* Fitnessparcours; [durch den Wald] führender Weg mit Turngeräten und Anweisungen für gymnastische Übungen

Vogelheu, *das; -s, ohne Pl.:* in Ei gewendete geröstete Brotscheibchen

Volk, *das; -[e]s, ohne Pl.:* (bei Volksabstimmungen) auch svw. die Stimmberechtigten

Volksinitiative, *die; -, -n:* Initiative, die vom Volk ausgeht; Volksbegehren

Volksmehr, *das; -[e]s, ohne Pl.:* Mehrheit aller Abstimmenden bei eidgenössischen Volksabstimmungen

Volksmotion, *die; -, -en:* (in einigen Kt.) Motion, die vom Volk ausgeht; Volksvorschlag

Volksrecht, *das; -[e]s, -e (meist Pl.):* direktdemokratisches politisches Recht

Volksschule, *die; -, -n:* Oberbegriff für Kindergarten, Primarstufe und Sekundarstufe I

Volksschullehrer Volksschullehrerin, *der; -s, - bzw. die; -, -nen:* Lehrer(in) an der Primarstufe oder Sekundarstufe I

Volkswirtschafter Volkswirtschafterin, *der; -s, - bzw. die; -, -nen:* Volkswirtschaftler(in)

Volkswirtschaftsdepartement, *das; -[e]s, -e:* (in manchen Kantonen) für die Volkswirtschaft zuständiges Ministerium

Volkswirtschaftsdirektion, *die; -, -en:* (in manchen Kantonen) svw. Volkswirtschaftsdepartement

Volkswirtschaftsdirektor Volkwirtschaftsdirektorin, *der; -s, -en bzw. die; -, -nen:* kantonale(r) Wirtschaftsminister(in)

Vollamt, *das; -[e]s, ...ämter:* (bei einer öffentlichrechtlichen Anstellung) die ganze Normalarbeitszeit beanspruchendes Anstellungsverhältnis

vollamtlich: für die ganze Normalarbeitszeit angestellt

Vollerfolg, *der; -[e]s, -e:* 1. grosser Erfolg 2. *(Sport)* Sieg (im Ggs. zu einem Unentschieden)

Vollpackung, *die; -, -en:* für einen militärischen Marsch mit der vollständigen Ausrüstung bepackter Rucksack

Vollpensum, *das; -s, ...pensen:* Vollzeitarbeit (oft bezogen auf Lehrberufe)

vollumfänglich: in vollem Umfang

Vollzeiter Vollzeiterin, *der; -s, - bzw. die; -, -nen:* Vollzeitbeschäftige(r)

vollzeitlich: die gesamte Arbeitszeit umfassend; ganztags

vorab: vor allem; in erster Linie; insbesondere (dtl. in anderer Bed.)

Vorabklärung, *die; -, -en:* [erstes] Sammeln von Informationen

Voranschlag, *der; -[e]s, ...schläge:* Zusammenstellung der voraussichtlichen Einnahmen und Ausgaben; Budgetentwurf

Voraus. **zum Voraus:* im Voraus

vorbehältlich *<Präp. mit Gen.>:* unter dem Vorbehalt (von)

Vorbezug, *der; -[e]s, ...züge:* vorzeitiges Einfordern und Entgegennehmen einer zustehenden [Geld]leistung

Voressen, *das; -s, -:* Ragout

Vorfenster, *das; -s, -:* zweites Fenster, das [in älteren Häusern] im Winter zu Wärmeisolationszwecken eingehängt wird

vorgängig: 1. *<Adv.>* zuvor 2. *<Adj.>* vorhergehend, vorangehend

Vorkehr, *die; -, -en:* Vorkehrung

vorkehren *<sw. V.>:* Massnahmen ergreifen; Vorkehrungen treffen

Vorlage, *die; -, -n:* auch svw. Abstimmungsvorlage

Vormundschaftsamt, *das; -[e]s ...ämter:* svw. Vormundschaftsbehörde

Vormundschaftsbehörde, *die; -, -n:* älter für Kindes- und Erwachsenenschutzbehörde

Vornherein. **zum Vornherein:* von vorn[e]herein, im Voraus

Vorortsgemeinde, *die; -, -n:* Vorort

Vorplatz, *der; -es, ...plätze:* auch svw. repräsentativer Raum im Eingangsbereich innerhalb einer Wohnung oder eines Einfamilienhauses

vorprellen *<sw. V.>:* vorpreschen

Vorsorgeeinrichtung, *die; -, -en:* Pensionskasse (dtl. in anderer Bed.)

vorspuren *<sw. V.>:* 1. (mit Skiern oder Schneepflug) Fahrspuren in den Schnee legen; spuren 2. vorausschauend Entscheidungen auf ein bestimmtes Ziel hin treffen

Vorsteher Vorsteherin, *der; -s, - bzw. die; -, -nen:* Person, die in einer Behörde, einem Institut oder einer Schule eine leitende Funktion ausübt; Leiter(in)

Vorstoss, *der; -es, ...stösse:* auch svw. parlamentarischer Vorschlag (Initiative, Motion, Postulat)

Vortrag, *der; -[e]s, ...träge:* (im Kt. Bern) auch svw. Bericht und Stellungnahme der Regierung zu einer dem Parlament unterbreiteten Vorlage

Vortritt, *der; -[e]s, ohne Pl.:* auch svw. Recht, an einer Kreuzung oder Einmündung vor einem anderen herankommenden Fahrzeug durchzufahren; dtl. Vorfahrt

vortrittsberechtigt: auch svw. berechtigt, an einer Kreuzung oder Einmündung vor einem anderen herankommenden Fahrzeug durchzufahren; dtl. vorfahrtberechtigt

vorverschieben <*st. V.*>*:* vorverlegen

vorwärts. **vorwärts machen:* zügig vorgehen

Vorweisung, *die; -, -en:* das Vorweisen, Zeigen

vorzu: jeweils im Augenblick, von Fall zu Fall

Vorzugsbutter, *die; -, ohne Pl.:* Butter der höchsten Handelsklasse

Votum, *das; -s, Voten:* auch svw. Äusserung in einer Versammlung, im Parlament

W

waagrecht: horizontal; dtl. waagerecht

Wächte s. Wechte

Wädli, *das; -s, -:* eingesalzenes und gekochtes oder gebratenes Stück vom Unterschenkel des Schweines; dtl. Eisbein

Waffenplatz, *der; -es, ...plätze:* Kaserne, Truppenausbildungsplatz

wägen <*st. V.*>*:* das Gewicht bestimmen; dtl. (ausserhalb der Fachsprache) wiegen

Waggis, *der; -, -se:* Basler Fasnachtsfigur

Wagner Wagnerin, *der; -s, - bzw. die; -, nen:* Wagenbauer(in)

Wähe, *die; -, -n (regional):* flacher, mit Obst, Gemüse o. Ä. belegter Kuchen, der auf dem Backblech gebacken wird

währenddem <*Konjunktion*>*:* während

währschaft: 1. tüchtig, solide, bodenständig 2. nahrhaft, deftig

Wallholz, *das; -es, ...hölzer:* hölzerne Rolle zum Auswalzen von Teig; dtl. Nudelholz

Wank. **keinen Wank machen/tun:* sich nicht rühren

Warnfinger, *der; -s, -:* zur Warnung erhobener Zeigefinger. **den Warnfinger erheben:* mahnen, warnen

Wartsaal, *der: -[e]s, ...säle:* svw. dtl. Wartesaal

Wäschehänge, *die; -, -n.:* feste Einrichtung mit Wäscheseilen zum Wäschetrocknen

Waschturm, *der; -[e]s, ...türme:* Kombination von Waschmaschine und Wäschetrockner, die zu einem Turm übereinandergestellt sind

Wasenmeister Wasenmeisterin, *der; -s, - bzw. die; -, -nen:* Person, die Tierkadaver beseitigt

Wasser. **gebrannte Wasser:* durch Destillation gewonnene Alkoholika. **Wasser lösen:* urinieren, pinkeln

Wasserfahren, *das; -s, ohne Pl.:* Sportart, bei der ein Weidling flussaufwärts mit einem Stachel gestossen, flussabwärts mit einem Ruder gelenkt wird

Wechte, *die; -, -n:* auch svw. Schneewehe

Weg. **den Weg unter die Füsse nehmen:* sich auf den Weg machen

wegbedingen <*st. V.*>*:* (einen Rechtsanspruch durch eine Vertragsklausel) ausser Kraft setzen

Wegbeschrieb, *der; -[e]s, -e:* Wegbeschreibung

Weggen, *der; -s, -:* Hefegebäck aus Weissmehl

Weggli, *das; -s, - (mundartnah):* kleines, rundes Milchgebäck mit Einkerbung; dtl. Milchbrötchen. **den Batzen/Fünfer und das Weggli haben/wollen/bekommen:* alle Vorteile geniessen [wollen]

wegleitend: richtungsweisend, wegweisend

Wegleitung, *die; -, -en:* schriftliche Anleitung

Wegmacher Wegmacherin, *der; -s, - bzw. die; -, nen:* Person, die für den Unterhalt der Strassen und Wege in ländlichen Gemeinden zuständig ist

Wegnetz, *das; -es, -e:* Gesamtheit von Wegen in einem Gebiet; dtl. Wegenetz

Wegpendler Wegpendlerin, *der; -s, - bzw. die; -, -nen:* Einwohner(in) eines Ortes, der bzw. die regelmässig an einen fremden [Arbeits]ort fährt

wegschlecken <*sw. V.*>. **Das schleckt keine Geiss weg:* das lässt sich nicht wegdiskutieren

Wegwahl, *die; -, -en:* Abwahl

wegwählen <*sw. V.*>*:* nicht wieder wählen; abwählen

wegweisen <*st. V.*>*:* auch svw. polizeilich den Aufenthalt verbieten

Wegweisung, *die; -, -en:* auch svw. polizeiliches Aufenthaltsverbot

wegzählen <*sw. V.*> *(veraltend):* abziehen, subtrahieren

Wehrfrau, *die; -, -en:* Angehörige der Schweizer Armee

Wehrmann, *der; -[e]s, ...männer:* auch svw. Angehöriger der Schweizer Armee

Weibel Weibelin, *der; -s, - bzw. die; -, -nen:* Parlaments-, Gerichts- oder Amtsdiener(in); Amtsbote bzw. -botin

weibeln <*sw. V.*>*:* 1. geschäftig umhergehen 2. werbend Kontakte knüpfen, Lobbying betreiben

Weichsel, *die; -, -n:* Sauerkirsche

Weichselkirsche, *die; -, -n:* svw. Weichsel

Weidland, *das; -s, ohne Pl.:* Weideland

Weidling, *der; -s, -e:* Flusskahn, Fischerkahn

weihnächtlich: weihnachtlich

Weihnachtskind, *das; -s, -er (Pl. ungebr.; regional):* auch svw. 1. Christkind 2. Jesuskind 3. Glückskind, Sonntagskind

Weis Wis Wys, *der; -es, -e:* Kartenkombination beim Jass, die zusätzliche Punkte einbringt

weisen <*st. V.*>*:* 1. auch svw. eine zusätzliche Punkte einbringende Kartenkombination *(Weis)* melden 2. **es wird sich weisen:* es wird sich zeigen

weisseln <*sw. V.*>*:* tünchen

Weisskabis, *der; -, ohne Pl.:* ein Kohlgewächs, svw. dtl. Weisskraut, Weisskohl

Weissrübe, *die; -, -n:* Räbe; dtl. weisse Rübe

Weisung, *die; -, -en:* auch svw. 1. behördliche Anleitung, Wegleitung 2. (im Kt. Zürich) Bericht und Stellungnahme der Regierung zu einer dem Parlament unterbreiteten Vorlage

weiter: ferner; weiterhin; ausserdem

Weiterbildungsurlaub, *der; -[e]s, -e:* zwischen Arbeitgeber(in) und Arbeitnehmer(in) vereinbarte Freistellung von der Arbeit für Aus- und Weiterbildung

weiterfahren <*st. V.*>*:* auch svw. fortfahren

weitermachen <*sw. V.*>*:* auch svw. nach der Rekrutenschule einen weiteren militärischen Ausbildungsgang absolvieren

weiterziehen <*st. V.*>*:* auch svw. Revision einlegen

Weiterzug, *der; -[e]s, ...züge:* Berufung (gegen einen Entscheid, ein Urteil)

weitherum: im weiten Umkreis; weithin

weitum: svw. weitherum

welsch: auch svw. die französischsprachige Schweiz betreffend, aus der französischsprachigen Schweiz kommend

Welsche: 1. *(das)* französischsprachige Schweiz 2. *(der, die)* französischsprachige(r) Schweizer(in)

Welschland, *das; -[e]s, ohne Pl.:* französischsprachige Schweiz

Welschschweiz, *die; -, ohne Pl.:* svw. Welschland

Welschschweizer Welschschweizerin, *der; -s, - bzw. die; -, -nen:* Schweizer(in) französischer Muttersprache

welschschweizerisch: zur französischsprachigen Schweiz gehörig, sich auf sie beziehend

Wendeschlaufe, *die; -, -n:* Strassen- oder Schienenschleife zum Wenden von Bussen oder Schienenfahrzeugen

Werkdienst, *der; -[e]s, -e:* (in manchen Kantonen) öffentliche Dienste einer Gemeinde, insbes. in Bereichen wie Unterhalt und Abfuhrwesen

Werkhof, *der; -[e]s, ...höfe:* Ort, wo der Werkdienst angesiedelt ist

Werkjahr, *das; -[e]s, -e:* 1. schulische Berufsvorbereitung von einjähriger Dauer (für Jugendliche mit Behinderungen oder schulischen Rückständen) 2. von einem Kanton, einer Stadt oder einer Stiftung verliehenes Stipendium für die Dauer eines Jahres

Werkklasse, *die; -, -n:* Schulklasse für Jugendliche mit besonderen sozialen und schulischen Bedürfnissen

Werkplatz, *der; -es, ...plätze:* 1. Arbeitsplatz im Freien, in einem Atelier, in einer Werkstätte 2. (bes. in Verbindung mit einem Ortsnamen) Wirtschaftsstandort, insbes. mit Bezug auf handwerkliche und industrielle Betriebe, z. B. *Werkplatz Schweiz*

Werkstätte, *die; -, ...stätten:* Werkstatt

Werkvorstand, *der; -[e]s, ...stände:* (in einigen Kantonen) für öffentliche Dienste wie Wasserversorgung, Strassenunterhalt, Abfuhrwesen usw. zuständiges Mitglied der Gemeindeverwaltung

Werre, *die; -, -n:* Maulwurfsgrille

Wertschrift, *die; -, -en (meist Pl.):* Wertpapier

werweissen *<sw. V.>:* hin und her überlegen

Wettbewerb, *der; -[e]s, -e:* auch svw. dtl. Preisausschreiben

Wettbewerbskommission, *die; -, -en:* für Wettbewerbskontrolle zuständige [eidgenössische] Behörde

Wettkampfglück, *das; -[e]s, ohne Pl. (Sport):* nicht beeinflussbare günstige Fügung in einem Wettkampf

Widerhandlung, *die; -, -en:* Zuwiderhandlung

wiedererwägen *<st. V.>:* sich erneut mit einer Sache auseinandersetzen

Wiedererwägung, *die; -, -en:* erneutes Aufnehmen einer Angelegenheit. **in Wiedererwägung ziehen:* auf einen Beschluss zurückkommen

Wiederholungskurs, *der; -es, -e, abgekürzt WK:* auch svw. in der Regel drei Wochen dauernder und mehrmals wiederkehrender Militärdienst, der in den Jahren nach der Rekrutenschule folgt

Wienerli, *das; -s, -:* Würstchen aus Rind-, Kalb- und Schweinefleisch; dtl. Wiener [Würstchen], Bockwurst

Wiesland, *das; -[e]s, ohne Pl.:* Grasland

Willensnation, *die; -, -en (Pl. ungebr.):* nicht aufgrund ethnischer bzw. sprachlicher Gemeinsamkeit, sondern aufgrund eines gemeinsamen Willens definierte Nation

Willensvollstrecker Willensvollstreckerin, *der; -s, - bzw. die; -, -nen:* Testamentsvollstrecker(in)

wimmen wümmen *<sw. V.> (mundartnah):* (Weintrauben) lesen, ernten

Wimmet Wümmet, *der; -s, ohne Pl. (mundartnah):* Ernte von Weintrauben; Weinlese

wind. **wind und weh:* angst und bange, jämmerlich zumute

winden *<sw. V.; unpersönl.>:* blasen, wehen (vom Wind)

wirblig: quirlig, agil

wirkungsorientiert: auf die (optimale) Wirksamkeit ausgerichtet

wirten *<sw. V.>:* als Gastwirt(in) tätig sein

Wirtepatent, *das; -[e]s, -e:* [durch eine Ausbildung erworbene] staatliche Bewilligung zur Führung eines Gastwirtschaftsbetriebs

Wirtesonntag, *der; -[e]s, -e:* Wochentag, an welchem ein Gasthaus regelmässig geschlossen hat; Ruhetag

Wirz, *der; -es, ohne Pl.:* ein Kohlgewächs mit dunkelgrünen, gekräuselten Blättern; dtl. Wirsing[kohl]

Wis s. Weis

wischen *<sw. V.>:* mit einem Besen den Boden reinigen; dtl. fegen, kehren. **Staub wischen:* abstauben

Wischmaschine, *die; -, -n:* fahrbares Gerät zum Reinigen von Strassen; dtl. Kehrmaschine

Wissenschafter Wissenschafterin, *der; -s, - bzw. die; -, -nen:* Wissenschaftler(in)

Witfrau, *die; -, -en:* Witwe

WK, *der; -s, -s:* Abk. für Wiederholungskurs

Wochenaufenthalter Wochenaufenthalterin, *der; -s, - bzw. die; -, -nen:* Person, die sich hauptsächlich, meist wochentags, ausserhalb ihrer Niederlassungsgemeinde aufhält

Wochenhit, *der; -s, -s (Handel):* [günstiges] Angebot, das eine Woche lang gilt; Wochenangebot

Wohnbauförderung, *die; -, ohne Pl.:* staatliches Förderungsprogramm zum Erwerb eines Hauses oder einer Wohnung

Wohnbaugenossenschaft, *die; -, -en:* [nicht gewinnorientierte] Vereinigung, die günstigen Wohnraum für Familien und sozial Schwächere erstellt oder erwirbt

Wohnüberbauung, *die; -, -en:* [mehrere] Gebäude mit Wohnungen und zugehöriger Infrastruktur

Wohnwand, *die; -, ...wände:* sich über die Länge

einer Zimmerwand erstreckende Front aus [Einbau]möbeln
Wuhr, *das; -[e]s, -e:* [Stau]wehr
wümmen s. wimmen
Wümmet s. Wimmet
Wunderfitz, *der; -es, -e/-en (mundartnah):* 1. Neugier 2. neugierige Person
wunderfitzig *(mundartnah):* neugierig
Wundernase, *die; -, -n:* neugierige Person
wundernehmen *<st. V.; unpersönl.>:* interessieren, neugierig machen
wünschbar: wünschenswert
Wursterei, *die; -, -en:* Betrieb, in dem Würste hergestellt werden
Wurststand, *der; -[e]s, ...stände:* auch svw. kleiner [meist für Anlässe vorübergehend aufgestellter] Verkaufsstand, an dem heisse Würste verkauft werden
Wys s. Weis

Z

Zahltag, *der; -[e]s, -e:* auch svw. Lohn
Zahlungsbefehl, *der; -[e]s, -e:* vom Betreibungsamt erlassene Aufforderung, eine überfällige Zahlung zu entrichten
Zaine Zeine, *die; -, -n:* grosser [geflochtener] Korb; Wäschekorb
Zältli, *das; -s, - (mundartnah):* Bonbon
Zapfen, *der; -s, -:* Korken
Zapfenlocke, *die; -, -n (meist Pl.):* spiralförmig gelocktes langes Haar
Zapfenzieher, *der; -s, -:* Korkenzieher
Zauberformel, *die; -, ohne Pl.:* auch svw. Grundsatz, dass die grösseren Parteien ihrer Stärke in der Bundesversammlung gemäss im Bundesrat vertreten sein sollen; freiwilliger Proporz
Zedel *(AR)* **Zeddel** *(AI), der; -s, -:* (in den Kt. Appenzell Ausserrhoden und Innerrhoden) besondere Form von Grundpfandtiteln nach appenzellischem Recht
Zeichnungs-: in Zus. svw. dtl. Zeichen-, z. B. *Zeichnungsstunde*
Zeigfinger, *der; -s, -:* Zeigefinger
Zeine s. Zaine
Zeitkompensation, *die; -, -en:* Ausgleich von Überstunden durch Freizeit
Zeitungsverträger Zeitungsverträgerin, *der; -s, - bzw. die; -, -nen:* svw. dtl. Zeitungsausträger(in)
Zeltblache, *die; -, -n:* Zeltplane
zensurieren *<sw. V.>:* der Zensur unterwerfen
Zentralpräsident Zentralpräsidentin, *der; -en, -en bzw. die; -, -nen:* übergeordnete(r) Präsident(in)
Zentralschweiz, *die; -, ohne Pl.:* Region der Schweiz um den Vierwaldstättersee
Zentralsekretär Zentralsekretärin, *der; -s, -e bzw. die; -, -nen:* übergeordnete(r) Sekretär(in)
Zentrumslast, *die; -, -en:* erhöhte finanzielle Belastung, die urbane Zentren zu tragen haben
Zentrumsleistung, *die; -, -en:* Infrastrukturleistungen der Kernstädte im Bereich von Kultur, Verkehr, Sozialem usw.
zetten *<sw. V.>:* [Heu, Mist] verstreuen, ausbreiten; dtl. zetteln
Zeugeneinvernahme, *die; -, n:* svw. dtl. Zeugenvernehmung
Zeughaus, *das; -[e]s, ...häuser:* Gebäude, in dem militärische Ausrüstungsgegenstände gelagert werden
zeuseln *<sw. V.> (mundartnah):* mit Feuer spielen
ZGB, *das; -, ohne Pl.:* Abk. für Zivilgesetzbuch
Zielpublikum, *das; -s, ohne Pl.:* Zielgruppe
Ziger, *der; -s, -:* 1. Molkereiweisskäse; dtl. Zieger 2. verkürzt aus Schabziger, Glarner Kräuterkäse
Zigerkrapfen, *der; -s, -:* süsses, mit Quark gefülltes Gebäck
Zigi, *die; -, -s (salopp, mundartnah):* Zigarette
Zimmermann, *der; -[e]s, ...männer:* auch svw. Weberknecht (Spinnenart)
Zimmerstunde, *die; -, -n:* Ruhezeit des Servierpersonals
Zimmerverlesen, *das; -s, -:* Appell einer militärischen Einheit im Schlafsaal der Unterkunft vor der Nachtruhe
Zinne, *die; -, -n:* (im Kt. Zürich) [blechbedeckte] Dachterrasse auf älteren städtischen Häusern
Zins, *der; -es, -e:* auch svw. Miete, Mietzins
zinsen *<sw. V.>:* Zins(en) entrichten
Zirkular, *das; -s, -e:* Rundschreiben

zirkulieren <*sw. V.*>: auch svw. fahren; im Verkehr bzw. in Betrieb sein (von Fahrzeugen)

Zitronenraps, *der; -, ohne Pl.:* geriebene Zitronenschale

Zivilgesetzbuch, *das; -[e]s, ohne Pl., abgekürzt ZGB:* kodifiziertes Zivilrecht; dtl. Bürgerliches Gesetzbuch

Zivilstand, *der; -[e]s, ohne Pl.:* Personenstand

Zivilstandsamt, *das; -[e]s, ...ämter:* Standesamt

Zivilstandsbeamte Zivilstandsbeamtin, *der; -n, -n bzw. die; -, -nen:* Standesbeamte(r)

Zivilstandsregister, *das; -[e]s, -:* svw. dtl. Personenstandsregister

Ziviltrauung, *die; -, -en:* standesamtliche Eheschliessung

Zmittag, *das/der -s, ohne Pl. (mundartnah):* Mittagessen

Zmorgen, *das/der; -s, - (mundartnah):* Frühstück

Znacht, *der/das; -s, ohne Pl. (mundartnah):* Abendessen

Znüni, *das/der; -s, - (mundartnah):* Zwischenmahlzeit am Vormittag

Znünihalt, *der; -[e]s, -e (mundartnah):* Unterbrechung einer Wanderung oder Ausfahrt am Vormittag, um einen kalten Imbiss einzunehmen

Znünipause, *die; -, -n (mundartnah):* Pause am Vormittag, in der man eine Zwischenmahlzeit zu sich nimmt

Zoccoli, *die; nur Pl.:* pantoffelartige Holzsandalen

Zone, *die; -, -:* 1. Teil eines Gemeindegebietes, der für eine bestimmte Nutzung vorgesehen ist 2. **blaue Zone:* Parkplätze, die mit blauer Farbe am Boden markiert sind und auf denen für eine begrenzte Zeit ein Auto abgestellt werden darf

Zonenordnung, *die; -, -en:* svw. Zonenplan

Zonenplan, *der; -[e]s, ...pläne:* Plan, der die Nutzung von Grundstücken festlegt; Nutzungsplan

Zopf, *der; -[e]s, Zöpfe:* auch svw. feines Weissbrot in Zopfform

Zuber, *der; -s, -:* wannenförmiges Gefäss [aus Holz]; Bottich

Zubringerdienst, *der; -[e]s, -e:* auch svw. Zufahrt für Anwohner(innen), Taxis, öffentliche Dienste und Güterumschlag

Zucchetti, *der/die; -s/-, -/-s:* ein Kürbisgewächs, svw. dtl. Zucchini

Zückerchen, *das; -s, - (ugs.):* Anreiz

Zuckerstock, *der; -s, -stöcke:* Zuckerhut, Kegel aus Zucker

zudienen <*sw. V.*>: zur Hand gehen; unterstützend helfen

Zufahrtsplan, *der; -[e]s, ...pläne:* [schematische] Karte, aus der die Zufahrt zu einem bestimmten Ort ersichtlich ist

Zugchef Zugchefin, *der; -s, -s bzw. die; -, -nen:* auch svw. Leiter(in) eines Zuges in Feuerwehr und Zivilschutz sowie bei Festumzügen

Zügelmann, *der; -[e]s, ...männer/...leute:* Angestellter einer Umzugsfirma

zügeln <*sw. V.*>: auch svw. umziehen

Zügeltermin, *der; -[e]s, -e:* Umzugstermin

Züglete, *die; -, -n (mundartnah):* Umzug

zugriffig: zugreifend, tatkräftig, wirksam

Zugschule, *die; -, ohne Pl.:* Schulung einer militärischen Formation (eines Zuges) in Fortbewegung und Stillstand

Zugsverkehr, *der; -[e]s, ohne Pl.:* Zugverkehr, Eisenbahnverkehr

***zugut[e] haben:** svw. dtl. guthaben

zuhalten <*st. V.*>: [heimlich] zukommen lassen

zuhanden <*Präp. mit Gen. oder mit* von>: 1. (im Briefverkehr) für jmdn. bestimmt; dtl. zu Händen 2. zur Weiterbehandlung

zuhinterst: ganz hinten

zündrot *(mundartnah):* feuerrot

Zunftrodel, *der; -s, ...rödel:* Verzeichnis der Mitglieder einer Zunft

zuoberst: ganz oben

Zupendler Zupendlerin, *der; -s, - bzw. die; -, -nen:* jmd., der regelmässig zur Arbeit aus einem fremden Wohnort herfährt

Züpfe, *die; -, -n (regional):* svw. Zopf

zurückbuchstabieren <*sw. V.*>: 1. Zielvorstellungen zurücknehmen; Kompromisse machen 2. einen Rückzieher machen

zurückfassen <*sw. V.*> *(mililtärspr.):* [Material, Essen] zurückgeben, zurückbringen

zurückkrebsen <*sw. V.*>*:* einen Rückzieher machen

Zusammenschiss, *der; -es, -e (derb, mundartnah):* in scharfem Tonfall geäusserte Kritik; scharfer Tadel

zusammenspannen <*sw. V.*>*:* auch svw. sich mit jmdm. zusammentun bzw. zusammenschliessen; gemeinsame Sache mit jmdm. machen

Zusammenzug, *der; -[e]s, ...züge:* auch svw. Versammeln einer Truppe oder Mannschaft (zu Übungs-, Trainings- oder Kampfzwecken)

Zusehen. **auf Zusehen hin:* auf Widerruf; bis auf Weiteres

Zusenn, *der; -s, -en:* Gehilfe des Sennen

Zusprache, *die; -, -n:* auch svw. Gewährung (einer finanziellen Unterstützung)

Zustupf, *der; -[e]s, Zustüpfe (informell):* finanzielle Unterstützung

***zu- und hergehen** <*st. V.*>*:* sich zutragen; ablaufen, zugehen

Zuzüger Zuzügerin, *der; -s, - bzw. die; -, -nen:* Zugezogene(r)

Zvieri, *das/der; -s, - (mundartnah):* Zwischenmahlzeit am Nachmittag

Zvierihalt, *der; -[e]s, -e (mundartnah):* Unterbrechung einer Wanderung oder Ausfahrt am Nachmittag, um einen [kalten] Imbiss einzunehmen

Zvieripause, *die; -, -n (mundartnah):* Pause am Nachmittag, in der man eine Zwischenmahlzeit zu sich nimmt

zwäg *(mundartnah):* 1. wohlauf, zuwege 2. nett, toll

zwängeln <*sw. V.*>*:* 1. quengeln 2. hartnäckig auf etw. beharren

zwängen <*sw. V.*>*:* auch svw. hartnäckig auf etw. beharren; etw. durchboxen

Zwängerei, *die; -, -en:* 1. unnachgiebiges Beharren auf einer Forderung 2. Quengelei

zwangsrelegieren <*sw. V.*> *(Sport):* als Disziplinarmassnahme in eine tiefere Spielklasse zurückstufen

Zwangsverwertung, *die; -, -en:* Zwangsversteigerung

Zweier, *der; -s, -:* 1. Verkehrslinie 2 bzw. Tram, Bus der Linie 2 2. Schulnote 2 3. Augenzahl 2 auf dem Spielwürfel 4. Jahrgang [19/20]02 5. zwei Deziliter [Wein]

Zweierli, *das; -s, - (mundartnah):* zwei Deziliter Wein im Glas oder in der Karaffe

Zweierzimmer, *das; -s, -:* Doppelzimmer

Zweifränkler, *der; -s, -:* Zweifrankenstück

Zweitel, *der/das; -s, -:* der zweite Teil (einer genannten Menge)

Zweitklassabteil, *das; -s, -e:* Eisenbahnabteil der 2. Klasse

Zweitklasswagen, *der; -s, -:* Eisenbahnwagen der 2. Klasse

Zweitrat, *der; -[e]s, ohne Pl.:* Kammer der Bundesversammlung, die als zweite ein Geschäft berät und beschliesst

Zwetschge, *die; -, -n:* eine Pflaumenart, svw. dtl. Zwetsche

Zwicker, *der; -s, - (früher):* Brille ohne Bügel, die auf die Nase geklemmt wird; dtl. Kneifer

Zwischenhalt, *der; -[e]s, -e:* Unterbrechung einer Reise; Zwischenstation, Zwischenaufenthalt

zwischenhinein: zwischendurch

Zwischenjahr, *das; -[e]s, -e:* im Sinne einer Pause eingeschobenes Jahr (häufig zwischen zwei Phasen der Ausbildung)

Zwischenrang, *der; -[e]s, ...ränge (Sport):* vorläufige Platzierung während eines noch laufenden Rennens oder Wettbewerbs

Zwischenverpflegung, *die; -, -en:* Zwischenmahlzeit

Besondere Wortschatzbereiche des Schweizerhochdeutschen

Helvetismen existieren auf allen Ebenen und in allen Bereichen des Schweizerhochdeutschen. Es gibt allerdings Bereiche, in denen sie prägnanter in Erscheinung treten. Beispielhaft hierfür seien Haus und Haushalt, Esswaren sowie Recht angeführt.

Haus und Haushalt

Wohnen ist Alltag, weshalb sich regionale Sprache hier deutlich niederschlägt. Beispiele für schweizerhochdeutsche Begriffe aus Haus und Haushalt sind:
abkalten, abtischen, Abtrocknungstuch, Abwaschmaschine, Abwaschtrog, auswallen, Auszugtisch, Beschläg, Bettanzug, betten, Bettflasche, Bettinhalt, Bettsofa, blochen, Blocher, Blumenkistchen, Bodenlumpen, Bodenwichse, Bratschaufel, Cachepot, Caquelon, Chacheli, Cheminée, Dachkännel, Dachlukarne, Dampfabzug, Dressiersack, Duvet, Estrich, Fahrhabe, Falle, Fauteuil, Federbett, Fegbürste, fegen, Fixleintuch, Flaumer, Flick, Gartenhag, Gertel, Geschirrwaschmaschine, Gestell, Getäfer, Glätteisen, glätten, Grünabfuhr, Hag, Hahnen, Hurde, Japanmesser, Kajütenbett, Kamin, Kännel, Kasten, Kehricht, Kehrichteimer, Kehrichtschaufel, Kleiderkasten, Kräuel, Kunst, Lättli, Lättlirost, Lavabo, Lebhag, Leintuch, Mange, mangen, Netzli, Oblicht, Passevite, Pfulmen, Plafonds, Plättli, Putzete, Raffel, raffeln, Rechaud, Rechen, ringhörig, Rüstmesser, Schaft, scheiten, Scheiterbeige, Scheitstock, Schuhgestell, Schüttstein, Schwingbesen, schwingen, Sitzofen, Spaltstock, Spannteppich, spetten, Spetterin, Spettfrau, Spritzkanne, Spültrog, Stabelle, Ständerlampe, Store, Streckeisen, Stube, Tablar, Tabourettli, Täfer, täfern, Täferung, Teekrug, Tischblatt, tischen, Trocknungsraum, Tumbler, Türfalle, Türvorlage, Unterlagsboden, verklopfen, verstäten, Vorfenster, Wallholz, Waschturm, wischen, Wohnwand, Zaine, Zapfen, Zapfenzieher, zügeln, Züglete.

Esswaren

Die Küchensprache – ein Teilgebiet der Sprache von Haus und Haushalt – ist besonders stark geprägt durch eine grosse regionale Vielfalt. Beispiele für schweizerhochdeutsche Begriffe aus diesem Bereich sind:
Albock, Albeli, Alet, Älplermagronen, Änisbrötli, Anken, Balchen, Baumnuss, Brachsmen, Bernerplatte, Biber, Biberfladen, Birchermüesli, Birnel, Birnenbrot, Birnenweggen, Biscuit, Bodenkohlrabi, Bouillon, Brät, Bratbutter, Brunsli, Bündnerfleisch, Bürli, Café complet/crème/mélange, Cake, Canapé, Caramelköpfli, Cervelat, Chäschüechli, Cornet, Coupe, Cremeschnitte, Cüpli, Dörrfrucht, Dörrzwetschge, Egli, Eierschwamm, Eingeklemmtes, Entrecôte, Eschalotte, Federkohl, Federstück, Federweisser, Felche, Fideli, Flädli, Fleischkäse, Fleischvogel, Fondue, Fotzelschnitte, Frankfurterli, Gigot, Gipfeli, Glace, Gnagi, Grättimaa, Griessköpfli, Grittibänz, Gschwellti, Guetzli, Gugelhopf, Güggeli, Hacktätschli, Halbweissmehl, Hirschpfeffer, Hobelkäse, Hohrücken, Hörnli, Huft, Huftplätzli, Hüpe, Jalousie, Jus, Kabis, Kalbsbratwurst, Käseküchlein, Kartoffelstock, Käsekuchen, Kefe, Klevner, Klöpfer, Knöpfli, Konfekt, Konfitüre, Krachsalat, Krapfen, Krautstiel, Krautwickel, Laffe, Lattich, Leberli, Leckerli, Magenbrot, Mailänderli, Mangold, Marroni, Meerrettichschaum, Meringue, Milke, Mistkratzerli, Mostbröckli, Müesli, Mutschli, Nidel, Nudel, Nüdeli, Nussgipfel, Nüssler, Nüsslisalat, Omelette, Orangenjus, Ovo, Päcklisuppe, Pariserbrot, Pastetli, Pastmilch, Pelati, Peperoncino, Peperoni, Peterli, Pflümli, Pistache, Plätzli, Pommes-Chips, Poulet, Räbe, Rahm, Rahmquark, Rande, Rauchlachs, Rippli, Rollgerste, Rösti, Rötel, Röteli, Rotkabis, Ruchbrot, Ruchmehl, Rüebli, Salsiz, Salzstängeli, Sauser, Schabziger, Schalenkartoffel, Schinkli, Schlangenbrot, Schlegel, Schüblig, Schüfeli, Schulterspitz, Schweiniges,

Schweinshals, Siedfleisch, Silserli, Spätzli, Spiessli, Spitzbub, Stocki, Stotzen, Sulz, Tartarsauce, Thé citron/crème, Tirggel, Tomatenpüree, Träsch, Trockenfleisch, Truffe, Trüsche, Vermicelle, Vogelheu, Voressen, Vorzugsbutter, Wädli, Wähe, Weggli, Weichsel(kirsche), Weisskabis, Weissrübe, Wienerli, Wirz, Zigerkrapfen, Zitronenraps, Zucchetti, Zopf, Zwetschge.

Recht

Besonders viele nationale Varianten entstammen der Rechtssprache. Jedes Staatswesen besitzt unzählige spezifische Institutionen, eine eigene Rechtsprechung und im Fall der deutschsprachigen Länder auch eine lange, eigenständige Verwaltungstradition. Aus dem Bereich der Rechtssprache bringen wir im Folgenden einen bunten Strauss an beispielhaften Helvetismen:
Abfallsackgebühr, Abstimmungsempfehlung, Administrativmassnahme, Aktivbürger, Anhaltung, Appellation, Arbeitsbewilligung, Arbeitslosenentschädigung, Arbeitslosenkasse, Arztzeugnis, Aufenthaltsbewilligung, Aufsichtsbeschwerde, Augenschein, Ausgleichskasse, Ausländerausweis, Ausschaffungshaft, Auszonung, Baubewilligung, Bezirk, Botschaft, Budget, Bundesgericht, Bundeskanzlei, Bundesrat, Bundesstrafgericht, Bundesversammlung, Burger, Bürgergemeinde Bürgerort, Bürgerrecht, Defizitgarantie, Departement, Dienstbüchlein, Direktion, Direktor, Dreisäulenprinzip, Einführungsgesetz, Eintretensdebatte, Einwohnergemeinde, Einzelunterschrift, Einzonung, Ergänzungsleistung, ertrügen, erwahren, Erwerbsausfall, Fähigkeitsausweis, Familienausweis, Feuerpolizei, Finanzdelegation, Fiskalabgabe, Fiskalität, Fiskalquote, Fraktionspräsident, Friedensrichter, Führerausweis, Fürsprech(er), Gemeindeammann, Gemeindekanzlei, Gemeindepräsident, Gemeindeversammlung, Geschäftsprüfungskommission, Gesetzessammlung, Gewährleistung, Gewinnungskosten, Grosser Rat, Grundstückgewinnsteuer, Handänderung, Handgelübde, Handmehr, Heimatschein, Initiant, Kantonsgericht, Kantonspolizei, Kantonsrat, Kantonsschule, Kantonsspital, Kinderabzug, Kinderzulage, Kindes- und Erwachsenenschutzbehörde, Kirchenpflege, Kirchenrat, Klageantwort, Klägerschaft, Kollektivunterschrift, Kommissär, Konkordanz, Konkordat, Korporation, kumulieren, Landammann, Landsgemeinde, legiferieren, Leistungsauftrag, Lernfahrausweis, Lohnausweis, Lohnprozent, Majorz, Militärpflichtersatz, Motion, Nationalrat, Nationalstrasse, Nichteintreten, Niederlassungsausweis, Niederlassungsbewilligung, Obergericht, Obligationenrecht, Ortsbürger, panaschieren, Pensionskasse, politische Gemeinde, Postulat, Preisüberwacher, Primarschule, Proporz, Rechtsöffnung, Rechtsvorschlag, Regierungsrat, Richtplan, Rückkommen, Rückweisung, Schatzung, Schlichtungsbehörde, Schriftenempfangsschein, Schuldbrief, Schuldenruf, Schulgemeinde, Schulpflege, Schulrat, Schwerverkehrsabgabe, Sekundarschule, Servitut, Solidarhaftung, Sozialabzug, Staatskanzlei, Staatsschreiber, Staatssteuer, Stadtammann, Stadtpolizei, Stadtpräsident, Stand, Ständemehr, Ständerat, Standesinitiative, Stellungspflicht, Steuerausscheidung, Steuerdomizil, Steuerfuss, Steuerperiode, Steuerveranlagung, Stichentscheid, stille Wahl, Stimmberechtigter, Stimmrecht, Stimmrechtsausweis, Teuerungsausgleich, trölerisch, Unterschriftenbogen, Urnengang, Verlustschein, Vermittler, Vernehmlassungsverfahren, Verzeigung, Volksinitiative, Voranschlag, Vorsorgeeinrichtung, wegbedingen, wegweisen, weiterziehen, Wochenaufenthalter, Zahlungsbefehl, Zivilgesetzbuch, Zivilstand, Zivilstandsamt, Zonenordnung, Zonenplan, Zubringerdienst, Zuzüger.

Einflüsse aus anderen Sprachen

Französisch

In Deutschland wurden mit einer national gesinnten Sprachpflege viele französische Lehn- und Fremdwörter im Lauf des 19. und frühen 20. Jahrhunderts eingedeutscht. In der Schweiz ist diese «Sprachreinigung» weit moderater ausgefallen. Viele der heute im Schweizerhochdeutschen üblichen Wörter französischer Herkunft waren früher auch in Deutschland gebräuchlich, gelten dort heute aber als veraltet oder ausgestorben. Aufgrund der Viersprachigkeit des Landes gibt es aber auch Lehnwörter aus dem Französischen, die spezifisch schweizerisch sind.
Beispiele für gängige französische Lehnwörter im Schweizerhochdeutschen sind *Abricotine, ade, Affiche, affichieren, Agraffe, à jour, ambitiös, Annullation, Apero, Aspirant, Barrage, Barriere, Bébé, Béret, Bidon, Bijou, Bijouterie, Bijoutier, Billett, Bouillon, Brigadier, Brocante, Budget, Cachepot, Cachet, Café complet/crème/mélange, Cafetier, Camion, Camionnage, Camionneur, Canapé, Caquelon, Carnotzet, Carrosserie, Ceinturon, Cervelat, Chalet, Chapeau!, Charcuterie, Chauffeur, Cheminée, Coiffeur, Coiffure, Comestibles, Communiqué, Confiserie, Confiseur, Cornet, Coupe, courant normal, Couvert, couvertieren, d'accord, Décharge, Degustation, Departement, Depot, Detachement, Direktion, Direktor, à discretion, Divisionär, Doyen, domiziliert, Donator, Drainage, Duvet, Echarpe, Effekten, Entrecôte, Equipe, Eschalotte, etappieren, Exploit, Fauteuil, Fiche, fichieren, Financier, Flair, flattieren, à fonds perdu, Fondue, Foulard, Fourier, foutieren, Franchise, Füsilier, Gerant, Gigot, Gilet, Glace, Habitué, Harass, hors-sol, Initiant, Initiative, Jupe, Jus, Kommissär, Kondukteur, Konfitüre, Konsumation, Korrektion, kumulieren, large, Lavabo, legiferieren, Limite, Lingerie, marod, Mercerie, merci, Meringue, Mitrailleur, Motion, Mousseline, Mutation, Necessaire, Occasion, Office, Panaché, panaschieren, Papeterie, Parcours, Parole, Passepartout, Passerelle, Passevite, Patron, Perron, Pièce de résistance, Pikett, Plafonds, Pneu, Pochette, Pontonier, portieren, Postulant, Postulat, Praliné, pressant, pressieren, pressiert, Rayon, Rayonchef, Réception, Rechaud, redimensionieren, Reduit, rekurrieren, Rendement, Reservation, Restaurateur, retour, Rochade, Romand, Romandie, salü, Sappeur, sec, Servicemonteur, Signalement, Souchef, Soussol, Souverän, Stage, Stagiaire, Store, Suppleant, Supplement, Tablar, Tabourettli, Talon, tel quel, Tenue, Thé crème/citron, Thon, Total, Traiteur, Triage, Tricot, Trottinett, Trottoir, Truffe, Velo, Vermicelle, Veston* oder *vif.*

Italienisch

Obwohl Italienisch eine Landessprache der Schweiz ist und zusätzlich seit Anfang des 20. Jahrhunderts eine bedeutende Anzahl italienischer Immigranten in der deutschen Schweiz leben, ist es nur zu wenigen spezifisch schweizerischen Entlehnungen aus dem Italienischen gekommen, die es auch in die schweizerhochdeutsche Schriftsprache geschafft haben. Beispiele sind etwa *Akonto, Agenda, Galerie, Grotto, Karrette, kollaudieren, Pelati, pendent, Pendenz, Peperoncino, Peperoni, Postur, Rustico, Secondo, Tschinelle, tschau, Tschingg, Zoccoli* und *Zucchetti.*

Englisch

Bereits seit dem 19. Jahrhundert und verstärkt nach dem 2. Weltkrieg übt das Englische einen bedeutenden Einfluss auf das Deutsche aus. Die meisten Wortentlehnungen sind allerdings in alle Varietäten des Deutschen übernommen worden. Es gibt aber einzelne ältere Lehnwörter, vorwiegend aus der Sprache des Fussballs, die in der Schweiz im Unterschied zu Deutschland nicht konsequent verdeutscht wurden, z. B. *Behind, Captain, Check, Corner, Cupfinal, Final, Forfait, Goal,*

Offside, out, Penalty, Ref, ferner das mundartnahe *tschutten.* Daneben gibt es eine kleine Anzahl spezifisch schweizerischer Entlehnungen wie *Cake, Car, Check, handicapiert, Mittagslunch, Parking, Parkingmeter, Supporter, Take-away, Trolleybus, Trax* oder *Tumbler.*

Latein

Das Latein hat als Sprache der römischen Verwaltung, später der Klöster und als übernationale Kommunikationssprache der gebildeten Elite bis weit ins 17. Jahrhundert hinein einen enormen Einfluss auf das Deutsche ausgeübt. Spezifisch schweizerisch sind allerdings nur wenige Lehnwörter. Schon früh in unsere Sprache gelangt sind Wörter wie *Biber, Finken, Mesmer, Sigrist, Spatzung, Torkel, wimmen* und *Wimmet;* spätere Entlehnungen und latinisierende Neubildungen sind *Helvetia, Konkordanz, Konkordat, Konvent, Matur(a), Maturität, Quästor, Quorum, Referendum, Subsidium, Sukkurs, Vikar* oder *Visum.*

Rechtschreibung

Die Rechtschreibung des Deutschen ist weitgehend einheitlich geregelt. Für die Festlegung der amtlichen Regeln ist der Rat für deutsche Rechtschreibung zuständig. Ihm gehören Persönlichkeiten aus allen deutschsprachigen Ländern sowie aus Südtirol und Ostbelgien an. Er hat für die Einheitlichkeit und die Weiterentwicklung der Rechtschreibung zu sorgen. Es gibt jedoch einige wenige schweizerische Besonderheiten:

- In der Schweiz wird normalerweise kein *ß*, sondern *ss* geschrieben.
- Zusammensetzungen mit Ableitungen von geografischen Namen auf *-er* werden im Schweizerhochdeutschen gerne zusammengeschrieben, wenn sie als feste Einheit empfunden und entsprechend mit dem Hauptton auf dem ersten Glied ausgesprochen werden – unabhängig davon, ob sie vom Länder- bzw. Ortsnamen oder vom Einwohnernamen abgeleitet sind. Beispiele sind *Schweizerbürger, Schweizerfahne, Schweizerfranken, Schweizerkreuz, Schweizerschule* (im Ausland, aber irgendeine *Schweizer Schule* im Inland), *Schweizerpsalm, Schweizervolk, Schweizerwappen; Bernerplatte, Bündnerfleisch, Linzertorte, Pariserbrot, Wienerschnitzel; Schaffhauserdeutsch, Schweizerdeutsch, Schweizerhochdeutsch, Bündnerromanisch; Burgunderkriege, Kappelerkriege, Mailänderkriege (-züge), Näfelserfahrt, Pavierzug, Sarnerbund, Savoyerhandel, Stäfnerhandel, Villmergerkriege.*[2] In Deutschland und Österreich ist diese Praxis viel seltener, vgl. aber etwa *Böhmerwald, Pfälzerwald, Bregenzerwald, Wienerwald.*
- Gemäss dem vorangehenden Punkt werden geografische Namen in der Schweiz meist zusammengeschrieben, also z. B. *Bielersee* (und nicht *Bieler See*), *Genfersee, Zürcherstrasse, Prattelerweg, Flumserberge, Stanserhorn* usw.
- Die Fremdwortschreibung richtet sich in der Schweiz tendenziell stärker nach dem Original, vor allem wenn es sich um ein Fremdwort aus einer der Landessprachen handelt. Man schreibt also gewöhnlich *Cognac* statt *Kognak, Négligé* statt *Negligee, Portemonnaie* statt *Portmonee, Quai* statt *Kai, Spaghetti* statt *Spagetti* usw.
  Es gibt jedoch auch Gegenbeispiele von nur in der Schweiz eingedeutschten Wörtern, wie z. B. *Usanz,* oder eingedeutschte Plurale wie *Departemente, Pärke.*
- Unterschiede gibt es sodann bei der Schreibung von Einzelwörtern: *Bretzel* (statt dtl.

2 Beispiele aus Schweizerische Bundeskanzlei: Rechtschreibung. 4. Aufl. Bern 2017; *Meyer,* Kurt (2005, S. 50 f., mit zahlreichen weiteren Beispielen); Historisches Lexikon der Schweiz (1998 ff.).

Brezel), *Buffet* (statt dtl. *Büfett*), *Check, Cheque* (statt dtl. *Scheck*), *Marroni* (statt dtl. *Marone*), *Müesli* (statt dtl. *Müsli*), *Rendez-vous* (statt dtl. *Rendezvous*), *Trassee* (statt dtl. *Trasse*), *Ziger* (statt süddt., österr. *Zieger*).
- Spitze Anführungszeichen werden in der Schweiz «...» gesetzt, nicht »...« wie in Deutschland.

Aussprache

Im Gegensatz zur Orthografie ist die Aussprache von offizieller Seite verhältnismässig wenig normiert. Zwar gibt es eine norddeutsch bestimmte, weitherum akzeptierte, klassische Aussprachenorm für die Bühne, die manchmal auch als Vorbild für die Standardsprache insgesamt empfohlen wurde. Diese Norm war jedoch zu rigide, um auch ausserhalb der Bühne angewandt zu werden. Sie gilt selbst bei professionellen Mediensprechern als unangemessen. Aus diesem Grund wurden in den deutschsprachigen Ländern eigene, an die jeweiligen Verhältnisse angepasste Aussprachenormen erarbeitet, die vor allem von Sprechern und Sprecherinnen der öffentlichen Radio- und Fernsehsender gesprochen werden.

Ausserhalb des professionellen Bereichs, also z. B. in der Schule, in der Politik, bei öffentlichen Reden, im Verkehr mit Personen, die keine Mundart können, usw., existiert keine explizite Normaussprache. Hier haben sich auf der Gewohnheit basierende sogenannte regionale oder nationale Gebrauchsnormen herausgebildet, die in erster Linie über die Schule tradiert werden. Diese Gebrauchsnormen nehmen Rücksicht auf die Lautung der jeweiligen Umgangssprachen und Dialekte, sodass noch stärker als bei den Berufssprechern und -sprecherinnen in den elektronischen Medien meist sofort hörbar ist, aus welchem Land oder gar aus welcher Region jemand stammt. Eine neutrale, keinem Land zuweisbare Aussprachenorm existiert ausserhalb der Bühne nicht.

Wer sich in der Schweiz nicht an die übliche Gebrauchsnorm hält und ein stark an die deutschländische Norm angenähertes Hochdeutsch spricht, riskiert, als fremd oder unnatürlich wahrgenommen zu werden. Die schweizerische Gebrauchsnorm ist damit die implizite Norm der richtigen und unmarkierten Aussprache des Hochdeutschen in der Schweiz. Ihr sind die folgenden Ratschläge verpflichtet.

Ratschläge für eine gute Standardaussprache in der Schweiz

Die folgenden Empfehlungen betreffen die wichtigsten Aspekte einer guten Standardaussprache. Die Regeln sind kurz und allgemein gehalten, sie gehen nicht auf einzelne Details und nicht auf alle Ausnahmen und zulässigen Aussprachevarianten ein. Sie sind den Prinzipien der Natürlichkeit und der Authentizität verpflichtet. Das gesprochene Hochdeutsch soll selbstverständlich, unauffällig und vertraut tönen. Die Herkunft der Sprecher und Sprecherinnen soll nicht verschleiert werden, sondern darf durchaus erkennbar bleiben, ohne dass allerdings starke mundartliche Aussprachemerkmale durchklingen.

Ausgangspunkt dieser Ratschläge ist die von Bruno Boesch herausgegebene und seither weiterentwickelte Wegleitung für professionelle Sprecher und Sprecherinnen in den elektronischen Medien[3] sowie die Beschreibungen der schweizerischen Aussprachebesonderheiten von Kurt Meyer, Walter Haas und Ingrid Hove[4].

3 *Boesch,* Bruno (1957); *Schäuffele,* Fritz (1970); *Geiger,* Werner u. a. (2006).
4 *Meyer,* Kurt (2006); *Haas,* Walter u. a. (2009); *Hove,* Ingrid (2002).

Besondere Lautzeichen werden nur dort verwendet, wo es um die konkrete Lautung geht. Die Zeichen entstammen dem internationalen phonetischen Alphabet (IPA).

æ ist der überoffene, mundartliche *e*-Laut, z. B. in Berndeutsch oder Zürichdeutsch *Rächt, Gäld.*

ə ist der unbetonte *e*-Laut in Mittel- und Endsilben, z. B. *hütətə.*

: nach einem Vokal bedeutet Länge.

' vor einer Silbe zeigt die Betontheit der unmittelbar folgenden Silbe an.

Vokalquantität (Kürze/Länge)

Für die Vokale betonter Silben gilt im Allgemeinen die Regel:

- Ein Vokal ist gewöhnlich lang, wenn auf ihn kein oder nur ein Konsonant – mit Ausnahme von *ch* und *sch* – folgt: *wo:, da:, Ra:t, To:d, Betru:g, le:ben, Va:ter.*
- Ein Vokal ist dagegen kurz, wenn auf ihn mehrere Konsonanten, ein Doppelkonsonant, *ch* oder *sch* folgen: *Last, Mutter, Schüsse, ich, lachen, mischen.* Kurz sind sodann Partikel wie *man, ab, an, das, bis, ob, was.*
- Obige Regeln sind, da die Schweiz kein *ß* kennt, nicht auf *ss* anwendbar, vergleiche etwa *fassen,* aber *sto:ssen,* oder *Busse* ‚Pl. von (Omni)bus' gegenüber *Bu:sse* ‚Geldstrafe'.

Spezialfälle:

- Flexionsformen von Verben mit Langvokal bleiben in der Regel lang, z. B. *fra:gt, sa:gte, gele:gt.*
- Länge darf (in Übereinstimmung mit der Mundart) gesprochen werden, wo sie historisch begründet ist, z. B. in: *Ambo:ss, Anda:cht, ansä:ssig, bra:chte, da:chte, fi:ng, Flo:ss, Gedä:chtnis, gi:ng, hi:ng, Ho:chzeit, ju:chzen, Lo:rbeer, Na:chbar, Ra:che, rä:chen, rö:sten, Rö:sti, Ru:m, U:rteil, Viertel, vierzehn, vierzig, Vo:rteil, Wä:chte.* Dementsprechend wird bei *Rost* unterschieden zwischen *Ro:st* ‚gitterartiges Gerät' und *Rost* ‚Korrosionsschicht auf Eisen'.
- In Wörtern, wo im Lauf der Sprachgeschichte ein *e* getilgt wurde, kann der Vokal kurz oder lang ausgesprochen werden, z. B. *Jagd, Krebs, Magd, Obst, Vogt.*
- Entgegen deutschländischer Norm ist Kürze statt Länge erlaubt bei *Bretzel, düster, Dromedar, hapern, Kino, Liter, minus, Nische, nochmals, Rüpel, Städte, städtisch, Titel, Viper* und vor *tsch* in *Grätsche, grätschen, hätscheln, Kartätsche, Rätsche;* ausserdem in den betonten Endsilben *-it: Bauxit, Konvertit* sowie *-iz(e): Benefiz, Hospiz, Miliz, Matrize* und *-uz(e): Fiduz, Kapuze.*
- In einigen Wörtern mit *r* + Konsonant, etwa *Arzt, Behörde, Beschwerde, Erde, erst(e), Gebärde, Geburt, Herd, Herde, Pferd, Quarz, werden, wert,* kann in der Schweiz Länge oder Kürze gesprochen werden.

Vokalqualität (Klangfarbe)

Für die Vokalqualität gilt die Hauptregel: lange Vokale sind geschlossen, kurze Vokale offen zu sprechen. Also:

- *leben:* geschlossenes *e.*
- *recht:* offenes *e,* nicht hingegen mundartlich überoffen wie *ræcht*
- *loben:* geschlossenes *o.*
- *Gott:* offenes o.
- *Bluse:* geschlossenes *u.*
- *Schutt:* offenes *u.*
- *lieben:* geschlossenes *i.*
- *Ritt:* offenes *i.*

Entgegen den Mundarten, die teilweise auch das geschlossene kurze *e, o, ö, u, ü* und *i* kennen, sollen die Kurzvokale im Hochdeutschen konsequent offen gesprochen werden. Ausnahmen gibt es nur bei Fremd- und Lehnwörtern: *vegan, Moral, Polizei, Lokal, Oase, Prospekt, Musik, Akku, Februar, möblieren, ökonomisch, Büro, amüsieren.*

In griechischen Fremdwörtern wird *y* gewöhnlich als *ü* ausgesprochen, also z. B. *Mystik, zynisch* usw. In einer Anzahl eingebürgerter Fremdwörter wird *y* dagegen als *i* gesprochen, so in *Asyl, Ägypten, Forsythie, Glyzerin, Glyzinie, Gymnasium, Gymnastik, Hydrant, Lydia, Zylinder*. Aussprache *ü* oder *i* ist möglich bei *Physik, Pyramide, System*.

In schweizerischen Familien- und Ortsnamen ist *y* nach alter alemannischer Schrifttradition ein Zeichen für langes und geschlossenes, gelegentlich später gekürztes *i: Pfyffer, Schnyder, Rychner, Wyl, Wyss, Wyttenbach, Lyss, Mythen, Schwyz.*

Am Wortende *(Liebe, Güte)* oder in schwachbetonten Vor-, Mittel- und Endsilben *(benutzt, hütete, loben)* ist *e* als ein schwacher, reduzierter, zwischen offenem *e* und *ö* liegender Laut zu sprechen *(ə)*, keinesfalls als geschlossenes *e* oder geziertes *ö: bənutzt, hütətə, lobən.*

Vokaleinsatz, Bindung

Wo ein Wort oder Teilwort einer Zusammensetzung mit einem Vokal beginnt, ist ein weicher Neueinsatz des Vokals im Wort- und Silbenanlaut zu sprechen, also: *im |Ausland* und nicht *i-Mausland, Himmels|au* und nicht *Himmel-sau, Streik|ende* und nicht *Strei-kende.* Bindung über die Silbengrenze hinweg ist dagegen Regel in: *einander, heraus, herein, hinein* und in andern Fällen, wo die Zusammensetzung als solche nicht mehr gefühlt wird: *beobachten, erinnern, vollenden.*

Auch bei anderen Zusammensetzungen sollte die Verschiebung der Silbengrenze vermieden werden, also *ent|sagen* und nicht *en|tsagen, Ab|fall* nicht *A|bfall, Hut|schachtel* nicht *Hu|tschachtel.*

Diphthonge

Bei Diphthongen liegt der Hauptton auf dem ersten Vokal. Der zweite Vokal ist nichtsilbisch auszusprechen.

ei/ai

artikuliert man von hellem *a* zu nichtsilbischem, offenem *i* als *ai;* für beide Schreibungen gilt somit dieselbe Aussprache.

au

artikuliert man von hellem *a* zu nichtsilbischem, offenem *u* als *au.*

eu/äu

artikuliert man von offenem *o* zu nichtsilbischem, offenem *i* als *oi.*

Die im Schweizerdeutschen vorhandenen Zwielaute *ie, ue, üe* sollen in Eigennamen, soweit sie offiziell in mundartlicher Weise geschrieben werden, auch in der Hochsprache die heimische Lautung beibehalten, also:

iə

Dieth, Lienert, Rieter, Rietmann, Albisrieden, Brienz, Dietikon, Spiez usw., aber *Sieber* mit langem *i*, weil *e* hier nur Längezeichen ist und auch die Mundart nur *i* spricht.

uə

Fueter, Kuoni, Ruoff, Hueb, Muothathal, aber *Huber* (mit langem *u*, weil *u* geschrieben wird). *uə* gilt auch bei der Schreibung *uo.*

üə

Büeler, Rüegg, Flüelen, Üetliberg, aber *Bühler* (mit langem *ü*, weil *üh* geschrieben wird).

Konsonanten

Im Gegensatz zur deutschländischen Aussprache werden in der Schweiz doppelte Konsonanten wie in der Mundart lang ausgesprochen, es gibt also einen deutlich hörbaren Unterschied zwischen *Ofen* und *offen.* Das gilt auch für Zusammensetzungen und Wortpaare, wenn gleiche Konsonanten aufeinandertreffen (z. B. *auffallen, viel leisten*).

Assimilationen (Lautangleichungen)

Lautangleichungen und Verschleifungen, die in der gesprochenen Mundart und Umgangssprache beim Aufeinandertreffen unterschiedlicher Konsonanten unwillkürlich artikuliert werden, sind in der Standardaussprache zu vermeiden. Man artikuliert also

Got-fried (nicht: *Gopfrid*), *Un-fall* (nicht *Umfall*), *wid-men* (nicht *wibmen*).

Zu meiden sind auch Stützlaute zwischen *l* bzw. *n* und *sch* (z. B. *weltsch, Mentschen*), ebenso Übergangslaute beim Zusammenstoss zweier Vokale (Hiatus), z. B. *Schauuer, heujen.*

Zu einzelnen Konsonanten

r

Die Standardaussprache in der Schweiz kennt sowohl das Zungenspitzen-*r* als auch das Zäpfchen-*r*. Beide Ausspracheformen sind gleichwertig. Unschön ist dagegen ein *r*, das entweder in einen reinen Reibelaut (also *ch*) übergeht (z. B. *Fchage* statt *Frage*) oder als rollendes Zäpfchen-r nach französischen Vorbild gesprochen wird.

Die unsern Mundarten fremde Vokalisierung von *r* vor Konsonant und am Wortende (z. B. *Va:ta* statt *Va:tər*, *me:a* statt *me:r*) ist zumindest im nicht professionellen Bereich zu meiden.

h

Das *h* zwischen Vokalen (z. B. bei *Ehe, früher, gehen, stehen, sehen, wehe*) ist in dieser Stellung stumm. Es soll nicht als hörbarer Hauchlaut gesprochen werden.

f, v

wird in deutschen Wörtern identisch, als Reibelaut, gesprochen. Das gilt auch bei schon früh eingedeutschten Fremdwörtern wie *Vers, Vesper*, ebenso in Eigennamen, in welchen *v* oft eine ältere Schreibung darstellt: *van Beethoven, Vischer, Voss, Veltheim, Villmergen, Volken*, oder die früh eingedeutscht worden sind, wie *Davos, Untervaz, Vaduz, Valendas, Vals, Valzeina, Veltlin, Versam, Vilters, Vinelz, Visp.*

In jüngeren Fremdwörtern wird *v* häufig als stimmhaftes *w* gesprochen, so z. B. *vag, Vanille, Velo, Verb, Visite, Votum, Cervelat, servieren* usw. In älteren Lehn- und Fremdwörtern ist in Übereinstimmung mit der Mundart auch die Aussprache mit stimmlosem *f* zulässig, so in *Advent, David, Evangelium, Kadaver, Klavier, nervös, November, Proviant, provisorisch, Vagabund, Vagant, Vatikan, Vegetarier, Vegi, Venedig, Ventil, Verena, Veronika, Vikar, Viktor, violett, Viper, Vizepräsident, Vogesen, Vulkan, zivil.*

ch

Nach den Vokalen *a, o, u* wird *ch* als *ach*-Laut, nach allen andern Vokalen und Konsonanten (z. B. bei *ich, Bücher, Dolch, durch, echt, Häuschen, Licht, manche, Zürcher, reich, euch*) als *ich*-Laut gesprochen.

In der Buchstabenverbindung *chs* wird, wenn das *s* fest zum Stamm gehört, *ks* bzw. *x* gesprochen, so z. B. bei *Fuchs, Dachs, sechs, Achse, Ochse, Wechsel, Wachstum, ausgefuchst.* Wenn das *s* dagegen Flexionsbestandteil ist, wird der *ach*- bzw. *ich*-Laut artikuliert, so z. B. bei *des Buchs, du lachst, wachsam* bzw. *der Frechste, gleichsam, höchstens, nächstens.*

Am Wortanfang gilt bei fest eingebürgerten und eingedeutschten Fremdwörtern die Aussprache *k* als die gehobenere, *ch* als die informellere Variante: *Chaos, Charakter, Chlor, Chor, Choral, Cholera, cholerisch, Chrom, chromatisch, Chronik, Chronometer, Melancholie, Orchester.*

Bei den Fremdwörtern gilt für eine Reihe griechischer Wörter der Anlaut *ch-: chthonisch, Alchemie* (*ich*-Laut). Bei andern Wörtern kann sowohl *ch-* (*ich*-Laut) als auch *k* gesprochen, so bei *Chemie, China, Chirurgie.*

p, t, k und b, d, g

Am Wortanfang werden *p, t, k* mit moderater Behauchung gesprochen. In der Verbindung *sp* und *st* werden *p* und *t* dagegen nicht behaucht. *k* und *ck* sind in jedem Fall *kh* und keine Lautverbindung mit nachfolgendem Reibegeräusch wie in den meisten Mundarten *(kch). b, d, g* werden am Wortende entgegen der deutschländischen Norm nicht verhärtet und behaucht, *Rad* und *Rat* werden also unterschiedlich ausgesprochen.

b, d, g am Wortanfang und im Inlaut zwischen Vokalen müssen in der Schweiz nicht stimmhaft gesprochen werden. Die beiden

Verschlusslautreihen *p, t, k* und *b, d, g* werden gewöhnlich nur in Bezug auf Stärke und Behauchung unterschieden: *p, t, k* sind starke, behauchte, *b, d, g* sind weiche, unbehauchte Laute.

s
Einfaches *s* ist in der Schweiz in allen Positionen stimmlos-schwach und kurz (*Sonne, Hase, Haus*). Doppel-*s* wird in der Schweiz ebenfalls stimmlos, aber lang ausgesprochen *(Gasse, Strasse)*.

Die Ableitungssilbe **-ig**
Die besonders in Nord- und Mitteldeutschland übliche Aussprache der Ableitungssilbe *-ig* als *-ich* (z. B. bei *ewig, König, ständig*) ist zu meiden.

Fremdwörter

- Frz. Fremdwörter werden teils ganz nach frz. Konvention ausgesprochen (diese betrifft vor allem jüngere Übernahmen wie z. B. *jovial, jurieren, Mousseline, Patronne, Pistache, Serie, Service, Triage*), teils sind sie eingedeutscht und daher wie deutsche Wörter auszusprechen (z. B. *Algier, Appartement, Balkon, Ballon, Bise, Etikette, Komfort, Limite, Omelette, Passerelle, Quarantäne, Store,* insbesondere auch Wörter auf *-ment* wie *Abonnement, Bombardement, Departement, Detachement, Klassement, Reglement, Signalement*). Zur Betonung frz. Fremdwörter s. weiter unten.
- In englischen Fremdwörtern schwankt die Aussprache der Vokale. *Bluff* kann mit *a* oder *ö* gesprochen werden (unüblich ist dagegen die Aussprache mit *u*), *Fan* mit überoffenem *ä* oder offenem *e*.
- Eingedeutscht und entsprechend auszusprechen sind *Penalty, Shampoo, Sponsor,* nicht jedoch *Crawl, crawlen, Rallye.*

Betonung
Für die Wortbetonung können keine verbindlichen Regeln, sondern nur einzelne Empfehlungen aufgestellt werden. Das Deutsche im Allgemeinen und noch ausgeprägter das Deutsche in der Schweiz kennt hauptsächlich die Erstbetonung.

- Unsicherheit herrscht häufig bei mit *un-* zusammengesetzten Adjektiven. *Un-* als Verneinungspartikel wird betont, wenn das Wort auch ohne *un-* vorkommt, also z. B.: *'unecht, 'unwahr, 'unschön, 'unerfreulich, 'unerwartet, 'unbekümmert, 'unberufen, 'unübertroffen, 'unverblümt, 'unwidersprochen,* dagegen: *uner'messlich.* Bei stark gefühlsbetonter Rede kann jedoch auch in der erstgenannten Kategorie der Ton zusätzlich auf die Stammsilbe verlegt werden.
- Erstbetonung ist in der Schweiz vorzuziehen bei *'Hellebarde, 'Hornisse, 'Kunigunde,* ebenso bei mit Partikeln zusammengesetzten Substantiven wie *'Abteil, 'Abteilung, 'Durcheinander,* den mit Partikeln zusammengesetzten, abgeleiteten Adjektiven wie *'vorzüglich, 'unsagbar, 'unsäglich, 'unabdingbar, 'unaufhaltsam* und schliesslich den Adverbien *'alsbald, 'bisher, 'nachher,* nicht jedoch bei *in'zwischen, so'fort* und *so'gleich.*
- Zusammensetzungen mit *all-* (z. B. *'Allgegenwart, 'allesamt, 'allgemein, 'alljährlich* usw.) haben entgegen der deutschländischen Standardlautung nicht Doppelbetonung, sondern ebenfalls Erstbetonung.
- Buchstabierte Abkürzungen schweizerischer Institutionen werden auf der ersten Silbe betont, z. B. *'AHV, 'IV, 'BAG, 'SBB, 'SRG* usw.
- Fremdwörter frz. Herkunft werden entgegen deutschländischer Endbetonung in der Schweiz gemäss dem Französischen möglichst mit schwebender Betonung ausgesprochen, d. h. mit gleichmässigem Druck auf allen Silben.
- Viele lateinische und griechische Fremd- und Lehnwörter dürfen in der Schweiz auf der ersten Silbe betont werden, so z. B. *'ak-*

tiv, ˈAktiva/ˈAktiven, ˈAnis, ˈAsphalt, ˈdefensiv, ˈdefinitiv, ˈDromedar, ˈexekutiv, ˈKilogramm, ˈLabor, ˈMarzipan, ˈMerkur, ˈMuskat, ˈNeptun, ˈPassiva/ˈPassiven, ˈpassiv, ˈreflexiv, ebenso die modernen Zusammensetzungen mit *Anti-: ˈAntifaschist, ˈAntifaschismus, ˈAntikommunist, ˈAntimilitarist* usw.
- Endbetonung haben dagegen *Choreoˈgraph, initiaˈtiv, lasˈziv, primiˈtiv* usw.
- Zweitsilbenbetonung (entgegen deutschländischer Praxis) haben *Aˈraber, Moˈtor, Neuˈjahr, Oˈrient, Trakˈtor.*

Grammatik

Besonderheiten haben sich in den deutschsprachigen Ländern nicht nur im Bereich des Wortschatzes, sondern auch in der Grammatik herausgebildet. Die Unterschiede zwischen den verschiedenen Varietäten sind hier allerdings weniger zahlreich als beim Wortschatz. Wir geben im Folgenden einige prägnante Beispiele.[5]

Substantiv

Eine ganze Reihe von Substantiven hat im Schweizerhochdeutschen ein anderes Genus als im Hochdeutschen. Beispiele dafür sind:
- in der Schweiz nur oder auch m., dtl. nur oder vorwiegend f.: *Butter, Couch, Jus, Salami, Samba, Tour d'horizon.*
- in der Schweiz nur oder auch m., dtl. nur oder vorwiegend n.: *Achtel* (‚der achte Teil von etw.'), *Drittel* usw., *Bund* (‚Bündel'), *Büschel, Dessert, Gerümpel, Gratin, Gummi, Hundertstel, Kataster, Kummet, Marzipan, Match, Passepartout, Prozent, Pulver* (‚Geld'), *Radio* (‚Radiogerät'), *Spray, Taxi.*

5 Eine weiterführende Übersicht über die grammatischen Unterschiede findet sich bei Kurt Meyer (2006), S. 33 f.

- in der Schweiz f., dtl. auch n.: *Rösti.*
- in der Schweiz auch f., dtl. nur n.: *Foto, Raclette, Servitut,* sodann *Etikette* (‚Warenkennzeichen'; dtl. *Etikett*), *Limite* (dtl. *Limit*), *Omelette* (dtl. *Omelett*)
- in der Schweiz f., dtl. n. oder m.: *Are* (dtl. *Ar*), *Hektare* (dtl. *Hektar*)
- in der Schweiz f., dtl. m.: *Spargel.*
- in der Schweiz nur oder auch n., dtl. nur oder vorwiegend m.: *Aperitif, Bikini, Bonbon, Dress, Efeu, Joghurt, Kader, Kamin, Karamell, Kies, Pack* (‚kleine Packung einer Ware'), *Pardon, Pyjama, Puff* (‚Bordell'), *Rechaud, Risotto, Tea-Room.*
- in der Schweiz nur oder auch n., dtl. nur oder vorwiegend f.: *Coca-Cola, E-Mail, Fondue, Gaudi, Labsal, Malaise, Mami, Null* (‚Zeichen für die Ziffer 0'), *Praliné/Praline, Rallye, SMS, Tram, Trassee* (dtl. *Trasse*).

Plural: Manche Substantive kennen eine vom Dtl. abweichende Pluralbildung, z. B. *Park* (*Pärke,* dtl. *Parks/Parke*), *Kragen* (*Krägen,* dtl. *Kragen*), *Bogen* (*Bögen,* dtl. *Bogen*), *Spargel* (*Spargeln,* dtl. *Spargel*), *Departement* (*Departemente,* dtl. *Departements*), *Ski* (*Skis,* gemeindt. *Ski* bzw. *Skier*).
Numerus: Die Bezeichnungen für *Ostern, Pfingsten* und *Weihnachten* stehen im Schweizerhochdeutschen im Plural.

Verkleinerung: Die dialektale Verkleinerungsform wird in den meisten Schweizer Dialekten mit dem Suffix *-li* gebildet, das in vielen mundartnahen Wörtern auch im Standard erscheint, z. B. *Meitli, Täfeli.* Einige solche Formen sind sogar ganz ins Schweizerhochdeutsche integriert worden, etwa *Cüpli, Müesli, Fixerstübli, Lädeli, Schwyzerörgeli.* Die hochdeutsche Form dieses Suffixes ist jedoch *-lein,* das ebenfalls in vielen Wörtern des Schweizerhochdeutschen bezeugt ist, so in *Dienstbüchlein, Käseküchlein, Sonderzüglein.* Auch das ursprünglich aus den mitteldeutschen Dialekten stammende Suffix *-chen* ist bei Helvetismen anzutreffen, z. B. *Häuschen* ‚kleines, quadratisch umrissenes Feld zum Ausfüllen, Ankreuzen u. Ä.', *i-Tüpfchen, Leibchen, Müsterchen.*

Adjektiv

Neben der gemeindt. Wortbiegung *im Besonderen, im Weiteren, des Weiteren* ist in der Schweiz auch die Variante *im Besondern, im Weitern, des Weitern* geläufig.

Artikel

Im schweizerischen Hochdeutsch werden die Landschaftsnamen *Burgund, Friaul, Piemont, Tirol* und *Vorarlberg* gewöhnlich mit dem bestimmten neutralen Artikel verbunden, z. B. *das Burgund, im Burgund* (dtl. *in Burgund*).

Relativpronomen

Das im dtl. Deutsch als veraltet oder schwerfällig geltende Relativpronomen *welcher, welche, welches* ist im schweizerischen Hochdeutsch recht geläufig, z. B. *Über weitere Angebote orientiert ein Prospekt, welcher bei Gemeindehelfer D. Ae. erhältlich ist.*

Verb

Das Schweizerhochdeutsche kennt starke Konjugation, wo sie dtl. weniger häufig oder unbekannt ist. Dies gilt besonders für *weben* (*wob, gewoben,* auch in der eigentlichen Bedeutung) und *speisen* (*spies, gespiesen,* bes. in der übertragenen Bedeutung), mundartnah auch für *beneiden (beneidete/benied, beneidet/benieden)* und *beigen (beigte/bieg, gebeigt/gebiegen).*

Die Verben *liegen, sitzen, stehen* und die dazugehörigen Ableitungen bilden das Perfekt mit *sein,* also *ich bin gestanden* und nicht *ich habe gestanden.*

Weiter verlangen Verben teilweise andere Objekte: *präsidieren* und *anfragen* haben schweizerisch Akkusativobjekt, *abpassen, anläuten, rufen, anrufen* auch Dativobjekt. Beispiele: *den Gemeinderat präsidieren, dem/den Vater anrufen.* Genitivobjekte werden in der Schweiz manchmal durch Dativobjekt ersetzt bei *jmdm. gedenken, jmdm./etw. Herr werden, sich jmdm. annehmen.*

Abweichende Präposition steht z. B. bei *sehen zu* statt *nach, Sorge tragen zu* statt *für.*

Ohne Präp. können in der Schweiz z. B. die Verben *anfragen, läuten, rufen, organisieren, telefonieren* und *sagen* (in der Bedeutung ‚etw. benennen') gebraucht werden. Gemeindt. verlangt *anfragen* die Präp. *bei, läuten* und *rufen* die Präp. *nach, organisieren* die Präp. *für, telefonieren* die Präp. *mit* und *sagen* die Präp. *zu.* Beispiele: *Sie organisiert ihm eine Wohnung. Wie sagt man dem obersten Balken eines Hauses?*

Überwiegend ohne Reflexivpronomen gebraucht wird *rentieren.*

Präposition

Bei Präpositionen, die dtl. vorwiegend mit Genitiv gebraucht werden, gibt es im Schweizerhochdeutschen eine ausgeprägtere Tendenz zum Dativgebrauch. Dies gilt insbesondere für *dank* und *trotz.* Umgekehrt zieht *betreffend* in der Schweiz nicht selten den Genitiv nach sich.

Nachgestelltes *entlang* wird mit Dativ anstelle des Akkusativs gebraucht, also *den Kanälen entlang.*

Die Präp. *an* wird schweiz. teilw. dort gebraucht, wo gemeindt. oder dtl. meist keine oder eine andere Präp. verwendet wird; Beispiele sind:

- *an + Dat.* statt *bei,* in Verbindung mit sportlichen oder kulturellen Anlässen: *an der Olympiade sein.*
- *an + Dat.* statt *in,* in Verbindung mit *Lage: an zentraler Lage.*

- *an + Akk.* statt *zu,* in Verbindung mit Veranstaltungen und Terminen: *etw. an die Sitzung mitbringen.*

Ebenso wird *auf* schweiz. teilw. dort gebraucht, wo gemeindt. oder dtl. meist keine oder eine andere Präp. verwendet wird. Beispiele:

- *auf + Dat.* statt *in,* räumlich, in Verbindung mit öffentlichem Grund und Boden: *auf dem Stadtgebiet, auf dem Strassennetz*; auch in übertragen räumlicher Verwendung, z. B. in Verbindung mit *Beruf, Büro, Redaktion*: *auf der Redaktion arbeiten.*
- *auf + Akk.* statt *um,* zur Angabe einer Uhrzeit, z. B. *jmdn. auf 9 Uhr bestellen.*
- *auf + Akk.* statt *zu,* zur Angabe von genauen Daten, z. B. *auf den 30. September kündigen.*
- *auf + Akk.* statt *für,* zur Angabe einer Zeitdauer, z. B. *etw. auf sechs Monate planen.*

Produktive Wortbestandteile

Es gibt eine ganze Reihe von Wortbestandteilen, die in Zusammensetzungen des Schweizerhochdeutschen auftauchen. Dazu gehören:

Ausland- anstelle von *Auslands-* z. B. in *Auslandaufenthalt, Auslandeinsatz, Auslandteil, Auslandvertretung.*

Bewilligungs- z. B. in *Bewilligungserteilung, Bewilligungsgesuch, Bewilligungsinstanz, Bewilligungspflicht, Bewilligungsverfahren, Bewilligungswesen.*

-bewilligung z. B. in *Arbeitsbewilligung, Aufenthaltsbewilligung, Ausnahmebewilligung, Baubewilligung, Einbürgerungsbewilligung, Niederlassungsbewilligung, Spezialbewilligung.*

-biet z. B. in *Baselbiet, Bernbiet, Murtenbiet.*

Einreiche- z. B. in *Einreichedatum, Einreichefrist.*

Einstell- -einstell- z. B. in *Autoeinstellhalle, Einstellgarage, Einstellhalle, Einstellraum.*

-entscheid z. B. in *Abstimmungsentscheid, Asylentscheid, Ausschaffungsentscheid, Bundesgerichtsentscheid, Bundesratsentscheid, Fehlentscheid, Mehrheitsentscheid, Nullentscheid.*

-equipe z. B. in *Bauequipe, Filmequipe, Putzequipe.*

Erstklass- z. B. in *Erstklasslehrer, Erstklasslesestoff,* aber auch *Erstklasshotel, Erstklass-Service.*

Genugtuungs- z. B. in *Genugtuungsanspruch, Genugtuungsforderung, Genugtuungsleistung, Genugtuungssumme, Genugtuungszahlung.*

-grädig statt *gradig* z. B. in *vierziggrädig, vollgrädig, zwölfgrädig.*

-grämmig z. B. in *50-grämmig, hundertgrämmig.*

Handfrei- z. B. in *Handfrei-Anlage, Handfrei-Set.*

Hypothekar- z. B. in *Hypothekarbank, Hypothekarforderung, Hypothekargeschäft, Hypothekarschuld, Hypothekarzins.*

Kader- z. B. in *Kaderangestellte, Kaderausbildung, Kaderfrau, Kaderfunktion, Kadermann, Kadermitglied, Kaderposition, Kaderstelle.*

Kantonal-, kantonal-, -kantonal z. B. in *ausserkantonal, innerkantonal, interkantonal, Kantonalbank, kantonalbernisch, Kantonalkirche, Kantonalpartei, Kantonalverband, Kantonalvorstand, kantonalzürcherisch.*

Kantons- kantons- z. B. in *Kantonsbibliothek, Kantonsgebiet, Kantonsgericht, Kantonsgrenze, Kantonsrat, Kantonsspital, kantonsweit.*

Mittelklass- statt *Mittelklasse-* z. B. in *Mittelklasshotel, Mittelklasswagen.*

Offert- z. B. in *Offertanfrage, Offertformular, Offertwesen.*

Petrol- statt *Petroleum* in *Petrollampe, Petrollicht, Petrolofen.*

-plätzer z. B. in *2-Plätzer, Dreiplätzer.*

-plätzig z. B. in *2-plätzig, fünfplätzig.*

Prachts- z. B. in *Prachtsbau, Prachtsexemplar, Prachtstag, Prachtswetter.*

Produkte- statt *Produkt-* z. B. in *Produkteauswahl, Produktegruppe, Produktehaftpflicht, Produkteübersicht.*

-reglement z. B. in *Baureglement, Benutzungsreglement, Besoldungsreglement, Betriebsreglement, Dienstreglement, Gebührenreglement, Gemeindereglement, Geschäftsreglement, Promotionsreglement, Prüfungsreglement.*

Resultat- resultat- z. B. in *Resultatblatt, Resultatkorrektur, Resultatkosmetik, resultatlos, resultatmässig, resultatorientiert, Resultatverbesserung.*

-resultat z. B. in *Abstimmungsresultat, Bestresultat, Glanzresultat, Höchstresultat, Schlussresultat, Spitzenresultat, Wahlresultat.*

Retour-, retour- z. B. in *Retourbillett, Retourcouvert, retourfahren, Retourflasche, retourgeben, retoursenden, Retoursendung, Retourticket.*

-riege z. B. in *Aktivriege, Damenriege, Leichtathletikriege, Mädchenriege, Männerriege.*

Rinds- statt *Rinder-* z. B. in *Rindsbouillon, Rindsbraten, Rindshuft.*

Schokolade-, schokolade- statt *Schoko-* z. B. in *schokoladebraun, Schokoladecreme, Schokoladepudding*

-Stern- statt *-Sterne-* z. B. in *3-Stern-Hotel, 4-Stern-Hotel, 5-Stern-Hotel.*

Stimm- stimm- z. B. in *Stimmalter, Stimmausweis, Stimmberechtigte, Stimmbevölkerung, Stimmbürger, Stimmcouvert, stimmfähig, Stimmfreigabe, Stimmlokal, Stimmrecht, Stimmrechtsalter, Stimmrechtsausweis, Stimmregister, Stimmvolk, Stimmzwang.*

Tag- statt *Tage-* z. B. in *Tagbau, Tagblatt, Taggeld, Taglohn.*

-taxe z. B. in *Apothekertaxe, Beherbergungstaxe, Einbürgerungstaxe, Flughafentaxe, Gasttaxe, Grundtaxe, Pflegetaxe, Spitaltaxe.*

-teilet(e) z. B. in *Autoteilet(e), Boots-Teilet(e), Chästeilet(e).*

Temporär- z. B. in *Temporäranstellung, Temporärarbeit, Temporärbüro, Temporärjob, Temporärstelle.*

-tönner statt *-tonner* z. B. in *40-Tönner, Dreitönner.*

Zeichnungs- statt *Zeichen-* z. B. in *Zeichnungsblatt, Zeichnungsblock, Zeichnungslehrerin.*

Zugs- neben *Zug-* z. B. in *Zugsabteil, Zugsbegleiter(in), Zugskomposition, Zugsverkehr.*

Schweizerhochdeutsch in den Wörterbüchern

Ausschliesslich dem Schweizerhochdeutschen gewidmet sind die folgenden Wörterbücher:

- *Meyer,* Kurt (1989): Wie sagt man in der Schweiz? Wörterbuch der schweizerischen Besonderheiten. Mannheim (Dudenverlag).
- *Meyer,* Kurt (2006): Schweizer Wörterbuch. So sagen wir in der Schweiz. Frauenfeld (Huber).
- Schweizer Schulwörterbuch (2003). Zug (Klett und Balmer).
- Schweizer Schülerduden: Rechtschreibung (2018). Mannheim (Dudenverlag); Zürich (Lehrmittelverlag).
- Wortprofi: Wörterbuch Deutsch für Schweizer Schulen (2007). Oldenbourg (Schulbuchverlag).
- Unser Wortschatz. Schweizer Wörterbuch der deutschen Sprache (1987). Zürich (sabe).

Allen nationalen und regionalen Varianten der deutschen Standardsprache gewidmet ist das folgende Wörterbuch:

- *Ammon/Bickel/Lenz u. a.* (2016): Variantenwörterbuch des Deutschen. Die Standardsprache in Österreich, der Schweiz und Deutschland sowie in Liechtenstein, Luxemburg, Ostbelgien und Südtirol sowie Rumänien, Namibia und Mennonitensiedlungen. 2., völlig neu bearb. und erw. Auflage. Berlin (de Gruyter).

Eine Fundgrube für den aktuellen und historischen Schweizer Wortschatz ist:

- *Schweizerisches Idiotikon. Wörterbuch der schweizerdeutschen Sprache.* Band I ff. Frauenfeld (Huber) bzw. Basel (Schwabe) 1881 ff.

Ferner werden in allen grösseren Wörterbüchern des Deutschen schweizerische Varianten mitberücksichtigt.

Ausgewählte Literatur zum schweizerischen Deutsch

Ammon, Ulrich (1995): Die deutsche Sprache in Deutschland, Österreich und der Schweiz: das Problem der nationalen Varietäten. Berlin; New York (de Gruyter).

Bickel, Hans (2000): Deutsch in der Schweiz als nationale Varietät des Deutschen. In: Sprachreport, 4, S. 21–27.

Bickel, Hans (2001): Schweizerhochdeutsch. Kein minderwertiges Hochdeutsch! Das Deutsche als plurizentrische Sprache aus Schweizer Sicht. In: Babylonia, 2, S. 19–22.

Bickel, Hans / *Schläpfer,* Robert (Hgg.) (2000): Die viersprachige Schweiz. (= Sprachlandschaft; 25). Aarau/Frankfurt am Main/ Salzburg (Sauerländer).

Boesch, Bruno (Hg.) (1957): Die Aussprache des Hochdeutschen in der Schweiz. Eine Wegleitung. Im Auftrag der Schweizerischen Siebs-Kommission. Zürich (Schweizer Spiegel Verlag).

Burger, Harald (1995): Helvetismen in der Phraseologie. In: *Löffler,* Heinrich (Hg.): Alemannische Dialektforschung. Bilanz und Perspektiven. Beiträge zur 11. Arbeitstagung Alemannischer Dialektologen. (= Basler Studien zur deutschen Sprache und Literatur; 68). Tübingen/Basel (Francke), S. 13–25.

Christen, Helen u. a. (Hg.) (2010): Hochdeutsch in aller Munde: eine empirische Untersuchung zur gesprochenen Standardsprache in der Deutschschweiz. (Zeitschrift für Dialektologie und Linguistik. Beihefte; H. 140). Stuttgart (Steiner).

Dürscheid, Christa u. a. (Hg.) (2006): Schweizer Standarddeutsch. Beiträge zur Varietätenlinguistik. Tübingen (Narr).

Fenske, Hannelore (1973): Schweizerische und österreichische Besonderheiten in deutschen Wörterbüchern. (= Institut für deutsche Sprache; Forschungsberichte; 10). Tübingen (Narr).

Geiger, Werner u. a. (2006): Sprechen am Mikrofon bei Schweizer Radio DRS. Basel (Schweizer Radio DRS).

Haas, Walter (2000): Die deutschsprachige Schweiz. In: *Bickel,* Hans / *Schläpfer,* Robert (Hgg.): Die viersprachige Schweiz. (= Sprachlandschaft; 25). Aarau (Sauerländer), S. 57–138.

Haas, Walter / *Hove,* Ingrid (2009). Die Standardaussprache in der deutschsprachigen Schweiz. In: Krech, Eva-Maria u. a.: Deutsches Aussprachewörterbuch. Berlin (de Gruyter), S. 259–277.

Hove, Ingrid (2002): Die Aussprache der Standardsprache in der deutschen Schweiz. (= Phonai 47). Tübingen (Niemeyer).

Kaiser, Stephan (1969/70): Die Besonderheiten der deutschen Schriftsprache in der Schweiz. Bd. 1: Wortgut und Wortgebrauch. Band 2: Wortbildung und Satzbildung. (= Duden Beiträge 30 a/b). Mannheim (Dudenverlag).

Koller, Werner (2000): Nation und Sprache in der Schweiz. In: Gardt, Andreas (Hg.): Nation und Sprache. Die Diskussion ihres Verhältnisses in Geschichte und Gegenwart. Berlin (de Gruyter), S. 563–613.

Löffler, Heiner (1995): Die Doppelte Richtigkeit der Sprache in der Deutschschweiz – oder wie man in der Schweiz richtig deutsch spricht. In: Sprachnormen und Sprachnormwandel in gegenwärtigen europäischen Sprachen. (= Rostocker Beiträge zur Sprachwissenschaft; 1). Rostock (Universität Rostock), S. 153–160.

Löffler, Heiner (Hg.) (1986): Das Deutsch der Schweizer: Zur Sprach- und Literatursituation der Schweiz. (= Sprachlandschaft; 4). Aarau (Sauerländer).

Meyer, Kurt (1994): Das Deutsch der Schweizer. In: Terminologie et traduction 1 (Luxemburg), S. 9–39.

Panizzolo, Paola (1982): Die schweizerische Variante des Hochdeutschen. (= Deutsche Dialektographie; 108). Marburg (Elwert).

Rash, Felicity J. (2002): Die deutsche Sprache in der Schweiz. Mehrsprachigkeit, Diglossie und Veränderung. Bern (Peter Lang).

Rupp, Heinz (1983): Tendenzen, Formen und Strukturen der deutschen Standardsprache in der Schweiz. In: *Nerius*, Dieter (Hg.): Entwicklungstendenzen der deutschen Sprache seit dem 18. Jahrhundert. (= Linguistische Studien, Reihe A, Arbeitsberichte; 111). Berlin (Akademie der Wissenschaften der DDR), S. 214–275.

Schäuffele, Fritz (1970): Deutsch, dütsch und andere schwere Sprachen. Ein Vademecum für Mikrophonbenützer der Deutschschweiz. Bern (Francke).

Schläpfer, Robert (1979): Schweizerhochdeutsch und Binnendeutsch. In: *Löffler*, Heinrich / *Pestalozzi*, Karl / *Stern*, Martin (Hgg.): Standard und Dialekt. Studien zur gesprochenen und geschriebenen Gegenwartssprache. Festschrift für Heinz Rupp zum 60. Geburtstag. Bern (Francke), S. 151–163.

Schmidlin, Regula (2001): Sprache(n) in der Deutschschweiz: Zum Gebrauch von Hochdeutsch und Mundart. In: IDV Rundbrief, hg. vom Internationalen Deutschlehrerverband, 66, S. 40–49.

Schmidlin, Regula (2003): Nationale Varianten standarddeutscher Phraseologismen. In: *Palm*, Christine (Hg.): Europhras 2000. Internationale Tagung zur Phraseologie vom 15.–18. Juni 2000 in Aske/Schweden. Tübingen (Stauffenburg), S. 435–447.

Schmidlin, Regula (2003): Vergleichende Charakteristik der Anglizismen in den standardsprachlichen Varietäten des Deutschen. In: *Dittli*, Beat / *Häcki Buhofer*, Annelies / *Haas*, Walter (Hgg.): Gömmer MiGro? Veränderungen und Entwicklungen im heutigen SchweizerDeutschen. Freiburg Schweiz (Universitätsverlag), S. 141–160

Schmidlin, Regula (2017): Ist Schweizerhochdeutsch auch Hochdeutsch? Im Prinzip ja ... In: *Thonhauser*, Ingo und *Picenoni*, Mathias (Hg.): Die Vielfalt des Deutschen in der Schweiz entdecken und erleben. Babylonia 2/2017, S. 10–15.

Schweizer Radio DRS (Hg.) (1993): Deutsch sprechen am Schweizer Radio DRS. (Red.: Ruth Maria Burri ua.). Bern (Schweizer Radio DRS).

Siebenhaar, Beat (1994): Regionale Varianten des Schweizerhochdeutschen. Zur Aussprache des Schweizerhochdeutschen in Bern, Zürich und St. Gallen. In: Zeitschrift für Dialektologie und Linguistik, 61, S. 31–65.

Siebenhaar, Beat / *Wyler*, Alfred (1998): Dialekt und Hochsprache in der deutschsprachigen Schweiz. Zürich (Pro Helvetia).

Sieber, Peter (1998): Diglossie in den Schulen der Deutschschweiz. In: *Krebs*, Gérard (Hg.): Schweiz 1998. Beiträge zur Sprache und Literatur der deutschen Schweiz. (= Der Ginkgo-Baum; Germanistisches Jahrbuch für Nordeuropa; 16). Helsinki (Finn Lectura), S. 31–47.

Sitta, Horst (1987): Deutsch in der Schweiz. In: Zeitschrift für Germanistik, 4, S. 389–401.

Sonderegger, Stefan (1982): Zur geschichtlichen Entwicklung eines schweizerischen Sprachbewusstseins in der Neuzeit. In: *Moser*, Hans (Hg.): Zur Situation des Deutschen in Südtirol. Sprachwissenschaftliche Beiträge zu den Fragen von Sprachnorm und Sprachkontakt. (= Innsbrucker Beiträge zur Kulturwissenschaft; Germanistische Reihe; 13). Innsbruck. (Institut für Germanistik), S. 51–61.

Sonderegger, Stefan (1985): Die Entwicklung des Verhältnisses von Standardsprachen und Mundarten in der deutschen Schweiz. In: *Besch*, Werner / *Reichmann*, Oskar / *Sonderegger*, Stefan (Hgg.): Sprachgeschichte. Ein Handbuch zur Geschichte der deutschen Sprache und ihrer Erforschung. 2. Halbband. (= Handbücher zur Sprach- und Kommunikationswissenschaft; 2.2). Berlin (de Gruyter), S. 1873–1939.

Sonderegger, Stefan (1991): Die Schweiz als Sprachgrenzland: In: Literaturwissenschaft und Linguistik, 83, S. 13–39.

Werlen, Iwar 2000: Variation im gesprochenen Hochdeutsch in der deutschen Schweiz – am Beispiel der Nachrichten von Radio DRS 1 und Radio DRS 3: In: *Häcki Buhofer*, Annelies (Hg.): Vom Umgang mit sprachlicher Variation. Soziolinguistik, Dialektologie, Methoden und Wissenschaftsgeschichte. (= Basler Studien zur deutschen Sprache und Literatur; 80). Basel/Tübingen (Francke), S. 311–327.

Biografische Angaben zu den Autoren

Hans Bickel ist Redaktor am Schweizerischen Idiotikon in Zürich und Titularprofessor für deutsche Philologie an der Universität Basel. Er hat Germanistik, Ethnologie und Volkskunde an der Universität Basel studiert und war unter anderem Lehrer für Deutsch als Fremdsprache in der italienischen Schweiz sowie wissenschaftlicher Mitarbeiter an mehreren Forschungsprojekten. Bickel ist Präsident des Schweizerischen Dudenausschusses.

Christoph Landolt ist Redaktor am Schweizerischen Idiotikon in Zürich. Er hat an der Universität Zürich Vergleichende germanische Sprachwissenschaft, Nordische Philologie und Allgemeine Geschichte studiert. Landolt ist assoziiertes Mitglied des Zürcher Kompetenzzentrums Linguistik (ZüKL) sowie Mitglied des Schweizerischen Dudenausschusses und der Nomenklaturkommission des Kantons Zürich.

Der Schweizerische Verein für die deutsche Sprache (SVDS)

Seit mehr als 110 Jahren leistet der SVDS einen Beitrag zur Förderung des kompetenten Umgangs mit der deutschen Sprache. Ein besonderes Anliegen ist dem Verein die Pflege des schweizerischen Hochdeutsch und der Helvetismen. Deshalb hat er vor über 50 Jahren den schweizerischen Dudenausschuss ins Leben gerufen, der die Helvetismen sammelt, sichtet und anschliessend zur Aufnahme in die verschiedenen Wörterbücher an den Dudenverlag weiterleitet.

Der SVDS bietet bei der Höheren Fachschule für Sprachberufe SAL in Zürich eine kostenlose Sprachauskunft an. Über die E-Mail-Adresse auskunft@sprachverein.ch können alle Bürgerinnen und Bürger Fragen zu sprachlichen Zweifelsfällen stellen, die innerhalb von zwei Arbeitstagen beantwortet werden. Die interessantesten Fragen und Antworten werden im «Sprachspiegel» publiziert.

Der «Sprachspiegel», die allgemein verständliche Fachzeitschrift für die Belange der deutschen Sprache in der Schweiz, ist das zentrale Instrument des SVDS. Seit 1945 beobachtet er das Deutschschweizer Sprachleben, besonders das gesprochene und das geschriebene Hochdeutsch als Formen der Muttersprache. Der «Sprachspiegel» richtet sich an Leserinnen und Leser, die Freude an der Sprache haben und weiter an ihrer Sprachkompetenz feilen möchten, vielleicht auch mit der deutschen Sprache arbeiten, wie Journalisten, Korrektoren, Texter, Kommunikationsverantwortliche, Bibliothekare, Lehrpersonen oder Studierende.

Der «Sprachspiegel» erscheint alle zwei Monate und kostet 70 SFr. bzw. 60 Euro pro Jahr; Studierende bezahlen 40 SFr. Am einfachsten bestellen Sie den «Sprachspiegel» über www.sprachverein.ch. Als Abonnent oder Abonnentin der Zeitschrift werden Sie auf Wunsch gleichzeitig Mitglied des Schweizerischen Vereins für die deutsche Sprache.

Peter Heisch
Worthülsenfrüchte – 83 Sprachbetrachtungen

Worthülsen treiben in der deutschen Sprache mitunter seltsame Blüten, aus denen Worthülsenfrüchte entstehen, die zwar verlockend aussehen, aber oft fad schmecken.

232 Seiten, gebunden
SFr. 26.–, EUR 26.–
ISBN 978-3-7245-1615-6
Friedrich Reinhardt Verlag, Basel, 2009

Wenn Peter Heisch Worthülsen unter die Lupe nimmt, dann macht er dies nie als Sprachpurist oder Oberlehrer, sondern auf unterhaltsame, humorvolle Weise.

Johannes Wyss
Richtig oder falsch?
Hitliste sprachlicher Zweifelsfälle
2. Auflage

Behandlung von grammatischen Zweifelsfällen, semantischen Unsicherheiten und soziolinguistischen Unklarheiten, gegliedert in 21 Kapitel mit einführenden Texten und humorvollen Zeichnungen von Tizian Merletti.

176 Seiten, gebunden
SFr. 24.–, EUR 24.–
ISBN 978-3-03810-136-9
Verlag Neue Zürcher Zeitung NZZ Libro, Zürich, 2016

«Die ideale Ergänzung zu ‹Duden› und ‹Richtiges Deutsch›. Zu über 200 häufigen sprachlichen Zweifelsfällen, denen wir im Alltag begegnen, gibt Johannes Wyss im Buch im lockeren Frage-Antwort-Spiel kompetent und verständlich Auskunft.»
Walliser Bote, 7. Mai 2016